31824

COMPENDIUM

DES

QUATRE BRANCHES

DE LA

PHOTOGRAPHIE

PARIS. — TYPOGRAPHIE D'ÉMILE ALLARD, RUE D'ENGHIEN, 14.

COMPENDIUM

DES

QUATRE BRANCHES

DE LA

PHOTOGRAPHIE

TRAITÉ COMPLET

THÉORIQUE ET PRATIQUE

des procédés de Daguerre, Talbot, Niepce de Saint-Victor et Archer.

APPLICATIONS DIVERSES.

PRÉCÉDÉ DES ANNALES DE LA PHOTOGRAPHIE

ET

SUIVI D'ÉLÉMENTS DE CHIMIE ET D'OPTIQUE

APPLIQUÉS A CET ART,

Par A. BELLOC,

Professeur de Photographie.

1858

A PARIS

CHEZ L'AUTEUR, 16, RUE DE LANCRY.

AU BUREAU DU COSMOS, 18, RUE DE L'ANCIENNE-COMÉDIE.

A la Librairie centrale des Sciences, rue de Seine-St-Germain, 15.

Chez DENTU, Palais-Royal.

1858

PRÉFACE

Bien convaincu de la vérité de ces deux vers de Boileau :

« Un auteur à genoux, dans une humble préface,
« Au lecteur qu'il ennuie a beau demander grâce..., »

nous nous étions promis d'éviter cet écueil et d'aborder directement le sujet de ce nouveau traité. Mais une circonstance toute particulière et toute personnelle nous oblige à modifier notre premier plan et à nous adresser à nos lecteurs, ni plus ni moins que tous les faiseurs d'avant-propos. Toutefois, ce n'est pas en vue de capter leurs suffrages, d'implorer leur indulgence, ou de leur expliquer, en manière de double emploi, ce qu'ils trouveront amplement dans cette publication, que nous nous donnons la licence du discours préliminaire; nous voulons leur parler ici, non de l'ouvrage, mais de son auteur, de sa nouvelle position dans le monde photographique, et, enfin, leur donner communication d'une nouvelle qui intéresse tous les amis de l'art nouveau. Nous ne savons pas si c'est un droit, mais nous sommes bien convaincu que c'est pour nous un véritable devoir.

Un fait nous a frappé depuis longtemps, c'est que la plupart des échecs qu'éprouvent les photographes dans leur pratique journalière tient bien plus à l'infériorité des produits qu'ils emploient qu'à leur inexpérience ou leur inhabileté. Il n'est pas d'adresse qui triomphe d'un objectif vicieux, et nulle dextérité manuelle ne saurait compenser l'infériorité des substances qui font trop souvent le désespoir de l'opérateur.

Ce qui manque donc réellement aux opérateurs, c'est une garantie sérieuse de la qualité et de l'excellence des produits qui leur sont nécessaires. Les moyens de fabrication existent. Nous avons, Dieu merci! d'habiles opticiens et des chimistes exercés; mais ce n'est pas assez d'être un chimiste habile, il faut encore avoir essayé le produit fabriqué. Or, il suffit du contact de la main inhabile ou malpropre d'un employé pour gâter ce produit. D'un autre côté, le commerce intermédiaire ne se borne pas toujours à prélever son droit de commission. A ce bénéfice légal, il ajoute parfois celui, beaucoup plus illicite et beaucoup plus onéreux, pour ne pas dire funeste, qui résulte de la sophistication des produits, qu'il est chargé simplement de nous transmettre dans toute leur pureté.

Ayant eu, comme tous nos confrères, à souffrir de cet état de choses, nous n'avons pas voulu nous borner à en gémir. Nous avons longuement réfléchi au remède qu'on pourrait opposer à ce mal de plus en plus envahissant, et nous venons humblement faire connaître le résultat de nos recherches. Nous avons fondé une maison de commission et d'expédition, qui se distingue de toutes les autres en ce qu'elle assume la responsabilité des produits qu'elle fournit à ses correspondants. Nous pouvons donc nommer cette maison : MAISON D'ESSAI OU MAISON DE GARANTIE.

PRÉFACE.

Nous pourrions dire avec raison, si depuis longtemps le style des prospectus n'avait pas usé cette formule avant d'en avoir abusé, nous pourrions dire que, dans l'Europe entière, le besoin de cet établissement de garantie se faisait profondément sentir.

Un établissement de cette nature ne pouvait se réaliser qu'à Paris, qui a le privilége de posséder les meilleures fabriques en tout genre, et où la photographie est parvenue à un si grand perfectionnement.

Notre maison ne se bornera pas, purement et simplement, à l'expédition des produits essayés. Nous entendons bien aussi mettre les résultats de notre expérience au service de nos clients qui pourront, tous les jours, de neuf à onze heures, venir nous demander des renseignements et essayer eux-mêmes les substances qu'ils devront employer, s'ils ne préfèrent nous adresser par écrit des questions auxquelles nous nous empresserons de répondre, dans le but de leur aplanir les difficultés théoriques et pratiques de la photographie.

Pendant leur séjour à Paris, nos correspondants étrangers seront admis dans nos laboratoires, où ils pourront jouir des mêmes avantages.

Enfin, tous nos envois seront accompagnés des instructions nécessaires au meilleur emploi des produits chimiques expédiés.

Si nous ne nous trompons, le grand art de la photographie devra recevoir une impulsion toute nouvelle de ce double concours d'une sorte de collaboration permanente et compétente, et d'une garantie sérieuse de la qualité des substances employées dans les opérations. Puissions-nous ainsi contribuer aux perfectionnements et aux progrès qui lui sont encore réservés !

Telle est la communication que nous avons cru devoir faire à nos lecteurs en manière de préface.

Un mot seulement sur cette nouvelle publication.

Si l'on y retrouve littéralement un certain nombre de formules comprises dans nos précédents ouvrages, c'est qu'elles ont été, pour ainsi dire, consacrées par notre expérience ; mais ce traité n'en est pas moins le résumé, la quintessence de tout ce que nous avons publié jusqu'à présent sur l'art de la photographie, et nous espérons que tous nos lecteurs applaudiront au titre que nous donnons à ce volume, et qu'il leur paraîtra pleinement justifié. Un bon abrégé peut faire oublier l'ouvrage qu'il résume. L'histoire de Justin a fait plonger dans l'oubli celle de Trogue Pompée. L'épisode de *Manon Lescaut* a fait tort aux *Mémoires d'un homme de qualité*. Ce n'est pas ce genre de gloire que nous souhaitons à notre *Compendium*, et nous espérons seulement que ce dernier venu saura faire sa place à côté de ses frères aînés.

Quant à la fréquence de ces publications sur le même objet, il faut bien se dire qu'il en est de la photographie comme de la plupart de nos sciences naturelles, dont le développement progressif est si rapide et soutenu depuis un demi-siècle, qu'en quelques années tel traité, parfaitement à la hauteur des connaissances acquises au moment de sa publication, peut être déjà vieux et insuffisant. C'est à la fois l'inconvénient et la gloire de ces sciences qui ont le privilége de passionner l'esprit humain, soit par les jouissances intimes qu'il en peut recevoir, soit par les résultats qu'il en obtient. Or, l'art photographique est identiquement dans les mêmes conditions.

L'éclat de son passé, la splendeur à laquelle il est parvenu, ne sont peut-être que l'aube de sa gloire future, et l'esprit qui veut en suivre tous les développements doit toujours être en haleine et se tenir au courant de toutes ses évolutions.

ANNALES

DE

LA PHOTOGRAPHIE

ANNALES
DE LA PHOTOGRAPHIE.

I

DAGUERRÉOTYPIE

Le premier germe de la photographie date de 1765 (1), lorsque Scheele découvrit que l'argent corné, la lune cornée des vieux alchimistes, le chlorure d'argent fondu des chimistes modernes, jouissait de la propriété de noircir à la lumière ; et cela

---

(1) En remontant à la source de l'admirable découverte à laquelle Daguerre a donné son nom, François Arago a pu constater que c'est Fabricius qui trouva le premier, en 1566, les propriétés photographiques des sels d'argent.

d'autant plus vite, que les rayons qui le frappaient étaient plus intenses.

Le sol où ce germe pouvait éclore se trouvait déjà prêt depuis que Léonard de Vinci et J.-B. Porta avaient inventé la chambre noire.

Cependant la photographie ne commença à germer que vers la fin du xviiie siècle, dans les salles mêmes du Conservatoire de Paris, lorsque le célèbre expérimentateur Charles s'avisa de produire des silhouettes sur du papier lavé au nitrate d'argent, en l'exposant à la lumière dans des conditions voulues pour qu'il s'y produisît des images.

En 1802, l'illustre Davy publia, en commun avec M. Wedgewoold, la note si curieuse qui a pour titre : *Description d'un procédé pour copier des peintures sur verre et pour faire des silhouettes, par l'action de la lumière sur le nitrate d'argent;* note où l'on rencontre ce passage mémorable : « On a essayé aussi de copier des paysages avec la lumière de la chambre obscure..., elle est trop faible ; mais on peut, à l'aide du microscope, faire copier sans difficulté, sur du papier préparé, les images des objets. »

En 1803, le docteur Thomas Young faisait des expériences de photographie, lorsqu'il étudiait et déterminait la position et la largeur des bandes ou des anneaux d'interférence des rayons invisibles, comme l'ont fait, cinquante ans plus tard, M. E. Becquerel, M. Crookes, Stockes, etc.

Malgré tous ces essais, la photographie ne commença à vivre réellement et à prendre corps qu'en 1827 (1), lorsque Joseph-Nicéphore Niepce parvint

---

(1) M. Lemaître, le premier collaborateur de l'illustre Niepce, et bien connu de nos lecteurs par son habileté comme graveur, a bien voulu nous communiquer et mettre à notre disposition une note très intéressante sur les premiers temps de l'héliographie; nous l'avons isolée à dessein, nos lecteurs nous en sauront gré.

Les premiers travaux de Joseph-Nicéphore Niepce sur la gravure héliographique remontent à l'année 1813.

En 1822, Niepce obtenait déjà sur l'étain poli ou sur le verre des copies fidèles de gravures à l'aide d'un vernis bitumineux fait avec du bitume de Judée dissous dans l'essence de lavande et appliqué sur une plaque au moyen d'un tampon de peau. La plaque ainsi préparée était soumise aux impressions du fluide lumineux; mais, même après y avoir été exposé assez de temps pour que l'effet eût lieu, rien n'indiquait qu'il existât réellement une image sur la plaque, car l'empreinte était invisible, et pour la faire paraître il fallait la dégager. Niepce y parvenait au moyen d'un dissolvant composé d'une partie en volume d'huile essentielle de lavande sur dix parties d'huile de pétrole. Ce dissolvant servait à enlever les parties du vernis qui n'avaient pas été influencées par la lumière, c'est-à-

définitivement à développer, sur des écrans métalliques préparés au baume de Judée, les images de la chambre noire, que l'essence de lavande faisait apparaître et fixait. Le traité, signé le 14 décembre

dire celles qui correspondaient au noir de la gravure, tout en respectant les points solariés.

En 1824, Niepce parvint définitivement à fixer sur les écrans préparés les images de la chambre noire, quoiqu'il lui fallût alors des journées entières de pose ; le problème n'en était pas moins résolu.

Les dessins qu'il obtenait sur métal lui parurent propres à servir d'esquisses aux graveurs. Il voulut en faire lui-même l'expérience, et, bien qu'il ignorât les procédés de la gravure, les résultats qu'il obtint lui semblèrent assez satisfaisants pour qu'il se décidât à consulter un graveur sur le parti qu'on en pouvait en tirer. Ce fut alors qu'il entra en correspondance avec M. Lemaître. La première des lettres qu'il adressa porte la date du 17 janvier 1827 ; la dernière est du 25 octobre 1829.

Comme Niepce confiait à M. Lemaître, en échange des conseils qu'il en avait reçus, les résultats des travaux qu'il ne cessait de continuer, on peut suivre dans sa correspondance la marche progressive de sa découverte.

On le voit quittant l'étain pour le cuivre, puis revenant au premier métal, dont la blancheur lui semblait plus convenable, puis, enfin, il se décide à employer le *doublé d'argent*[*], dont on se sert encore aujourd'hui.

---

[*] L'emploi du doublé d'argent fut suggéré à Niepce par M. Lemaître.

1829, entre Niepce et Daguerre, qui dit expressément que leur association a pour but le perfectionnement de la découverte faite par Niepce, est formulée en ces termes : « Fixer par un moyen

En février 1827, il chargea M. Lemaître de faire tirer quelques épreuves d'une planche d'étain gravée par son procédé héliographique, d'après une gravure de Briot, qui représente le portrait de Georges d'Amboise ; M. Lemaître possède encore une épreuve de cette gravure.

Dans le *post-scriptum* d'une des premières lettres de Niepce se trouve indiquée l'origine de ses relations avec Daguerre.

« Connaissez-vous, dit-il à M. Lemaître, un des inventeurs du *Diorama*, M. Daguerre ? Voici pourquoi je vous fais cette question. Ce monsieur ayant été informé, je ne sais comment, de l'objet de mes recherches, m'écrivit l'an passé (1826), dans le courant de janvier, pour me faire savoir qu'il s'occupait du même objet, et pour me demander si j'avais été plus heureux que lui dans mes résultats. Cependant, à l'en croire, il en aurait obtenu d'étonnants, et, malgré cela, il me priait de lui dire d'abord si je croyais la *chose possible*. Je ne vous dissimulerai pas, Monsieur, qu'une pareille incohérence d'idées eut lieu de me surprendre pour ne rien dire de plus. J'en fus d'autant plus discret et réservé dans mes expressions, et toutefois je lui répondis d'une manière assez honnête pour provoquer de sa part une réponse. Je ne la reçois qu'aujourd'hui, c'est-à-dire après un intervalle de plus d'un an, et il me l'adresse uniquement pour savoir où j'en suis et pour me prier de lui envoyer une épreuve. »

nouveau, sans avoir recours au dessinateur, les vues qu'offre la nature ; ce nouveau moyen consiste dans la reproduction spontanée des images reçues dans la chambre noire ; de nombreux essais constatent la découverte. » Ce même traité prouve jusqu'à l'évidence qu'à cette époque Daguerre ne possédait et ne donnait à la société que le *principe sur lequel repose le perfectionnement qu'il a apporté à la chambre noire*.

La photographie eut enfin sa réalisation complète le 1er décembre 1837, quand Daguerre eut résolu le magnifique problème de la fixation des images formées au foyer des lentilles (1), et arraché à Niepce fils ce cri d'admiration : « Quelle différence entre le procédé que vous employez et celui avec lequel je

Un traité fut passé entre Niepce et Daguerre, le 14 décembre 1829.

Ce fut seulement le 7 janvier 1839 que Daguerre présenta à l'Académie son procédé, qui consiste à fixer sur plaqué d'argent les images qui se forment au foyer d'une chambre noire.

(1) Une des premières épreuves obtenues fut déposée aux archives de l'Institut, afin de constater la priorité de la France dans une invention que l'Angleterre essayait de lui disputer lorsque ses procédés étaient encore un secret pour tout le monde.

travaille ; tandis qu'il me fallait presque une journée pour faire une épreuve, il vous faut quatre minutes ! quel avantage énorme ! » Pourquoi faut-il que cette admirable découverte de l'influence qu'exercent les vapeurs de mercure pour faire apparaître l'image latente sur la couche d'iodure, découverte qui n'est en réalité qu'un perfectionnement de la méthode de Niepce, ait amené la clause lamentable du nouveau traité signé entre M. Daguerre et M. Niepce fils : « *Le procédé inventé par Joseph-Nicéphore Niepce... et perfectionné par* **M**. *Louis-Jacques Mondé-Daguerre, portera le nom seul de Daguerre!* » Le monde entier a cru ainsi, et bien à tort, que Daguerre avait le premier reproduit spontanément, par l'action de la lumière avec les dégradations de ton qui vont du blanc au noir, les images de la chambre noire.

Niepce avait créé la photographie proprement dite; Daguerre venait d'en découvrir une application.

Peu de découvertes ont produit une aussi vive sensation que celle de la daguerréotypie. A aucune époque, les amis des sciences et du merveilleux ne manifestèrent une aussi vive curiosité qu'à l'occasion de ces étonnantes révélations. Les brillants rapports faits devant les deux Chambres par Arago et

Gay-Lussac n'étaient pas de nature à refroidir ces vifs sentiments d'enthousiasme et de curiosité : aussi, le palais de l'Institut fut-il envahi par une foule immense le 19 août 1839, jour où les procédés de Daguerre furent enfin divulgués.

Sur la demande du savant secrétaire de l'Académie, une pension annuelle et viagère de 6,000 fr. fut accordée à Daguerre.

Nicéphore Niepce était mort avant la publication de la belle découverte à laquelle Daguerre venait de donner son nom. Sur les mêmes conclusions du rapporteur, une pension annuelle et viagère de 4,000 fr. fut accordée à Niepce fils pour la cession du procédé servant à fixer les images de la chambre noire.

Tombé dans le domaine public, le procédé de Daguerre devait faire de rapides progrès, et bientôt se succédèrent sans relâche les modifications de tout genre apportées aux appareils, à la partie optique, à la partie chimique et aux manipulations de la daguerréotypie. M. le baron Séguier et M. Buron furent les premiers à modifier l'appareil et à le rendre plus transportable. MM. Soleil, Buron, etc., proposèrent la glace parallèle pour redresser les images de la chambre noire. M. Cauche apporta son ingénieux prisme achromatique pour atteindre le même but avec une moindre perte de lumière. Enfin, MM. Breton, Girard, Seguier, Foucault, Daguerre, etc., modifièrent si vite et si ingénieusement les appareils et les manipulations, que la daguerréotypie devint bientôt accessible à tout le monde.

L'année de la découverte était fermée, et, malgré les nombreux perfectionnements qu'il avait subis depuis sa naissance, le procédé de Daguerre était encore bien incomplet. C'est à M. H. Fizeau qu'appartient la gloire d'avoir apporté à cet art naissant le complément indispensable.

Le 13 mars 1840, cet habile physicien présenta à l'Académie des sciences les premières images photographiques fixées et rehaussées de ton ; le 10 août 1840, il fit connaître son procédé si ingénieux, qui consiste dans l'emploi à chaud du chlorure d'or. Placer les images daguerriennes, si fugitives, sous l'égide brillante du plus inoxydable des métaux, c'était un pas immense.

Le 1er mars 1841, M. Fizeau montra encore une contre-épreuve en cuivre d'une image photographique obtenue par la galvanoplastie. Le 24 mai suivant, il produisait une épreuve métallique du moule formé par l'image daguerrienne.

Ces expériences tenaient du prodige.

Le 7 juin 1841, M. Claudet découvrit la première en date de toutes les substances accélératrices ; il annonça que l'application successive de l'iode et du chlorure d'iode hâtait considérablement la production de l'image ; qu'il avait obtenu des portraits en quinze ou vingt secondes. C'était, avec le fixage au chlorure d'or, le complément de la découverte de Daguerre.

Le 21 janvier 1841, M. Fizeau proposa, comme agent accélérateur, une dissolution très étendue de brôme dans l'eau, ou *l'eau brômée titrée*. La durée de la pose, avec la chambre obscure de Daguerre, fut ainsi réduite à un quart de minute. On vit paraître ensuite tour à tour la liqueur accélératrice de Reizer, la liqueur hongroise, etc. ; enfin, en 1845, le bromure de chaux de M. Bingham, le double iodage de M. Laborde, improprement qualifié de procédé américain, le chlorobromure de chaux de M. le baron Gros, etc. M. Donné publia, le 15 juin 1840, le premier procédé de gravure des images photographiques sur métal ; quelques mois plus tard, M. Fizeau donna une solution meilleure, mais imparfaite encore, de ce difficile problème, poursuivi aussi par MM. Berres et Grove.

Le 7 février 1848, M. Ed. Becquerel obtint la première image photographique colorée du spectre solaire. Le 30 septembre 1850, M. Niepce de Saint-Victor perfectionna les procédés de M. Ed. Becquerel et produisit des images colorées, de gravures d'abord, de poupées plus tard. Un Américain, M. Hill, annonça avec fracas, en 1851, qu'il avait découvert le moyen de fixer avec leurs couleurs naturelles toutes les images de la nature ; malheureusement, cette grande découverte n'a abouti qu'à un immense canard.

L'optique, pendant ce temps, n'était pas restée en arrière, et, tandis que les chimistes et les opérateurs entraient plus avant dans la voie du progrès, les physiciens dotaient la photographie d'excellentes lentilles et ne contribuaient pas peu à ses progrès. En 1841, M. Ettingshausen, professeur de physique à Vienne (Autriche), avec le concours du professeur Petzval, trouvait une formule pour la construction des lentilles accouplées, dites à portrait, qui, exécutées par l'opticien Voigtlander, répondirent parfaitement aux prévisions théoriques des deux savants. En France, MM. Lerebours, Buron et d'autres marchaient dans la même voie, et bientôt la photographie se trouva en possession d'appareils optiques permettant d'obtenir le portrait sans déformations et sans difficultés.

Nous ne saurions nous tirer d'embarras si, voulant résumer les développements ultérieurs de la photographie, nous ne considérions pas isolément les trois autres branches : la photographie sur papier ou Talbotypie, la photographie sur verre albuminé ou Niepçotypie, la photographie sur verre collodionné ou Archérotypie.

II

TALBOTYPIE

L'inventeur, aujourd'hui incontestable de la photographie sur papier, c'est M. Fox Talbot.

La Talbotypie (1) consiste dans la production d'images photographiques sur papier, par une double opération, par la formation successive des deux épreuves : la première, négative ou inverse, dans laquelle les noirs de l'image naturelle sont représentés

---

(1) On a appelé aussi ce procédé *Calotypie*. Nous pensons que l'auteur de la découverte a voulu, par le mot *calotypie*, désigner le résultat de la deuxième opération. Le mot grec *calos* nous autorise à croire cette supposition fondée.

par des blancs et les blancs par des noirs ; la seconde, positive ou directe, où tous les tons rentrent dans l'ordre naturel. Cinq mois avant la divulgation des procédés de Daguerre, M. Talbot publia, dans le *Philosophical Magazine* (mars 1839), la série complète de ces manipulations, et présenta en même temps, à la Société royale de Londres, une collection nombreuse et variée de dessins photographiques : emploi de l'iodure de potassium comme corps générateur, de l'acétonitrate d'argent comme agent sensibilisateur, de l'acide gallique comme agent révélateur, de l'hyposulfite de soude comme agent fixateur, etc.

M. Talbot, en mettant à profit les propriétés déjà connues de certains agents chimiques, avait inventé, de 1834 à 1839, c'est-à-dire avant la révélation du secret de Daguerre, le procédé auquel il a donné son nom.

En 1840, l'Académie des beaux-arts signalait un nouveau procédé de M. Bayart, ainsi que ceux de MM. Vérignon et autres. Malheureusement, ces papiers peu sensibles et donnant, ainsi que ceux de M. Bayart, des épreuves directes et quelque peu fugitives, étaient presque aussitôt abandonnés que découverts. M. Lassaigne avait déjà employé, en avril

1839, pour la reproduction des gravures, sans le secours de la chambre noire, un papier qui avait une grande analogie avec ceux dont nous venons de parler.

Nous ne citerons que pour mémoire le nom de M. Raifé, pour son papier argenté, et ceux de MM. Schaefhaeult, Hunt, Petzhold et Ponton, pour les papiers au chlorure d'argent, au bichromate de potasse, etc., procédés morts-nés, qui n'ont été d'aucun secours aux photographes et n'ont guère contribué à faire progresser leur art. Nous passerons aussi sous silence les procédés dits anglais, ou allemands, et tous ceux qui ne sont qu'une modification plus ou moins heureuse de leurs devanciers, ou qui se réduisent le plus souvent à la proportion d'un plagiat à peine déguisé.

En 1847, M. Blanquart-Évrard s'annonça à l'Académie des sciences comme possesseur d'une méthode de photographie sur papier, qu'il offrait de révéler, à la condition qu'elle serait publiée sous son nom dans les *Comptes rendus* de ses séances. On crut à un nouvel enfantement, ce n'était qu'une résurrection d'enfant mort-né. La méthode de l'habile photographe lillois n'était, au fond, que la méthode de M. Talbot, enseignée à Lille, en 1844, par un de ses élèves, M. Tanner. Les principales modifications consistaient : 1° à plonger le papier dans les liquides générateurs et sensibilisateurs, au lieu d'étendre la couche sensible à l'aide d'un pinceau ; 2° à serrer entre deux glaces le papier sensible exposé à la chambre noire, au lieu de l'appliquer simplement contre une ardoise.

Il serait injuste, cependant, de ne pas reconnaître que M. Blanquart-Évrard a rendu de très grands services à la photographie sur papier, et qu'il a, le premier, abordé le double problème, dont la solution rendait possible une imprimerie photographique : 1° donner à volonté aux épreuves la coloration qui leur est la plus convenable, ou celle qui peut, à tort ou à raison, être exigée par le consommateur ; 2° amener à l'état marchand les épreuves positives, entachées encore de quelques imperfections, c'est-à-dire trop pâles ou trop foncées.—Tandis que jusque-là on ne pouvait obtenir en un jour, d'un même négatif, que quatre ou cinq positifs, M. Blanquart-Évrard était parvenu à en produire jusqu'à trois cents : c'était évidemment ouvrir une ère toute nouvelle à la photographie.

En 1847, M. Guillot Saguez apporte une modification dans le procédé talbotype et réduit à deux opérations la préparation du papier négatif.

Le 27 février 1850 (1), M. Humbert de Molard présentait à la Société d'encouragement quelques portraits d'une grande beauté, obtenus avec des négatifs sur papier sans colle, purifiés par les acides et rendus translucides par une solution alcoolique de diverses résines, élémi, copahu, camphre, etc. ; ce procédé, qui a donné à l'auteur des résultats si remarquables en finesse, est le point de départ des procédés à la cire, à la céroléine, à la térébenthine, etc.

La fondation, en février 1851, de la Société héliographique, et la création du journal la *Lumière*, deux œuvres excellentes de M. de Monfort, imprimèrent à la photographie un élan merveilleux, et l'on vit se réaliser coup sur coup des perfectionnements importants.

Le 7 février 1851, M. Regnault, de l'Institut, indiqua l'acide pyrogallique comme bien préférable à l'acide gallique, et conseilla d'imprégner les papiers sous le vide de la machine pneumatique.

---

(1) M. H. de Molard présenta aussi des portraits obtenus sur des papiers négatifs par l'iodure double d'argent et de potassium redissous dans l'iodure de potassium en excès et appliqué soit par voie de précipitation dans et par l'eau, soit par voie d'application par couches minces dans un véhicule quelconque, amylacé, gélatineux, résineux, alcoolique ou non, etc.

Le 1er mars, MM. Humbert de Molard et Aubré publiaient leur procédé à base ammoniacale.

Le 2 mars, M. l'abbé Laborde associa à l'acide gallique l'acétate de chaux.

Le 3 avril, M. Fabre de Romans proposa l'emploi du papier ciré, et M. Legray, qui avait depuis long-temps découvert ce même procédé, en avait fait le point de départ d'une méthode toute nouvelle de photographie par voie sèche ou sur papier sec, dont les voyageurs photographes ont tiré un immense parti.

MM. Bayart, Blanquart-Évrard, etc., marchèrent sur les traces de MM. Fabre et Legray, et les papiers revêtus d'albumine, de miel, de sérum, etc., furent proposés de tous côtés.

Le 27 mai 1852, M. Baldus conseilla de substituer la gélatine à la cire, et obtint par cette substitution des épreuves d'une finesse et d'une beauté remarquables, de dimensions vraiment extraordinaires, des épreuves qui furent et qui sont encore aujourd'hui, pour la photographie sur papier, un véritable triomphe.

III

NIEPÇOTYPIE

En 1847, M. Niepce de Saint-Victor, neveu du grand Niepce, eut l'heureuse idée de substituer le verre au papier dans la production des épreuves négatives, et créa la photographie sur verre, que M. Chevreul se chargea de présenter à l'Académie des sciences, dans la séance du 25 octobre.

Le premier enduit impressionnable qu'il employa fut un mélange d'amidon cuit et d'iodure de potassium; il substitua bientôt, et avec de très grands avantages, l'albumine à l'amidon : il sensibilisa la plaque albuminée au moyen d'acéto-nitrate d'argent, faisant venir l'épreuve au moyen de l'acide gallique et d'une solution faible d'argent, et fixant à l'hyposulfite de soude.

A cette même époque, M. Niepce avait essayé les gélatines adoptées plus tard par M. Poitevin, mais il les trouva bien inférieures à l'albumine ; il conseillait l'emploi de l'albumine iodurée pour les positifs sur papier, sur pierre, sur bois, sur métal, dans le but de fournir aux graveurs des dessins qu'il leur serait facile de suivre avec le burin.

MM. Humbert de Molard et Constant imprimèrent bientôt à ce procédé naissant une impulsion nouvelle, et leur belle collection de clichés sur papier s'enrichit rapidement de superbes spécimens photographiques sur verre albuminé. — En 1848, M. Constant envoyait de Rome des positifs magnifiques d'après des négatifs sur albumine, et ces positifs, que nous venons de voir, sont encore aujourd'hui aussi remarquables et ne craignent nullement la comparaison avec les plus belles épreuves des opérateurs de 1858.

Le 12 août 1850, M. Humbert de Molard présenta à l'Académie des sciences une série de très belles épreuves sur albumine, et les portraits qui figuraient en grand nombre dans cette collection disaient assez combien ce procédé exaltait la sensibilité de la couche iodurée (1).

Quelques mois avant cette communication, M. Niepce de Saint-Victor avait, lui aussi, indiqué, dans un paquet cacheté, le miel comme agent accélérateur, mais cette invention était restée secrète, et nous avons pu dire avec raison que M. Humbert de Molard avait découvert la propriété des corps sacchareux, car du moins, quant à la publication, il a la priorité sur M. Niepce de Saint-Victor.

M. Humbert de Molard décrivit, en outre, un nouveau procédé de photographie sur verre, qui avait pour base la coagulation de l'albumine. Il obtint ainsi des épreuves à l'ombre en moins d'une minute.

Le 18 août 1851, M. Bacot, sans révéler son secret, adressa à l'Académie des sciences des épreuves tirées de négatifs sur verre albuminé, représentant la mer avec des vagues agitées et moutonnantes.

Le 1ᵉʳ décembre 1851, M. Talbot indiquait un moyen de rendre l'albumine tellement sensible, qu'elle recevait l'empreinte d'un disque couvert de

---

(1) Procédé, par la dilatation de l'albumine à l'aide de diverses substances amylacées, notamment par l'amidine ou amidon soluble.

lettres, tournant avec une extrême rapidité, et instantanément éclairé par la lumière électrique. Son procédé consistait à recouvrir la plaque d'une première couche d'albumine, à la plonger dans un bain très faible de nitrate d'argent, à étendre une seconde couche d'albumine, à sensibiliser d'abord par le protoiodure de fer, puis par un bain de nitrate d'argent plus fort que le premier, et à exposer à la chambre obscure. Dans cette même communication, il décrivait les propriétés des nouvelles images appelées par lui amphitypes; négatives par transmission, positives par réflexion.

IV

ARCHÉROTYPIE

Vers la fin de 1850, M. G. Legray, dans son *Traité pratique de photographie*, parla le premier du collodion ou dissolution de coton-poudre, comme pouvant être substitué et ayant été substitué par lui à l'albumine, avec de grands avantages, au point de vue surtout de la formation rapide de l'image dans la chambre obscure ; il indiqua comme agents accélérateurs l'ammoniaque et les fluorures ; comme agent révélateur le protosulfate de fer, et affirma avoir obtenu des portraits en cinq secondes et à l'ombre.

En janvier 1851, M. Bingham remplaça aussi l'albumine par le collodion, et fit avec M. Cundell des expériences complétement satisfaisantes.

Peu de temps après, M. Archer formula et popularisa une méthode complète de photographie sur verre enduit de collodion, combiné avec l'iodure d'argent dissous dans l'iodure de potassium et rendu sensible dans un bain de nitrate d'argent; son agent révélateur était l'acide pyrogallique de M. Regnault; il fixait à l'hyposulfite de soude; ses épreuves étaient obtenues en quelques secondes ; il apprit, en même temps, à transformer directement les négatifs en positifs, par l'addition à la dissolution d'acide pyrogallique, de quelques gouttes d'acide nitrique, et à modifier la couleur ou la teinte de ses épreuves par l'emploi de diverses substances: acétate de chaux, acétate de plomb, acide gallique, etc., etc.

La première idée de la transformation des négatifs en positifs directs est due à M. Herschel. MM. Talbot et Malone la produisirent en ajoutant du nitrate d'argent au bain révélateur; M. Fry l'obtenait au moyen d'une solution de sublimé corrosif. M. Diamond réussit mieux encore, en prenant pour bain révélateur un mélange à parties égales d'acide pyrogallique et d'hyposulfite de soude ; M. Lemoine conseilla un bain de ferrocyanate de potasse ; M. Martin, de Versailles, enfin, prouva qu'il y avait de grands avantages à se servir d'un bain de cyanure double de potassium et d'argent, et produisit de beaux positifs de ce genre sur bois, sur ferblanc, sur cuivre, sur acier, recouverts d'abord d'un vernis noir ou de vernis des graveurs.

En mai 1852, M. de Brebisson publia sa méthode de photographie sur verre collodionné, donnant des épreuves instantanées, et produisit des vues de places, de marchés, avec une foule compacte et agitée d'hommes occupés d'affaires commerciales.

C'est de la même époque que datent les premières tentatives pour conserver l'épreuve positive et la lustrer.

M. Clausel de Troyes nous communiqua ses idées, et nous en fîmes ensemble les essais. En juin 1854, nous publiâmes ce procédé, et, nous autorisant de deux années d'expériences comparatives, nous pûmes dire et nous pouvons répéter que l'encaustique, déjà connue et employée en Europe, et assure aux épreuves une durée indéfinie et une vigueur peu commune.

Dès 1852, plusieurs photographes eurent l'idée de détacher du verre la couche de collodion transformée en positif direct et de la rapporter sur papier ou sur toile ; les premiers beaux succès en ce genre ont été obtenus en 1853.

En 1853, des essais de reproduction des anneaux d'interférence et des images de la polarisation chromatique, faits par M. Crookes, mirent en évidence une grande différence d'action entre les iodures et les bromures.

Complétons ces éphémérides de la photographie en rappelant les faits suivants :

1° En 1846, M. Niepce de Saint-Victor inventa un mode tout nouveau de reproduction photogénique des gravures, fondé sur la propriété singulière dont jouit l'iode, de se porter et de se fixer sur les noirs d'un dessin ou d'une figure quelconque à l'exclusion des blancs : il décrivit sa méthode en 1847 ; en avril 1852, il indiquait le moyen de fixer et de rendre inaltérables les épreuves ainsi obtenues, en transformant l'iodure d'amidon qui formait le dessin, en iodure d'argent, que l'on exposait de nouveau à la lumière, pour faire ensuite apparaître l'image avec l'acide gallique, et la fixer à l'hyposulfite de soude.

M. Bayart a converti cette méthode en un art merveilleux pour la reproduction des vieilles gravures; après avoir exposé la gravure à la vapeur d'iode, il l'applique sur une glace préparée à l'albumine, pour former une épreuve négative ou cliché, avec lequel il tire ensuite sur papier des épreuves positives par les procédés connus.

2° En mai 1853, MM. Lemercier, Lerebours et Barcswill firent connaître le procédé de photographie sur pierre lithographique qu'ils avaient découvert en juin 1852, et présentèrent de très belles épreuves obtenues par ce moyen de reproduction et de multiplication indéfinie, qui consiste essentiellement à recouvrir la pierre d'un vernis impressionnable, vernis au bitume de Judée, par exemple, à y imprimer l'image par l'action de la lumière à travers un négatif, sur verre ou sur papier, à dissoudre le vernis impressionné par l'éther sulfurique, et à traiter l'image comme un dessin lithographique ordinaire.

C'est au fond le procédé de gravure héliographique inventé par le grand Niepce.

3° En mai 1853, M. Fox Talbot publia son procédé de gravure photographique sur acier, qui consiste à recouvrir la plaque d'une couche formée de gélatine et de bichromate de potasse, à l'exposer à la lumière, recouverte de l'objet qu'on veut graver, à faire mordre l'image ainsi obtenue par une solution saturée de bichlorure de platine, etc.

Quelques jours après cette publication, MM. Niepce de Saint-Victor et Lemaître, reprenant, pour l'appliquer à l'acier, la méthode de Joseph-Nicéphore Niepce, obtinrent des résultats bien meilleurs, et par la substitution à l'essence de lavande d'un vernis ayant pour base la benzine, M. Niepce de Saint-Victor est enfin parvenu à faire de la gravure héliographique un art véritable, qui promet de donner des résultats excellents (1).

On nous saura gré, nous l'espérons de cette esquisse rapide, mais complète, des progrès et des conquêtes de la photographie, esquisse tracée pour la première fois, qui rend à chacun ce qui lui est dû, et qui a pour premiers résultats de prouver jusqu'à l'évidence que la plus grande part de la gloire de cette immense découverte, ou plutôt dans cette glo-

---

(1) Il serait trop long de mentionner ici tous les travaux de ce grand expérimentateur ; sa dernière communication à l'Académie des sciences, sur la lumière (mars 1858), et sur le papier préparé à l'azotate d'urane, est d'un haut intérêt; mais nous pensons que ce procédé ne saurait encore entrer dans la pratique. Nos expériences et celles d'un grand nombre d'opérateurs nous permettent de constater des défauts qui nous font croire qu'il ne pourra jamais opérer une transformation dans les procédés actuellement en usage.

rieuse série de découvertes incomparables, revient à la France.

Niepce, Daguerre, Fizeau, Claudet, Niepce de Saint-Victor, etc., etc., les grands noms de la photographie sur plaque métallique et sur verre, sont des noms français.

Wedgewood, Talbot, les grands noms de la photographie sur papier, unis au nom d'Archer, le réalisateur de la photographie sur collodion, suffisent, certes, à honorer l'Angleterre.

Chacun des quatre grands genres de photographie qui ont paru tour à tour, la photographie sur métal, la photographie sur papier, la photographie sur verre albuminé, la photographie sur verre collodionné, a ses avantages et ses inconvénients. Sur métal, et produit dans l'atelier d'un artiste consommé, le portrait est d'une exécution facile et presque instantanée ; la netteté, la vigueur du ton, le modelé des formes, l'harmonie de l'ensemble, la finesse des détails, la dégradation des teintes, ne laissent absolument rien à désirer ; mais cette épreuve si belle est un type unique, elle miroite désagréablement ; elle est altérable, et les traits du modèle y sont renversés.

Avec la photographie sur papier, telle que savent

la faire les artistes que nous avons déjà cités, les reproductions peuvent atteindre des dimensions énormes et peuvent être multipliées à l'infini : le miroitage n'existe plus, l'opérateur a des allures plus libres, il peut varier à son gré le caractère de l'épreuve ; il la renforce si elle est trop faible, il l'affaiblit si elle est trop foncée ; il devient artiste presque au même degré que le graveur ; il fait, comme il lui plaît, un tableau vague ou ferme ; le papier coûte peu, il résiste au frottement et se conserve indéfiniment ; mais, en revanche, la texture fibreuse du papier, ses aspérités et ses creux, la communication capillaire qui s'établit entre les diverses parties de la surface inégalement imbibées, sont autant d'obstacles qui s'opposent à la rigueur absolue des lignes et à l'exacte dégradation des ombres et des lumières : la précision de l'image laisse à désirer, les détails sont plus confus, les traits bien moins accusés ; il en résulte toutefois une certaine homogénéité d'ensemble, une fusion insensible des lumières et des ombres, une imitation meilleure des effets que l'art des peintres et des dessinateurs cherche à produire.

Les épreuves sur albumine ont bien toute la finesse désirable, l'image est parfaitement nette, les détails complétement accusés ; la glace peut être préparée longtemps à l'avance ; elle offre, sous le rapport de la facilité du transport, un avantage incomparable ; mais la finesse excessive de l'épreuve la rend sèche et dure, elle est presque toujours d'un aspect faux comme relation de ton entre la lumière et les ombres, elle ne rend pas assez les effets de la nature. L'action de la lumière est si lente que le portrait négatif sur albumine est presque impossible, et, quant à obtenir une couche albuminée propre et sans poussière c'est un travail assez difficile.

La couche de collodion est, en quelque sorte, une feuille très mince de papier, à pâte parfaitement homogène, sans inégalité aucune ; elle a au plus haut degré la propriété de se laisser imprégner complétement par les liquides, qui lui communiquent une sensibilité exquise.

Par la promptitude d'impression, elle lutte avec la plaque métallique, mais elle est fragile à l'excès et d'une grande altérabilité : un souffle, la poussière, l'agent chimique le plus faible, l'altèrent quand l'image est en voie de formation.

Si l'on fait la balance des avantages et des inconvénients des diverses méthodes, on pourra conclure immédiatement :

1° Que s'il s'agit d'obtenir un portrait unique d'un

beau caractère, avec une grande finesse de détails, une dégradation parfaite de lumière et d'ombre, une ressemblance absolue, il faut recourir à la plaque d'argent ;

2° Que dans la reproduction des monuments de l'art ou des paysages, sur grande échelle, la préférence doit être accordée au papier ciré, albuminé ou gélatiné ;

3° Que pour la reproduction sur petite échelle et en grand nombre de sujets immobiles, rien, surtout pour le photographe voyageur, ne remplace la glace albuminée que l'on peut garder plusieurs jours sensibilisée, avant et après l'exposition à la chambre noire, sans la soumettre à l'agent révélateur (1). La glace albuminée est bien plus précieuse encore et tout à fait indispensable quand il s'agit d'obtenir des positifs sur verre pour le stéréoscope, des vues panoramiques, des *dissolving views*, ou de fixer les objets agrandis par le microscope solaire, avec des contours fortement accusés et des détails parfaitement dessinés ;

4° Enfin, pour les portraits, pour les académies,

---

(1) Nos dernières expériences sur collodion conservé humide, ou sur collodion sec, nous font donner la préférence à ce dernier.

qu'il s'agit de multiplier, pour toutes les scènes plus ou moins animées de la nature, partout; en un mot, où il y a vie, respiration, mouvement, et lorsque l'objet doit être représenté avant que la lumière qui l'éclaire ait été modifiée, l'albumine et le papier doivent céder le pas au collodion.

Tout bien pesé, la part qui reste au collodion est la part du lion, et la photographie sur glace collodionnée est la première de toutes les photographies.

Après avoir successivement étudié et pratiqué tous les procédés, nous nous sommes exclusivement livré à l'enseignement des quatres branches de la photographie ; et, après plusieurs années d'études sérieuses et d'une pratique de tous les jours, nous croyons rendre un service signalé à ceux qui s'occupent de cet art, en leur indiquant les moyens les plus simples d'obtenir des clichés parfaits et des épreuves positives sans reproche.

Entrons donc hardiment en matière avec cette assurance que nous donnent nos études, nos succès, et l'espoir d'être utile aux photographes, en leur aplanissant la route qui conduit à la perfection.

DAGUERRÉOTYPIE

INTRODUCTION

Si la découverte de la photographie appartient incontestablement à Nicéphore Niepce, si l'histoire a gravé son nom sur ses tables éternelles, le nom de Daguerre a mérité aussi sa place à côté de celui de ce grand homme, et il aura sa part de gloire et d'immortalité.

Par un sentiment de reconnaissance envers Daguerre, ses contemporains ont donné le nom de daguerréotypie à l'ensemble des moyens employés pour obtenir sur du *plaqué* un dessin par la lumière ; c'est une justice qu'on lui a rendue.

Niepce avait employé les plaques d'étain ou d'argent, le bitume de Judée, l'essence de lavande : Daguerre remplaça par l'iode la substance bitumineuse, il employa le mercure comme agent révélateur.

Il résolut ainsi le problème de la formation des images dans un temps relativement très court ; il découvrit seul et mit en pratique le premier cette série d'opérations si remarquables qui constituent le procédé auquel on a donné son nom.

La daguerréotypie, comme les autres branches de la photographie, est basée sur l'impressionnabilité bien connue des iodures d'argent ;

Avec cette différence cependant que, dans la photographie sur plaque, l'iodure est avec excès d'iode, tandis que, dans les trois autres modes de photographie, l'iodure est en présence d'un excès de sels d'argent.

DES PLAQUES

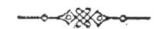

CHAPITRE PREMIER.

Les plaques pour le daguerréotype sont en doublé d'argent.

Le doublé d'argent est le résultat du laminage d'une planche de cuivre rosette très pur, recouvert sur l'une de ses faces d'une feuille d'argent chimiquement pur, dont l'épaisseur, en fractions de millimètres, constitue le titre du doublé.

La fabrication du doublé est d'une facilité remarquable, et la beauté des plaques réside moins dans le choix des matières employées que dans les soins apportés au travail.

Le planage est une des opérations les plus importantes dans la fabrication de la plaque. C'est en vain que l'on aura employé le cuivre le plus beau et le plus ductile, l'argent pur le plus parfait ; c'est en vain que l'opération du soudage aura été faite avec le plus grand soin, et que le titre du doublé ne sera pas menteur : si le planage est exécuté par une main malhabile, avec des marteaux et des tas d'acier trop fortement bombés, la plaque en gardera des traces indélébiles ; on aura enchâssé dans l'argent ces mille corpuscules, ces grains de poussière qui tombent sans cesse sur la plaque en voie de fabrication, et le doublé ainsi obtenu sera tout à fait impropre aux opérations de la daguerréotypie (1).

Le choix des plaques n'est pas une chose facile, et l'opérateur le plus adroit peut s'y tromper. Il est surtout deux choses qu'on ne saurait constater à simple vue, la qualité de l'argent d'abord, et ensuite l'exactitude du titre. Sur ce dernier point, la tolérance est toujours trop grande, et il n'est pas rare de trouver du doublé au 80° dont le

---

(1) Nous faisons planer les plaques avec un soin tout particulier, et le soufflet à pédale, dont l'orifice est dirigé sur la plaque, en chassant les poussières pendant le planage, est un sûr garant de la propreté du planage.

titre porte le 40°. Les taches de cuivre, que les planeurs appellent *taches rouges*, sont les plus dangereuses. Les stries multipliées sur la plaque ne sont pas moins préjudiciables. Si l'on fait réfléchir par le doublé une feuille de papier blanc, on aperçoit aisément les cavités, les piqûres et les *rouges*, qui se détachent en noir sur un fond blanc.

On doit laisser aussi peu de temps que possible les plaques dans leurs enveloppes de papier, car ce dernier pourrait adhérer au doublé, et former, par suite de son acidité, une légère incrustation impossible à effacer.

CONSIDÉRATIONS GÉNÉRALES

CHAPITRE II

PREMIÈRE OPÉRATION

POLISSAGE DE LA PLAQUE.

L'iodure d'argent étant la couche sensible sur laquelle viendront successivement se produire toutes les réactions physiques et chimiques de la daguerréotypie, il est d'une importance extrême d'insister sur les moyens d'obtenir sa formation régulière.

Plaçons donc en première ligne l'opération que l'on doit faire subir d'abord à la plaque, et disons que du décapage et du polissage de sa surface dépend entièrement la réussite des autres opérations. Ce serait en vain qu'on se serait conformé aux prescriptions les plus minutieuses, qu'on aurait multiplié les précautions : habileté, patience, précautions, tout échouerait devant un polissage incomplet.

Décaper la plaque avec soin, donner à sa surface métallique le bruni le plus parfait, c'est assurer, autant que possible, la pureté chimique de la couche d'iodure d'argent, c'est réunir les conditions essentielles du succès, la sensibilité, la limpidité, la profondeur et la richesse de l'épreuve.

Bon nombre de procédés ont été donnés pour décaper la plaque; tous ceux qui ont pour base l'emploi du tripoli et d'une huile essentielle peuvent être adoptés avec un égal succès : toutefois, nous donnons la préférence à l'essence de térébenthine rectifiée à cause de son action énergique sur l'argent.

Le tripoli nous paraît également bien supérieur à la poudre de saphir et à la pierre-ponce, qui n'ont sur les autres poudres que l'incontestable avantage de rayer le doublé, quel que soit d'ailleurs le soin apporté à leur lévigation.

Le rouge doit être choisi avec soin. Nous donnons la préférence au rouge d'acier, d'une couleur violet foncé (1); il est le seul entre tous les rouges qui ne s'attache pas aux polissoirs et aux plaques, le seul

---

(1) Nous tenons le dépôt de rouge anglais de Jhones ; c'est le plus beau et le moins gras des rouges, — parfaitement calciné, nuance violet foncé.

qui soit exempt d'acidité et qui se présente en poudre d'une finesse extrême.

Le coton doit être bien cardé, très fin, très sec et sans grains.

La planchette à polir peut être munie d'un manche à tourillon ; elle peut être tournante ou accompagnée d'une petite presse qui serve à la fixer aux bords d'une table.

Un étau attaché à un support solide et à une hauteur convenable nous semble préférable à tout autre appareil pour retenir la planchette à polir; il est, dans tous les cas, indispensable dans un atelier de photographie. On serre entre les mâchoires de l'étau l'appendice fixé sous la planchette à polir, et il est plus facile et plus commode de faire un quart de conversion autour de la planchette que de la tourner au moyen du tourillon.

Trois varlopes en bois (rabots), d'une longueur de $0^m,60$ sur $0^m,12$ de largeur, constituent la charpente des polissoirs (1).

La première, garnie de velours de coton blanc bien saupoudré et pénétré de rouge d'acier ;

---

(1) Le bois du polissoir doit être recouvert, d'abord, de trois ou quatre couches de molleton fin.

La seconde, garnie en peau de daim (1), bien couverte aussi de rouge, mais soigneusement brossée, afin qu'elle n'en conserve que les parties qui ont pénétré dans le tissu de la peau ;

La troisième, en peau de daim également, frottée de rouge et de noir de fumée, et brossée comme la précédente.

Ces varlopes doivent être tenues, à l'abri de toute poussière, dans une boîte appliquée verticalement contre le mur.

En Angleterre, et dans quelques établissements français, on a adopté pour brunir les plaques un grand disque monté verticalement et mis en rotation soit à l'aide d'une grande roue isolée, soit tout simplement par le pied du polisseur.

En Amérique, c'est le polissoir en cône tronqué qui a été adopté de préférence, et si nous jugions de son mérite par la finesse et la beauté des épreuves qui nous viennent de New-York, nous devrions en conclure qu'il est de beaucoup supérieur à tous les polissoirs employés.

Toutefois, nous pensons que les opérateurs en gé-

---

(1) Nous venons de recevoir, de New-York, de très belles peaux de daim.

néral doivent donner la préférence au polissage à la main, qui est tout aussi facile, tout aussi expéditif, tout aussi fin et bien moins dispendieux. Du reste, ici comme toujours et dans tout, le succès dépend entièrement des soins et de l'adresse de l'opérateur.

CHAPITRE III

DEUXIÈME OPÉRATION

SENSIBILISATION DE LA PLAQUE.

L'iode produit des vapeurs d'un violet foncé; c'est de là qu'est venu son nom, qui, en grec signifie *violet*. Exposé à ces vapeurs, l'argent prend lui-même une teinte plus ou moins violacée. Il se forme alors à sa surface une couche d'iodure d'argent assez sensible pour recevoir à la lumière directe, et avec un objectif double, une impression parfaite en une ou deux minutes. C'est ainsi que Daguerre obtint ses premières épreuves. L'iode est encore aujourd'hui le seul corps générateur de l'image daguerrienne ; les substances dites accélératrices ne font que donner une plus grande sensibilité à la couche en formant un sel double ou triple d'argent. Employées seules sans le concours de l'iode, elles seraient impuissantes à donner une image.

L'iodage est donc la base du procédé, et son importance est telle que l'on peut dire *a priori* : tel iodage, telle épreuve.

Ce n'est pas une simple condensation de vapeurs d'iode qui se produit sur la plaque, mais bien une véritable combinaison de l'iode avec l'argent, c'est-à-dire une iodure d'argent avec excès d'iode.

Chaque opérateur a un genre, une manière, un mode d'opérer, un appareil, qui lui sont propres, qu'il affectionne, et, s'il réussit par ces moyens, il a raison d'y rester attaché.

Depuis la première boîte à iode imaginée et employée par Daguerre et ses élèves, bon nombre de boîtes ont été prônées; quelques-unes nous sont restées : la boîte à iode de M. Séguier, quoique abandonnée depuis longtemps, nous paraît tout aussi bonne que la boîte dite jumelle, et cette dernière nous semble tout aussi convenable que la boîte du baron Gros.

Toute boîte dans laquelle l'iode sera recouvert d'un corps capable d'atténuer sa vaporisation en régularisant la distribution de ses vapeurs dans l'espace, doit donner de bons résultats; nous n'insisterons donc nullement sur l'appareil régulateur à choisir, qu'il soit composé d'une plaque poreuse, d'un carton, ou tout simplement d'une feuille de papier, afin d'éviter l'emploi de l'iode à nu.

Quelles que soient la construction et la forme de la boîte à iode, elle doit être profonde.

L'iode trop rapproché de la plaque, en été surtout, dépose sa vapeur d'une manière inégale ; il est bon de laisser la vapeur se distribuer dans l'espace avant d'arriver à la couche d'argent : les boîtes à iode américaines ont au moins 0^m 20 de profondeur.

Il ne faut pas renfermer la boîte à iode dans la chambre obscure, ainsi que cela se pratique assez souvent quand on voyage ; les parois de la chambre pourraient s'imprégner d'iode, et ses émanations nuiraient à la formation de l'image.

La boîte à iode doit rester dans un lieu sec ; il faut essuyer les bords intérieurs de la cuvette avec un linge fin humecté d'alcool, et laisser la boîte un instant ouverte avant d'ioder la première plaque.

L'iodage étant considéré, et avec raison, comme l'opération la plus importante et la plus difficile, on a songé à diminuer l'inconstance de ses résultats, en mélangeant l'iode avec différentes substances : le soufre, la magnésie, la chaux, l'amidon, etc.

Les opérateurs qui voyagent, ceux surtout qui ont parcouru les différentes contrées de l'Amérique du Sud, où règnent successivement de longues saisons de pluies et de chaleur, ont pu se convaincre de la presque impossibilité de réussir constamment.

Un touriste, opérateur habile, qui pendant dix ans a travaillé dans ces latitudes, au milieu de variations atmosphériques continuelles, éprouvant les alternatives les plus étranges dans ses résultats, n'est parvenu à diminuer l'inconstance de l'iodage qu'en mêlant l'iode avec l'amidon en poudre. Nous connaissons l'affinité de l'amidon pour l'iode et nous ne sommes pas étonné du succès de notre voyageur.

La chaux hydratée iodée est employée avec le plus grand succès en Amérique, et nous pouvons ajouter que, additionnée de quelques gouttes de brôme, elle forme un excellent mélange que nous conseillons exclusivement.

C'est à M. Bingham, jeune et habile chimiste, que nous devons l'idée d'employer la chaux brômée.

De toutes les substances accélératrices proposées jusqu'à ce jour, la chaux brômée nous paraît mériter la préférence que, depuis dix ans, du reste, les photographes lui ont accordée.

La préparation de cette matière n'offre aucune difficulté ; mais les opérateurs, soit qu'ils l'achètent, soit qu'ils la préparent eux-mêmes, l'emploient presque toujours trop chargée de brôme, et cela ne nous paraît pas étranger au voile de brôme qui, trop souvent, recouvre leurs épreuves.

Le bromure de chaux rose clair nous semble le meilleur, à moins que l'opérateur ne possède une boîte très profonde ; dans ce cas, et en ayant soin de couvrir la chaux d'une feuille de papier buvard, il pourra l'employer entièrement chargée de brôme, c'est-à-dire d'une couleur rouge de sang.

La boîte destinée à la chaux brômée est en tout semblable à la boîte à iode. L'emploi de cette substance n'offre aucune difficulté, et l'on opère de la même manière qu'avec la boîte à iode, mais en regardant moins longtemps la plaque. Un *instant* doit suffire pour juger de la couleur, car la lumière, agissant sur la couche sensible, pourrait déterminer un voile ineffaçable.

Quant à la nuance qu'il faut donner à la plaque sur la chaux brômée, elle dépend entièrement de la teinte obtenue sur la boîte à iode au premier iodage, ou du degré d'intensité qu'on se propose de donner au second.

Quelques opérateurs ont conseillé de donner au second iodage un quart du temps qu'a exigé le premier. D'autres, en plus grand nombre, laissent la plaque sur la boîte à iode, un tiers, deux tiers même du temps employé au premier iodage. Mais, nous le répétons, toutes ces mesures ne sont bonnes que si l'on tient compte de la quantité d'iode qu'on a donnée d'abord, ou de la quantité de substance accélératrice que l'on a déposée ensuite sur la plaque.

SUPPOSITIONS.

1re Supposition.

1er Iodage, a exigé pour arriver à la nuance
jaune d'or foncé.   60 s.
   Obtenez sur le bromure la couleur rose clair.
2e Iodage, le 1/4 du premier.   15 s.

Dans ces conditions, la couche sera très sensible et donnera, toutes choses égales d'ailleurs, un résultat assez satisfaisant, mais l'épreuve sera d'une grande sécheresse et sans harmonie.

2me Supposition.

1er Iodage, a exigé pour arriver à la nuance
jaune d'or foncé.   60 s.
   Bromage rouge.
2e Iodage, le 1/3 du premier.   20 s.

Un peu plus de brôme, un peu plus d'iode au second iodage, couche plus forte ; réunis dans cette proportion, l'iode et la substance accélératrice nous semblent dans les meilleures conditions de sensibilité et d'harmonie. Ces rapports de temps et de couleur nous ont toujours donné de très beaux résultats.

3ᵐᵉ Supposition.

1ᵉʳ Iodage, a exigé pour arriver à la nuance
jaune d'or foncé.   60 s.
                Bromage violet.
2ᵉ Iodage, les 2/3 du premier.   40 s.

Plus de brôme, plus d'iode au second iodage.

Avec cette combinaison, moins de sensibilité, mais plus de richesse de ton et d'effet ; moins de dureté, modelé plus suave, teintes perlées, tons harmonieux.

Nous pouvons maintenant renverser les chiffres, c'est-à-dire laisser la plaque prendre au premier iodage une teinte plus foncée et diminuer le temps du second iodage. Quelle en sera la conséquence ? La même dans beaucoup de cas ; mais comme en daguerréotypie il se manifeste des anomalies fort étranges, et que tel procédé qui réussit entre les mains d'un opérateur peut fort bien ne donner aucun résultat entre les mains d'un autre, nous allons inscrire ici d'autres chiffres, en assurant nos lecteurs que nous avons également bien réussi en les adoptant.

1re Supposition.

1er Iodage, a exigé pour atteindre la nuance
jaune d'or.   48 s.
Bromage couleur rose clair.
2e Iodage, le 1/4 du premier.   12 s.

Maximum de sensibilité, toutes choses égales d'ailleurs, solarisation des blancs, dureté dans les ombres.

2me Supposition.

1er Iodage, a exigé pour atteindre la nuance
jaune rosé.   88 s.
Bromage rouge.
2e Iodage, le 1/4 du premier.   22 s.

Moins de sensibilité, bonne épreuve, convenant à peu près à toute espèce de reproductions.

3ᵐᵉ Supposition.

1ᵉʳ Iodage, a exigé pour atteindre la nuance rose.   100 s.

      Bromage violet.

2ᵉ Iodage, le 1/4 du premier.   25 s.

Couche moins sensible, épreuve veloutée et d'une grande harmonie.

Concluons donc que plus la plaque est fortement iodée, plus elle peut supporter de brôme ; que plus la couche d'iodure d'argent est épaisse, moins elle est sensible, mais qu'elle a, en revanche, la propriété de donner une épreuve irréprochable.

Après un travail de cette nature, où nous avons eu soin de présenter des chiffres qui sont le résultat d'expériences longues et comparatives, il semblerait naturel de conclure que rien n'est si facile que d'arriver du premier coup au but désiré, d'obtenir une épreuve moelleuse, dure ou parfaite, à volonté. Malheureusement, nous ne saurions admettre une telle conclusion ; et ici, bien plus encore que dans les autres branches de la photographie, un succès complet paraît être plutôt le résultat du hasard que celui de l'habileté.

Si, effectivement, dans le procédé sur collodion,

par exemple, nous pouvons compter vingt bonnes épreuves sur vingt épreuves faites, c'est que les substances qu'on y emploie sont rigoureusement pesées, rigoureusement appliquées, et que le temps de la pose peut être impunément doublé (ou dépassé).

Dans la daguerréotypie, au contraire, l'iode et le brôme, combinés en des proportions non identiques dont l'œil est le seul appréciateur, doivent nécessairement former un sel d'argent éminemment variable à chaque épreuve, et jeter par conséquent la perturbation dans les calculs de l'opérateur.

Il est aussi très difficile de déterminer la couleur de la plaque iodée, corps miroitant vu par réflexion, dont la teinte se distingue très mal, surtout si le laboratoire n'est pas toujours éclairé par une lumière identique. Notre œil ne voit pas toujours de la même manière, et nous pouvons être plus ou moins sujets à des aberrations du sens visuel.

Que dirons-nous des opérateurs qui sont atteints de daltonisme, et comment nous comprendrons-nous si vous appelez jaune ce que je vois violet?

Quoi qu'il en soit, et malgré les difficultés qui s'opposent à ce que l'on obtienne à tout coup de très belles épreuves par le procédé de Daguerre, nous pouvons garantir à l'opérateur attentif une réussite souvent heureuse et des succès qui sortiront des bornes de la médiocrité, l'image daguerrienne n'exigeant pas, comme le portrait sur papier, cette haute perfection, qui seule peut dispenser d'avoir recours à des retouches.

CHAPITRE IV

TROISIÈME OPÉRATION

IMPRESSION DE L'IMAGE DANS LA CHAMBRE OBSCURE.

Nous avons dit la manière dont on doit éclairer le modèle ; nous avons traité la question des couleurs ; ajoutons que ces dernières lignes sont principalement consacrées à la photographie proprement dite.

Les couleurs inertes *viennent* assez bien avec le procédé de Daguerre ; et il n'est pas besoin de prendre, pour réussir, de très grandes précautions. Cependant, les soins qu'il faut avoir restent toujours les mêmes, quel que soit le procédé qu'on emploie, et l'on en est assez récompensé par de bonnes épreuves, ou par de véritables chefs-d'œuvre. On ne saurait déterminer d'avance le temps de la pose ; il dépend essentiellement de plusieurs conditions simultanées et solidaires, peu susceptibles d'être exactement appréciées : la qualité et la quantité de la lumière, le degré de sensibilité de la couche, etc. Il faut une expérience de quelques jours pour apprendre à juger, même approximativemeut, de la quantité de lumière dont on dispose ; quant à sa puissance photogénique, nous savons qu'elle est d'autant moindre que le soleil descend davantage vers l'horizon. L'image instantanée se produit sans difficulté dans de certaines conditions, et rien n'est si facile que de reproduire une mer calme ou tourmentée, avec son beau soleil levant, ses nuages amoncelés et ses vaisseaux à toutes voiles. Ici, la réussite dépend d'une plaque préparée dans la meilleure condition de succès, d'un objectif à verres combinés, de grand diamètre à court foyer, d'un ciel pur et matinal. Dans les mêmes conditions de lumière et d'objectif, une ou deux secondes suffisent pour la reproduction des monuments ou des sites champêtres, mais alors les nuages n'y sont plus, et sur un ciel d'une blancheur désespérante viennent se découper en silhouettes les derniers plans et le feuillage immobile. Pour une reproduction sur une grande échelle, en opérant avec un objectif ménisque à long foyer, muni d'un petit diaphragme, une minute de pose, et même plus, est indispensable à l'impression complète de la couche sensible.

Dans les conditions ordinaires d'un atelier vitré disposé pour le portrait, le temps de la pose varie de 5 à 150 secondes, suivant la grandeur de l'image, c'est-à-dire suivant la longueur focale de l'objectif.

En présence de données aussi variables, il serait inutile de grouper des chiffres, même approximatifs : un calcul simple fondé sur l'expérience vaudra mieux que toutes les règles possibles, et l'opérateur le moins habile aura bientôt déterminé le temps de la pose, dans son atelier, aux différentes heures du jour et dans les différentes saisons de l'année.

CHAPITRE V

QUATRIÈME OPÉRATION

FORMATION DE L'IMAGE DANS LA BOITE A MERCURE.

L'action de la lumière sur la couche sensible, dans la chambre noire, ne se trahit par aucun indice extérieur. Il est certain, cependant, que, soumise à une très longue exposition, l'image finirait par se dessiner sur la plaque sans le secours d'un agent révélateur. Quelques savants ont pensé que l'action de la lumière a pour effet de désagréger la couche d'iodure, de permettre à la vapeur de mercure d'attaquer cette couche et la plaque qui la porte, et de s'y combiner en partie, là où la désagrégation s'est opérée, tandis que partout ailleurs la couche d'iodo-bromure, restée intacte, préserve l'argent de l'amalgamation mercurielle; en un mot, dans le cas d'une bonne épreuve, il y aurait formation d'une couche de iodure de mercure et d'argent sur les clairs avec amalgame de la plaque, tandis que les noirs seraient représentés par l'argent inaltéré et remis à découvert.

Nous ne dirons rien de la disposition de la boîte à mercure : qu'elle soit à rainures verticales, et disposée pour recevoir plusieurs plaques en même temps, ou qu'elle soit disposée pour un seul châssis à plaque inclinée à 45°, elle doit être profonde, à capsule plate, de manière à présenter une grande surface d'évaporation ; et il faut qu'elle soit munie d'un thermomètre coudé plongeant dans le mercure.

Nous donnons la préférence à la boîte disposée pour une seule plaque inclinée à 45°, munie d'un verre blanc en avant et d'un verre jaune latéral, condition essentielle pour surveiller l'image en voie de formation. Le procédé qui consiste à élever la température du mercure jusqu'à un certain degré, à laisser l'épreuve quatre ou cinq minutes dans la boîte et à l'ôter sans l'avoir regardée, nous paraît des plus compromettants pour l'épreuve ; il est facile de se convaincre que telle image qui, après cinq minutes serait à rejeter, devient une épreuve complète après quinze ou vingt minutes, si l'on a eu la précaution de laisser diminuer graduellement la température.

Dans tous les cas, il est essentiel de surveiller la

marche de l'opération, en appliquant la bougie près du verre jaune et non pas du côté du verre blanc ; car il se produirait, dans ce cas, un voile, ou le développement de l'image en serait tout au moins arrêté.

Il est assez difficile dans les commencements de bien juger de la perfection d'une image, il vaut mieux alors retirer la plaque, plus tôt que plus tard ; un séjour trop prolongé dans la boîte à mercure pourrait amalgamer les noirs et donner à l'épreuve un aspect cendré désagréable.

Nous devons à M. l'abbé Laborde, habile professeur de physique, un petit tour de main qui permet de prolonger davantage la mercurisation à une température assez haute, sans crainte de ternir l'épreuve, moyen qui, par conséquent, permet d'obtenir avec une exposition moins longue une image présentant les détails, les profondeurs, les noirs, le blanc mat, les qualités, en un mot, qui distinguent une épreuve parfaitement réussie. Ce moyen consiste à introduire dans la boîte et pendant l'opération, par un petit trou pratiqué sur un de ses côtés, une petite tige de verre chargée d'une goutte d'éther sulfurique. Ce moyen, très bon du reste, peut aboutir cependant à de fâcheux résultats, et nous pensons qu'il y a quelque danger à faire plus de deux épreuves de suite par le même procédé. La boîte s'imprègne vite de vapeur d'éther, et lorsque cette vapeur y devient trop abondante, les épreuves n'offrent plus que des tons gris fort peu agréables qui en font des images manquées.

CHAPITRE VI

CINQUIÈME OPÉRATION

DÉSIODER, LAVER, FIXER L'IMAGE.

En sortant de la boîte à mercure, l'image peut être regardée impunément à la lumière diffuse ; il ne faudrait pas, cependant, en conclure qu'elle est fixée ; une trop longue exposition à une lumière faible, mais surtout à la lumière directe, donnerait à la couche une couleur lie de vin, la noircirait même, et l'épreuve serait, sinon perdue, du moins altérée au point de n'être plus acceptable.

Le lavage à l'hyposulfite de soude a pour but de débarrasser l'épreuve de la couche d'iodure libre ; la solution de chlorure d'or dont on la couvre après, sert à diminuer le miroitage fatigant de la plaque, et à donner à l'image de la vigueur et de la netteté en la fixant à jamais.

De tous les perfectionnements apportés au procédé de Daguerre, le plus important a été sans doute l'application du chlorure d'or aux fixage des épreuves ; cette application appartient à M. Fizeau.

C'est en vain qu'on a cherché à substituer à cette substance une nouvelle combinaison de sel d'or : ce sel est beaucoup trop riche en sel de soude et ne contient pas assez d'or. Aussi voit-on les noirs de l'épreuve se voiler aussitôt que ce liquide est soumis à l'action de la chaleur, et l'épreuve mal fixée s'efface sous le frottement du pinceau le plus fin. Le sel d'or ne peut guère être employé qu'à la proportion de 1 gramme sur 750 d'eau ; le chlorure d'or, au contraire, agit à la dose de 1 gramme sur 1,000. Avec le chlorure d'or on peut chauffer l'épreuve pendant dix minutes. Elle prend ainsi un éclat admirable, les blancs deviennent d'un beau mat, et l'image est si bien fixée qu'elle résiste au frottement du doigt.

Le sel d'or ne nous semble offrir qu'un seul avantage, bien mince assurément, celui de ne présenter aucune difficulté pour sa préparation ; mais la solution de chlorure d'or de M. Fizeau est aussi facile à faire et réussit toujours parfaitement.

L'inexpérience des opérateurs a pu seule donner

au sel d'or une vogue dont il a joui pendant si longtemps.

Un gramme de chlorure de sodium pur, ajouté à 100 grammes de chlorure d'or en dissolution, a pour but de ramener au ton blanc certaines parties bleues ou solarisées de l'épreuve.

Après le fixage, la plaque peut être lavée à l'eau ordinaire ; elle doit être rincée en dernier lieu avec de l'eau distillée.

Dans l'action du séchage, il ne faut pas laisser passer la flamme de la lampe sur la plaque ; si la flamme atteignait même légèrement l'image, celle-ci se couvrirait d'une sorte de cendre fine, qui rendrait nécessaire un lavage avec une solution faible de cyanure de potassium.

Une pipette est indispensable pour puiser le chlorure d'or qui retient presque toujours en suspension, vers le fond du vase, une certaine quantité de soufre en poudre. Cette substance occasionnerait des piqûres noires sur la plaque, qui nécessiteraient aussi l'emploi du cyanure de potassium.

CHAPITRE VII

COLORIAGE DES ÉPREUVES

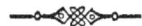

Il faut tout le talent d'un peintre habile pour rendre supportable le travail de l'enlumineur photographe. M. Mansion, peintre en miniature français, établi à Londres, possède le secret d'un très beau coloris. Quelques opérateurs ont voulu l'imiter; mais, en vérité, quoi que en aient pu dire les réclames, nous n'avons jamais vu chez les daguerréotypeurs français que des espèces d'images d'Épinal.

Trois procédés ont été mis en pratique pour faire adhérer la couleur aux épreuves : 1° le mélange des couleurs pulvérisées avec la sandaraque ; 2° le lavage final de la plaque avec une solution très faible de gélatine ; 3° ou avec une décoction de thé.

Lorsque l'on fait usage de l'un de ces deux derniers

moyens, la surface de la plaque devient légèrement collante ; il ne s'agit plus alors que d'avoir un peu d'habitude du pinceau et du maniement des couleurs pour donner à l'image daguerrienne un aspect de miniature assez satisfaisant.

Mais, nous le répétons, le coloriage ne saurait être pardonné qu'à l'opérateur portraitiste et à cause de l'exigence du public.

La couleur la mieux appliquée dépare toujours une belle épreuve.

MANUEL OPÉRATOIRE

CHAPITRE VIII

PREMIÈRE OPÉRATION

Objets de substances nécessaires au décapage et au polissage de la plaque.

Plaques.
Boîtes à plaques.
Une planchette à bizeauter les plaques.
Une pince à coulisse.
Planchettes à polir.
Un petit étau attaché à un support fixe et solide.
Une boîte en carton garnie de tripoli, ayant son orifice recouvert de gaze.
Une boîte en carton garnie de rouge, ayant son orifice recouvert de gaze.
Coton cardé.

Essence de térébenthine rectifiée.

Trois polissoirs.

Bizeautez la plaque en la maintenant à plat avec une main sur la planche, l'argent en dessus, pendant que la main droite ramène vivement vers le corps la coulisse-rabot sur le bord de la plaque et le replie. Lorsque les quatre côtés de la plaque sont bizeautés, rabattez aussi les quatre angles avec la pince, introduisez-les dans les crochets à bouton de la planchette à polir, et fixez celle-ci au moyen de la presse, ou entre les mâchoires de l'étau.

Versez quelques gouttes d'essence de térébenthine et un peu de tripoli sur la plaque ; avec un tampon de coton assez ferme et de la grosseur d'un œuf de poule, frottez-la légèrement en décrivant de petits cercles et parcourant également toute la superficie de la plaque : une minute de travail suffit pour enlever les battitures d'une plaque neuve ou l'impression d'une plaque qui a déjà servi.

Prenez un nouveau tampon de coton, remettez du tripoli sur la plaque, et continuez la même manœuvre, mais à sec et pendant une ou deux minutes.

Cette seconde opération suffit pour mettre l'argent tout à fait à nu et lui donner un bel éclat métallique; le décapage est alors parfait.

DAGUERRÉOTYPIE.

Avec le polissoir n° 1, dont le velours est pour ainsi dire saturé de rouge, agissez sur la plaque dans les deux directions perpendiculaires en appuyant un peu et en promenant le polissoir comme une varlope, mais très rapidement ; ne continuez pas trop à frotter, vous enlèveriez l'argent.

Le polissoir n° 2, imprégné de rouge, mais soigneusement brossé, manœuvré de la même manière que le précédent et plus rapidement encore, donnera à la plaque un beau degré de poli. L'opération étant arrivée à ce point, l'haleine condensée sur la surface brunie de la plaque doit lui donner l'aspect d'un verre dépoli et se vaporiser sans laisser voir ni taches ni rayures.

Terminez le bruni de la couche avec le polissoir n° 3, en donnant les derniers coups très légèrement, très rapidement et perpendiculairement au sens de l'image à produire (1).

On peut, on doit même polir les plaques à l'avance, elles se conservent très bien pendant vingt-quatre heures ; après ce temps, il faut les soumettre de nouveau au travail du polissoir n° 3.

(1) Pour les images stéréoscopiques, les derniers coups du polissoir doivent être parallèles au sens de l'image à produire.

CHAPITRE IX

DEUXIÈME OPÉRATION

Objets et substances nécessaires pour ioder et brômer la plaque.

Un bâton de cire à modeler.

Un gros pinceau doux ou une pincée de coton en cardes pour épousseter la plaque avant de l'exposer à la vapeur d'iode.

Une boîte à iode, dont le fond sera couvert d'iode broyé pur, ou mélangé avec de la chaux hydratée ; on mettra sur cette substance une feuille de papier buvard.

Une boîte à brôme, dont le fond sera couvert de chaux brômée, au-dessus de laquelle on placera une feuille de papier buvard.

Un châssis dormant, prêt à recevoir la plaque, si elle est destinée à n'être impressionnée que longtemps après, ou le châssis de la chambre obscure, si l'on se dispose à opérer de suite.

Un carton blanc.

La préparation de la plaque à nu est préférable, et pour les quarts de plaque et les demi-plaques, rien n'est si aisé que de les manœuvrer sans les toucher avec les doigts qui, en été surtout, forment une buée sur la couche sensible et la tachent.

Un bâton de cire à modeler, garni d'un peu de papier à l'extrémité par où l'on doit le tenir, donne le moyen, en l'appliquant sur le cuivre de la plaque, de la soulever aisément pour la regarder et la mettre dans le châssis. Prenez la plaque par ses bords opposés, appliquez le bâton de cire vers le milieu et époussetez la surface brunie en la tenant en dessous.

Posez-la sur la boîte à iode, comptez les secondes qui s'écoulent, retournez-la d'avant en arrière de 10 en 10 secondes; si la boîte est profonde, même à une haute température (1), vous pouvez ne regarder la plaque qu'après 30 secondes. A cet effet,

---

(1) Plus la température est élevée, plus l'action de l'iode est prompte; il en est de même pour la substance accélératrice.

prenez dans la main gauche un carton blanc, approchez-le horizontalement de la plaque, soulevez celle-ci de quelques centimètres avec la main droite, faites-lui faire avec le carton un angle de 45° à peu près, et regardez (1).

Le carton viendra se refléter sur la surface miroitante de la plaque et en montrera la couleur vraie (2). Cette couleur peut être poussée jusqu'au rose. On peut également l'arrêter à la nuance jaune d'or foncé (*voir* Considérations générales, *page* 50). Nous supposons ici que c'est cette dernière nuance que l'opérateur a adoptée. Vous devez avoir tenu compte du temps que la plaque est restée sur la boîte à iode pour arriver à cette teinte, afin de pou-

---

(1) On peut regarder impunément et en pleine lumière la formation de la couche d'iode; mais il vaut mieux établir dans l'atelier un système de rideaux au moyen desquels on maintient une lumière diffuse d'une intensité constante, afin que l'opérateur, habitué à travailler à cette demi-lumière, puisse donner à toutes les plaques un ton identique.

(2) La plaque soumise aux vapeurs d'iode passe successivement par les nuances jaune, jaune d'or, pêche, rose, rouge, violet, bleu d'acier, vert pomme; après cette nuance, quoi qu'en aient dit certains auteurs, elle ne repasse plus par la même série de tons, le vert pâlit, l'éclat métallique devient terne et disparaît.

voir remettre cette plaque sur la boîte à iode la seconde fois pendant un temps déterminé, après son exposition à la substance accélératrice.

Nous supposerons que, pour prendre cette nuance jaune d'or foncé, la plaque est restée sur la boîte à iode 60 secondes.

CHAPITRE X

Exposition de la plaque iodée à la vapeur de la substance accélératrice.

Posez la plaque sur la boîte à brôme.

Quand on emploie la chaux brômée dans une boîte profonde, la couleur de la couche sensible ne change pas immédiatement, et, suivant la température, il ne faut guère moins de 20 à 60 secondes pour obtenir la couleur rose du Bengale, nuance exigée pour avoir une belle épreuve, lorsque le premier iodage a donné la nuance jaune d'or foncé.

On doit regarder la plaque de la même manière que précédemment pour en reconnaître la nuance, mais il faut agir beaucoup plus rapidement ; un coup d'œil doit suffire ; la couche est déjà très sensible, et l'action de la lumière pourrait donner lieu à un voile général qui nuirait à la limpidité de l'épreuve.

Produisez autour de vous une obscurité complète et remettez la plaque sur la boite à iode pendant le tiers du premier temps, c'est-à-dire pendant 20 secondes. Mettez la plaque dans le châssis de la chambre obscure et faites l'épreuve (1).

(1) On ne saurait contester les avantages d'une préparation anticipée : dix plaques préparées deux heures avant d'être employées donneront, toutes choses égales d'ailleurs, dix bonnes épreuves. L'iode libre, qui joue un si grand rôle dans les insuccès, n'aurait-il pas eu le temps de se combiner ou de disparaître en laissant un iodure d'argent parfait ?

CHAPITRE XI

TROISIÈME OPÉRATION

Objets nécessaires à l'exposition de la plaque dans la chambre obscure.

Une chambre noire munie d'un objectif pour portrait et montée sur un pied porte-appareil dit *de laboratoire*.

Ou une chambre noire munie d'un objectif à paysage et fixée sur un pied porte-appareil, à trois branches brisées, dit *pied de campagne*.

Une couverture noire pour tenir la tête et la chambre noire à l'abri de la lumière lorsqu'on met au foyer.

Un appui-tête.

Une table, un tapis, etc.

Une chaise ou fauteuil, des rideaux, en un mot, des meubles ou des objets d'art pour garnir et orner au besoin le fond du portrait.

Mettez le modèle scrupuleusement au foyer sur la glace dépolie, en vous aidant des lignes les plus nettes, telles que la ligne des paupières, la moustache, la barbe, etc.

Ne placez pas le corps du modèle de face, mais de côté ; s'il veut regarder à regard perdu, qu'il prenne un point d'appui pour le regard, mais que le regard soit droit ; sans cette précaution, il risquera de loucher ; permettez-lui de fermer les paupières de temps en temps, mais qu'il les relève à l'instant et qu'il regarde toujours le même point.

Si le modèle veut avoir plus d'expression, mettez un tout petit papier blanc sur la chambre, près de l'objectif, qu'il le regarde pendant la pose, son portrait aura l'air de regarder aussi les spectateurs.

Si la pose doit se prolonger au delà de cinq secondes, ne permettez pas qu'on pose sans appui-tête, il vaut mieux même en faire usage dans tous les cas.

Lorsque vous faites de la photographie monumentale, mettez au foyer le point le plus important, le premier plan en général ; sacrifiez les derniers et même les plans secondaires ; toutefois, comme il devient utile d'adapter à l'objectif des diaphragmes variables, afin d'avoir à volonté une action plus rapide ou une netteté plus grande, vous adopterez le plus petit des diaphragmes lorsqu'il s'agira de faire plusieurs plans et d'avoir une grande finesse de détails; vous prendrez, au contraire, le plus grand lorsque vous devrez opérer sur des masses de verdure.

Pour un monument, s'il est élevé surtout, ayez soin de placer votre appareil à une hauteur égale à peu près au tiers de la hauteur totale de l'édifice; sans cette précaution, vous serez obligé d'incliner fortement la chambre noire, et l'objectif regardera de bas en haut : dans cette position, les lignes verticales, qui doivent être d'aplomb et parallèles entre elles, iront au contraire concourir à un point accidentel céleste, et feront tomber le monument à la renverse; les tours de Saint-Vincent-de-Paul deviennent, dans ce cas, les tours penchées de Bologne.

Pour faire un portrait, il faut élever l'objectif à la hauteur de la tête du modèle à peu près, il vaut mieux de le faire plonger un peu. Si l'on tient la ligne de l'axe de l'objectif dans la ligne horizontale, le nez devient plus court, l'ovale s'arrondit, le front fuit, le menton grossit.

Disposez le modèle sur un fond bleu foncé ou ardoise, et à une distance d'environ 0,50 centimètres, pour qu'il y ait de l'air et que le tissu du fond ne se reproduise pas.

Nous ne saurions déterminer au juste le temps de la pose, nous ne pouvons que donner quelques indications au moyen desquelles l'opérateur intelligent parviendra vite à apprécier à peu près exactement la durée de l'opération.

La couche sensible est d'autant plus vite impressionnée que l'on opère à une plus grande distance du sujet ; elle est d'autant plus impressionnable que le sujet est plus lumineux.

Si avec un objectif de 80 mill. on fait un portrait sur plaque normale en 20 secondes, il n'en faudra que 15 pour faire un portrait sur une demi-plaque avec le même objectif, et ainsi de suite, en diminuant le temps de la pose à mesure que l'on éloigne l'objectif du sujet,

Avec un objectif de 80 mill. de diamètre pour paysage fortement diaphragmé, si la reproduction d'un monument a exigé une minute de pose, il ne faudra pas moins de dix minutes pour la reproduction sur une assez grande échelle d'une gravure de médiocre grandeur.

En effet, 0,35 centim. de tirage de la chambre ont suffi pour atteindre le foyer dans le premier cas, tandis que, pour la reproduction à petite distance d'une gravure, il n'aura pas fallu moins de 0,90 centim. ; par conséquent, plus le foyer est long, plus le temps de la pose doit être prolongé.

CHAPITRE XII

QUATRIÈME OPÉRATION

Objets et substances nécessaires à la formation de l'image dans la boîte à mercure.

Un sablier.

Une boîte à mercure fixée au mur d'un cabinet très faiblement éclairé par une veilleuse.

500 grammes à peu près de mercure distillé dans la cuvette de la boîte.

Un support à mécanisme pouvant être rapproché ou éloigné à volonté de la cuvette, et portant une petite lampe à alcool destinée à chauffer le mercure de la boîte.

Une bougie destinée à éclairer à travers le verre jaune l'intérieur de la boîte, afin de surveiller l'image en voie de formation.

Avant de poser le modèle, vous allumerez la lampe à alcool, mais vous tiendrez la mèche très basse pour éviter un feu trop vif, qui ferait éclater la boule du thermomètre et salirait la boîte ; la température devra être élevée jusqu'à 50 ou 60° (1).

En enlevant la planchette porte-plaque du châssis, et dans le passage de ce dernier à la boîte à mercure, faites en sorte que la plaque ne puisse pas réfléchir un seul instant la flamme de la veilleuse, cette faible clarté pourrait jeter un voile sur la couche et s'opposer au développement complet ou à la limpidité de l'image.

Après trois minutes, c'est-à-dire avant que le sablier ne soit entièrement épuisé, regardez l'épreuve : si le temps de la pose a été dépassé, mais de peu, l'image sera assez venue, une ou deux minutes de trop la rendraient complétement blanche ; en la retirant plus tôt, elle sera un peu plate, un peu brûlée, mais cependant acceptable.

Si le temps de la pose à la chambre noire n'a été

---

(1) Le thermomètre coudé qui est adapté à la boîte à mercure n'est jamais exactement gradué. Il faut l'essayer d'avance en cherchant si, à 80° de son échelle, la plaque résiste sans se cendrer dans les noirs. Cette expérience, faite une fois pour toutes, déterminera le degré convenable pour la mercurisation.

ni trop long ni trop court, l'image aura acquis, en quatre minutes de mercurisation, tout son développement ; on pourra alors la retirer.

Dans le cas où la couche sensible aurait reçu une impression insuffisante, ce dont on s'assurerait en regardant la plaque après trois minutes d'exposition dans la boîte à mercure, il faudrait éteindre la lampe et surveiller la formation de l'image ; il n'est par rare de voir, par l'action lente des vapeurs mercurielles, se former souvent un modelé parfait, une image dont la rondeur, l'éclat et le relief ne le cèdent en rien à l'image obtenue dans les meilleures conditions de lumière et de pose. Après plusieurs heures d'attente, et en chauffant peu et souvent, on peut amener à bien une épreuve qui, après quatre minutes, paraissait à peine.

Nous insisterons donc sur ce point, que l'opérateur doit exiger une boîte portant une petite fenêtre en verre blanc en avant, munie de son volet, et une ouverture latérale fermée par un verre jaune, ces deux verres étant indispensables pour surveiller l'épreuve. Tant qu'il restera des inconnus dans le procédé de Daguerre, il sera toujours plus sage de surveiller la marche des opérations.

Si l'image, après une assez longue exposition aux

vapeurs mercurielles, restait d'un ton rouge sourd, ce serait une preuve que la couche de mercure dans la capsule est trop profonde ; il faudrait alors diminuer là quantité du métal, ou substituer à une cuve profonde une cuvette plus évasée.

A sa sortie de la boîte à mercure, regardez attentivement l'image, et voyez si elle mérite d'être fixée.

CHAPITRE XIII

CINQUIÈME OPÉRATION

Objets et substances nécessaires à la déloduration et à la fixation de l'image.

Une pince à coulisse.
Une cuvette plate.
Une cuve profonde pleine d'eau ordinaire.
Un pied à vis calantes, soigneusement placé de niveau pour supporter la plaque.
Une éprouvette munie d'un entonnoir en verre et d'un filtre, et contenant une solution concentrée d'hyposulfite de soude.
Une pipette pour soutirer le chlorure d'or.
Un flacon à large ouverture contenant du chlorure d'or.
Une lampe à alcool munie d'une forte mèche.
Un flacon d'eau distillée.
Si l'épreuve est bonne, enfermez-la dans une boîte

DAGUERRÉOTYPIE.

à l'abri de la lumière et des regards des curieux, ou bien fixez-la sans retard.

A cet effet, relevez les coins de la plaque avec la pince, passez-en les épaisseurs entre l'index et le pouce (1); posez-la à plat, l'image en dessus, dans la cuvette plate, et inondez-la, d'un seul trait, d'hyposulfite de soude; l'effet est instantané : l'iodure libre disparaît, la plaque perd sa couleur violacée; balancez la cuvette deux ou trois fois pour faire passser et repasser le liquide sur l'iodure, retirez la plaque et plongez-la dans la cuve d'eau ordinaire; lavez-la un instant sans l'abandonner.

Posez la plaque sur le pied de niveau, couvrez-la d'eau distillée.

Aspirez dans la pipette une quantité suffisante de chlorure d'or, et bouchez-en l'orifice supérieur avec le pouce. Jetez l'eau de dessus la plaque, chassez-la complétement par quelques gouttes de chlorure d'or, remettez la plaque sur le pied et couvrez-la de ce dernier liquide.

Promenez la flamme de la lampe à quelques cen-

---

(1) Cette manœuvre a pour but de laisser, par le frottement des doigts, un corps gras sur la plaque qui retiendra ainsi une plus grande quantité de chlorure d'or.

timètres au-dessous de la plaque ; le liquide commence à se chauffer, quelques bulles apparaissent pour disparaître aussitôt ; celles qui persistent révèlent une tache ou une piqûre ; soufflez sur le chlorure d'or en continuant de chauffer jusqu'à ce que les blancs de l'image deviennent d'un beau mat ; cessez alors de chauffer, un coup de lampe de plus pourrait faire paraître un nuage jaune ou exfolier la couche d'argent, résultat, du reste, presque toujours à craindre lorsqu'on se sert d'une petite flamme ou que l'on maintient la lampe immobile (1).

Remettez la plaque dans l'eau ordinaire, lavez-la un peu, et terminez le lavage en la rinçant à l'eau distillée.

Pincez la plaque par un de ses coins d'en bas avec la pince à coulisse ; séchez-la à la lampe en chauffant d'abord le haut de la plaque et en soufflant dessus pour aider le liquide à descendre et à se vaporiser ; essuyez les bords et enfermez l'épreuve dans la boite.

---

(1) La lampe-siphon est d'un excellent emploi pour cet usage ; nous en avons fait faire un assortiment.

RÉSUMÉ DES OPÉRATIONS

Appréciation, etc., etc.

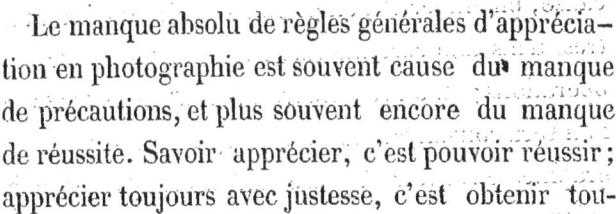

Le manque absolu de règles générales d'appréciation en photographie est souvent cause du manque de précautions, et plus souvent encore du manque de réussite. Savoir apprécier, c'est pouvoir réussir; apprécier toujours avec justesse, c'est obtenir toujours un résultat parfait.

Que manque-t-il donc à l'opérateur initié aux manipulations, à celui surtout qui, à une bonne pratique, joint une saine théorie, une grande habileté et une adresse peu commune? Il lui manque ordinairement le sens appréciatif.

Une longue habitude de l'enseignement nous a appris qu'une personne à laquelle une bonne éducation photographique n'a pas manqué, doit encore compléter cette éducation par l'habitude d'apprécier;

le défaut de cette habitude nous explique comment celui qui, sous les yeux du maître, a pu obtenir de superbes épreuves, n'arrive le plus souvent qu'à des résultats fort médiocres lorsqu'il est entièrement livré à lui-même.

Nous allons essayer de porter remède à ce défaut par un résumé clair et précis des diverses opérations et des phénomènes qui se passent avant, pendant et après la formation des images photographiques :

Il n'y a point d'effet sans cause ; en détruisant la cause, on empêche l'effet. Nous sommes donc maîtres, dans une certaine mesure, du résultat de nos opérations ; qu'on se pénètre bien de cette vérité, et l'on sera convaincu plus que jamais que la photographie peut avoir sa place dans les rangs des connaissances exactes.

Dans le décapage, l'argent doit être mis à nu ; après le polissage, l'argent doit avoir un bruni parfait. Le défaut de décapage se traduit par un iodage marbré ; un polissage incomplet par une image grise, sans profondeur, sans éclat, le plus souvent par un résultat négatif ; la plaque mal décapée, mal brunie, n'absorbe pas assez d'iode, il y reste libre à la surface ; le brôme, mal combiné, se trouve en excès : de là un voile sur l'image.

Une plaque bien décapée, parfaitement brunie, absorbe plus d'iode; l'iode se combine intimement avec le brôme; il se forme un sous-iodure d'argent neutre. Ce résultat se traduit par un maximum de sensibilité; et, toutes choses égales d'ailleurs, par une image d'une profondeur, d'un relief et d'un éclat admirables.

Défiez-vous d'une plaque qui jaunit vite sur la boîte à iode; une surface d'argent parfaitement pure est relativement lente à prendre la teinte jaune. Si l'iodage se fait inégalement et par places, c'est une preuve que l'image primitive n'a pas été complétement enlevée, si la plaque a servi, ou que certaines parties de la lame de cuivre sont dénudées d'argent.

Un excès de brôme se manifeste par un voile violacé partiel ou total, par l'absence totale ou partielle de l'image. C'est là une preuve que l'on a dépassé le maximum de sensibilité de la couche. Il aurait fallu un peu plus d'iode ou un peu moins de brôme.

L'excès d'iode est indiqué par le manque de sensibilité, par des tons durs et des noirs *cendrés*, si l'on a *poussé* un peu à la boîte à mercure. Cela tient à ce principe bien connu, que les blancs de l'épreuve sont le résultat de l'amalgame du mercure avec l'argent, et que les noirs doivent être, au contraire, le résultat du miroitage de l'argent, tout à fait libre de mercure.

Une image faible, solarisée, trop vite venue, est l'indice certain d'une couche d'iodure d'argent trop faible. Une épreuve bien venue est toujours le résultat d'une couche relativement épaisse.

Si l'image paraît terne ou voilée par une espèce de brouillard, c'est que la couche sensible a vu le jour ; si faible que puisse être la lumière qui tombe sur la plaque, celle même d'une bougie, si elle n'est pas neutralisée par un verre jaune ou rouge, elle détermine sur l'image en voie de formation un léger voile, qui la ternit et la gâte.

Le mercure chauffé trop rapidement fait naître ce que l'on appelle un *coup de feu ;* ce coup de feu est visible sur les parties ombrées de l'image, qui se couvrent d'une couche de mercure, sous laquelle disparaissent les détails. Si l'image, à sa sortie de la boîte à mercure, quoique bien venue dans tout son ensemble, présente un ton rose clair, c'est que le mercure n'a pas été chauffé assez longtemps, ou que la température n'en a pas été suffisamment élevée, ou enfin qu'il y en a trop dans la capsule.

Si, après le fixage de l'épreuve, on y voit paraître

une multitude de petits points noirs qui ressemblent à de la cendre, c'est qu'en séchant l'épreuve, la flamme de la lampe a passé sur l'image, et y a déterminé la formation d'un sulfure d'argent. Cet effet se produit surtout lorsqu'on n'a pas soin de puiser le chlorure d'or avec une pipette.

Un lavage dans une solution aqueuse faible, de cyanure de potassium, est le plus souvent un bon remède à ce manque de précaution.

Les petites taches noires en moindre proportion sont ordinairement des taches de cuivre ; presque invisibles au début, elles grandissent de jour en jour, à mesure que le cuivre s'oxyde ; elles sont sans remède : c'est un défaut qui vient de la mauvaise qualité du doublé ou de l'usure considérable de la plaque.

FIN DE LA DAGUERRÉOTYPIE.

TABLEAU SYNOPTIQUE

Des Substances chimiques employées dans le procédé de Daguerre.

DAGUERRÉOTYPIE.

SUBSTANCES PURES.	LEUR EMPLOI ET LEURS PROPRIÉTÉS.	PAGES
Coton........ Tripoli....... Essence	Décaper la plaque............	79
Rouge.........	Polir la plaque...............	80
Alcool........	P^r remplacer l'essence au besoin.	79
Iode .... Chaux hydratée	Substance génératrice.........	82
Brôme .... Chaux hydratée	Bromure de chaux, substance accélératrice...............	85
Mercure......	Agent révélateur.............	93
Hyposulfite de soude......	Agent désiodant.............	97
Chlorure d'or.. Eau distillée... Hyposulfite de soude........	Sel double d'or et de soude, de M. Fizeau, pour fixer et rehausser de ton l'épreuve daguerrienne..	97

DAGUERRÉOTYPIE.

Objets et Substances nécessaires à la Daguerréotypie :

Plaques ;
Boîtes à plaques ;
Planchette à bizeauter les plaques ;
Pince à coulisse ;
Planchette à polir ;
Petit étau.
Boîte poudrière pour les tripolis et les rouges ;
Coton cardé ;
Bâton de cire à modeler ;
Pinceau à épousseter les plaques ;
Boîte à iode et iode ;
Boîte à brôme et chaux brômée ;
Châssis dormant ;
Chambre noire ;
Pied porte-appareil ;
Un appui-tête ;
Boîte à mercure et mercure ;
Lampe à alcool ;
Petite bougie ;
Cuvette plate ;

Cuvette profonde ;
Pied à vis calantes ;
Eprouvette et son entonnoir ;
Une pipette ;
Filtres ;
Sel double d'or et de soude ;
Forte lampe à alcool ;
Eau naturelle ;
Eau distillée.

TALBOTYPIE

ou

PHOTOGRAPHIE SUR PAPIER

INTRODUCTION

Pendant que Niepce et Daguerre cherchaient en France, à fixer sur les métaux, les images fugitives de la chambre noire, M. Fox-Talbot avait découvert et réalisé, en Angleterre, un autre genre de photographie dont l'impressionnabilité de l'iodure et du chlorure d'argent était le point de départ, mais qui s'exécutait sur le papier et non sur des plaques métalliques.

Surpris par la publication du procédé de Daguerre,

M. Talbot se hâta aussi de publier le sien dans le *Philosophical Magazine*, et, quoique la publication de la daguerréotypie ait devancé de quelques jours celle de la photographie sur papier, il n'en est pas moins vrai que le procédé de M. Talbot a été conçu à la même époque, expérimenté en même temps, et que c'est à ce savant Anglais seul que reviennent le mérite et la gloire de l'avoir inventé.

La publication du talbotype, provoquée avant terme, fut d'abord une œuvre incomplète; et le procédé, aussitôt abandonné que produit, resta, durant quelques années, à l'état de germe en sommeil.

Cependant une nouvelle série de recherches et de travaux soutenus amenèrent l'inventeur à de nouveaux résultats plus précis, plus constants et plus remarquables. Un de ses élèves importa le procédé en France, et des expériences nouvelles, faites avec persévérance et habileté, firent bientôt de la photographie sur papier un procédé facile, simple, commode et plein d'avenir.

Ce procédé ne servit pendant quelque temps qu'à la reproduction de la nature morte, car le portrait était au-dessus de ses moyens. En effet, la lenteur avec laquelle se produisaient les images, et la texture fibreuse du papier, qui rendait impossibles certaines finesses de détail, furent longtemps un obstacle à ce genre de reproduction.

En 1849, seulement, parurent pour la première fois, sur les boulevarts de Paris, quelques portraits sur papier importés d'Allemagne, mais retouchés, ternes, mous, sans finesse, sans effet, d'un aspect désagréable. Il ne fallait rien moins que l'inconstance du public, et aussi, il faut le dire, l'incroyable laideur de certains portraits sur plaqué, pour déterminer une réaction en faveur de ces pauvres images talbotypiques, dont la plus mauvaise lithographie saurait à peine donner une idée.

Encouragés par ce premier début, les prétendus photographes ont, depuis, couvert les murs de la capitale des beaux-arts des charges les plus grotesques, des enluminures les plus bouffonnes, si bien qu'ils en sont arrivés à faire proclamer Paris le rendez-vous des plus excentriques badigeonneurs.

La photographie sur papier est basée sur la propriété bien connue que possèdent certains sels de noircir à la lumière et de s'y décomposer d'autant plus vite que l'action de cette lumière est plus intense. Ce fait, point de départ de la talbotypie, nécessite deux opérations pour son accomplissement : la première consiste à produire dans la chambre noire une image *inverse*, ou *négative*, sur un papier préparé à l'iodure d'argent. Sur cette image, les blancs sont représentés par des noirs, et les noirs par des blancs. Ajoutons à cela que, si l'épreuve est *venue à point*, les couleurs plus ou moins foncées des objets naturels y sont traduites par des tons plus ou moins clairs, et se trouvent dans des rapports inverses de tonalité avec les images naturelles.

La deuxième opération a pour but d'obtenir, au moyen de cette image *inverse*, une image *directe*, c'est-à-dire sur laquelle les lumières correspondent aux lumières et les ombres aux ombres des objets représentés. Ces deux opérations, qui paraissent au premier abord, compliquer le procédé, lui donnent, au contraire, un très grand avantage, celui de pouvoir, comme la lithographie ou la gravure, donner indéfiniment des épreuves du même sujet, sans qu'il soit nécessaire de le faire poser chaque fois de nouveau.

L'*épreuve négative*, ou *cliché*, est la matrice destinée à fournir des milliers d'*épreuves positives*, et, quelle que puisse être sa fragilité, cette épreuve luttera de durée avec les planches gravées sur cuivre ou sur acier, avec les gravures sur bois, avec les dessins sur pierre, et, se fatigant moins vite, fournira au tirage un plus grand nombre d'épreuves irréprochables.

Depuis son invention, le procédé de M. Talbot a subi de grandes modifications, des améliorations fort sensibles, et nous pouvons presque dire qu'il est parvenu à son apogée de perfection. Il nous semble, en effet, hors de doute que plus le procédé sur collodion sera connu et rendu facile (et nous ferons tous nos efforts pour atteindre ce résultat), plus le procédé sur papier, toujours difficile, toujours inconstant, long dans ses manipulations et le plus souvent incomplet dans ses résultats, perdra de partisans, et cédera la place à son heureux successeur.

Déjà, depuis six ans, les opérateurs portraitistes ont abandonné la talbotypie pour n'employer que le procédé sur collodion, ce qui pourrait nous dispenser de décrire ici le procédé sur papier pour le portrait. Cependant, comme nous avons l'intention de faire de ce livre un traité complet, et que, par conséquent, la talbotypie ne saurait en être éliminée, nous allons parler aussi d'un procédé que, peut-être, quelques opérateurs éloignés des centres d'activité intellectuelle pratiquent encore et voudraient bien pouvoir perfectionner.

Voici des manipulations faciles, simples, et qui,

pendant plus d'une année, nous ont donné de si beaux portraits, qu'on s'obstinait souvent à les croire retouchés, ce qui ne doit étonner personne, car on ne connaissait point alors le procédé sur collodion, et l'on n'était guère accoutumé à la finesse, au velouté, à la rondeur que présentaient nos épreuves, et que tous les procédés talbotypiques n'étaient pas à même de donner

PRÉPARATION DU PAPIER NÉGATIF

POUR PORTRAITS

MANUEL OPÉRATOIRE

Objets et substances nécessaires à cette opération.

Papier Turner;
Cuvette plate;
Iodure de potassium;
Eau distillée;
Azote d'argent;
Acide acétique cristallisable;
Glaces très propres;
Un pied à vis calantes;
Papier buvard;
Un entonnoir en verre garni de son filtre.

CHAPITRE PREMIER

PREMIÈRE OPÉRATION

Ioduration du papier.

Solution. { Eau distillée. 100 gr.
{ Iodure de potassium. 4 gr.

Couvrez le fond d'une cuvette de cette solution. Faites une corne à la feuille de papier que vous aurez choisie. Posez-la avec précaution sur le liquide, de manière à ce qu'il n'y ait pas de bulles d'air. Laissez de quatre à cinq minutes sur le bain ; et, lorsque vous l'en aurez retirée, suspendez-la comme nous l'avons indiqué ailleurs. Quand elle sera sèche, vous pourrez la garder pendant un mois, en la tenant enfermée avec soin dans un carton ; elle peut même être conservée en bon état pendant un temps plus long.

CHAPITRE II

DEUXIÈME OPÉRATION

Sensibilisation du papier.

Solution.
{ Eau distillée. 100 gr.
{ Azotate d'argent. 10 gr.

Lorsque l'azotate sera dissous, ajoutez :
Acide acétique cristallisable 15 gr.

Cette solution, à laquelle on a donné le nom d'*acéto-azotate d'argent*, forme, avec l'iodure de potassium qui a été déposé sur la feuille de papier, une couche d'iodure d'argent extrêmement sensible à l'action de la lumière, et sur laquelle les opérations successives auront pour but de produire et de développer une image. Afin d'obtenir toujours un iodure d'argent parfait, on ne doit pas se servir une seconde fois de l'acéto-nitrate d'argent qui vient d'être employé pour une première opération. En effet, pendant la formation de l'iodure d'argent, l'acide acétique du bain a agi sur l'iodure de potassium du papier, et a rendu libre l'iode, qui s'est combiné avec l'argent, tandis que la base se dissolvait dans le liquide. On comprend dès lors que la constitution chimique de l'acéto-azotate d'argent a dû subir une modification assez sensible pour qu'à la troisième préparation faite avec le même bain, il ne soit plus permis d'obtenir une épreuve convenable.

Placez sur le pied une glace très propre, et mettez-la parfaitement de niveau; couvrez-la d'une couche d'eau distillée de deux millimètres environ d'épaisseur. Couchez sur cette eau une feuille iodurée (1), le côté préparé en dessus. En deux ou trois minutes, elle se sera aplatie. Renversez alors le liquide doucement et en retenant la feuille par un angle; laissez tomber la dernière goutte. A ce moment, la feuille doit adhérer à la glace. Remettez-la sur le pied de niveau; puis, à l'aide d'un tout petit entonnoir en verre muni de son filtre, versez sur un angle de la feuille une quantité suffisante d'acéto-azotate d'argent; étendez-le également avec un morceau de papier fort propre, en entraînant le liquide superficiel sans toucher à la feuille. Promenez une lumière au-

---

(1) Il est bon que la feuille soit exactement de la même dimension que la glace.

dessous, un peu loin du pied de niveau ; regardez le papier par transparence, à mesure que la combinaison s'effectue, et que l'iodure d'argent se forme, la feuille, d'opaque et rougeâtre qu'elle était d'abord, devient partout également diaphane ; dans cet état, elle est prête pour être employée. Prenez la glace par un angle et renversez le liquide qui la recouvre (vous pouvez le conserver pour en retirer l'argent) ; laissez-la égoutter un instant, aidez-y même avec quelques bandes de papier buvard blanc (1), disposées d'avance à cet effet ; lorsque le liquide ne ruissellera plus sur la feuille, qui en sera cependant tout imbibée, vous pourrez procéder à la production de l'image.

(1) Ces bandes de papier doivent être posées sur les épaisseurs de la glace et dans la partie déclive, afin d'absorber le liquide ruisselant.

CHAPITRE III

TROISIÈME OPÉRATION

Impression de la couche sensible dans la chambre noire.

(*Voir* page 66.)

La couche iodurée de ce papier est presque aussi sensible que celle de la plaque.

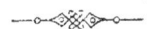

CHAPITRE IV

QUATRIÈME OPÉRATION

Faire apparaître l'image négative. Objets et substances nécessaires à cette opération.

Un pied à vis calantes ;
Une pipette ;
Un flacon d'acide gallique, solution saturée (1) ;

(1) Cette solution doit être faite à l'avance ; l'acide gallique se dissout lentement.

Un flacon d'azotate d'argent, solution faible (4 pour 100).

Au sortir de la chambre noire, remettez la glace qui porte la feuille impressionnée sur le pied de niveau ; puisez, avec la pipette, une quantité suffisante d'acide gallique, et couvrez-en vite l'épreuve. (La pipette doit avoir un orifice inférieur assez large.) Si l'exposition dans la chambre noire a été suffisamment prolongée, l'image paraîtra à l'instant même, et on la verra se développer rapidement avec un ton général rougeâtre, qui ne tardera pas à donner un ensemble très harmonieux d'ombres, de demi-teintes et de parties lumineuses, sans oppositions heurtées, sans transitions trop brusques (1). Dans le cas contraire, l'épreuve sortira mal; les blancs du modèle se traduiront bientôt par des noirs intenses, et les parties noires ne se manifesteront pas; l'addition de quelques gouttes d'une solution argentifère ne servira guère qu'à donner plus de force aux noirs, sans rien modifier du reste, et il faudra forcément aban-

---

(1) Si l'épreuve était trop uniforme de ton, on pourrait lui donner du relief en remplaçant l'acide gallique, quelque temps avant que l'image soit complétement développée, par un mélange à parties égales d'acide gallique et de solution d'azotate d'argent (4 pour 100).

donner l'épreuve. Si, au contraire, l'image venait d'un ton gris et uniforme, le temps de la pose aurait été dépassé et, dans ce cas encore, il faudrait renoncer à l'espoir de la compléter. Nous disons, au chapitre *Collodion*, à quoi l'on pouvait reconnaître un bon négatif; nous ne nous répéterons pas, les signes pour le papier étant les mêmes que pour le collodion; nous ajouterons seulement que, dans les trois procédés, une épreuve qui se développe tout d'abord et avec un ton rougeâtre, doit être considérée comme parfaite, et l'opérateur doit mettre tous ses soins à la mener à bonne fin. Pour s'assurer du point précis où il faut arrêter l'effet de l'agent réducteur, on emploie, comme pour l'albumine, une petite bougie, à l'aide de laquelle on éclaire en dessous le cliché.

CHAPITRE V

CINQUIÈME OPÉRATION

Fixer l'épreuve négative. Objets et substances nécessaires à cette opération.

Une cuvette pleine d'eau ;

Une cuvette contenant une solution d'hyposulfite de soude à 15 pour 100.

L'épreuve étant venue à point, mettez-la tremper pendant deux minutes dans l'eau ordinaire ; rincez-la et plongez-la complétement dans la solution d'hyposulfite. On ne saurait préciser le temps nécessaire au fixage de l'épreuve ; on doit la regarder par transparence, et s'assurer si l'iodure d'argent libre, qui est d'une couleur jaune, a complétement disparu et laisse la pâte du papier pure et translucide.

Lorsque l'épreuve est fixée, lavez-la à grande eau, et laissez-la enfin se dégorger du bain fixateur par un séjour de deux ou trois heures dans l'eau, renouvelée de temps en temps.

Séchez l'épreuve dans un cahier de papier buvard, ou en la suspendant par un de ses angles.

Pour faire l'épreuve positive avec un négatif sur papier, le procédé est absolument le même que celui que nous indiquons au chapitre *Procédé sur collodion*.

PAPIER CIRÉ SEC

PHOTOGRAPHIE MONUMENTALE

CHAPITRE VI

PREMIÈRE OPÉRATION

Cirage du papier. Objets et substances nécessaires à cette opération.

Une bassine en doublé d'argent, peu profonde, supportée par un pied à vis calantes;
Cire blanche, dite cire *vierge*;
Une lampe à alcool;
Un cahier de papier buvard blanc (jésus musique);
Un fer à repasser.

Promenez la lampe sous la bassine garnie de cire, afin de la faire fondre; lorsqu'elle est fondue à l'épaisseur d'environ 3 millimètres, posez sur ce liquide une feuille de papier (1) de manière à ce qu'elle en soit couverte partout. Mettez cette feuille entre quelques feuilles de papier buvard, et passez dessus un fer modérément chaud, dans le but de faire pénétrer la cire. Changez la feuille de place, et recommencez l'opération jusqu'à ce que, bien pénétrée également de cire, elle n'en conserve plus que dans sa pâte. Dans cet état, le papier doit avoir acquis une grande translucidité et une certaine ténacité ; il peut être conservé ainsi pendant fort longtemps.

On trouve dans le commerce du papier tout ciré, ce qui dispense l'opérateur de se livrer à une opération longue et assez délicate.

---

(1) Le papier anglais Turner nous paraît être le plus propre à donner de beaux résultats.

CHAPITRE VII

DEUXIÈME OPÉRATION

Encollage ioduré pour le papier. Objets et substances nécessaires à cette opération.

Riz ;
Gélatine ;
Un vase neuf, pouvant aller au feu ;
Sucre de lait ;
Iodure de potassium.

Solution.	Eau distillée.	3,000 gr.
	Riz.	250
	Gélatine très belle.	25

Faites bouillir ce mélange dans un vase neuf et propre jusqu'à ce que le riz soit crevé et la gélatine fondue ; passez le tout à travers un linge fin, conservez cette solution, dans laquelle vous ferez dissoudre l'iodure de potassium et le sucre de lait, dans les proportions suivantes :

Eau de riz et gélatine.	1,000 gr.	Liqueur génératrice.
Sucre de lait.	40	
Iodure de potassium.	20	

Lorsque la dissolution sera complète, faites filtrer à travers un linge propre, et mettez dans un flacon ce liquide; il se conservera assez longtemps sans altération.

CHAPITRE VIII

TROISIÈME OPÉRATION

Iodurer le papier ciré.

Mettez une grande quantité de liqueur génératrice dans une cuvette plate en porcelaine, et plongez-y une à une autant de feuilles cirées qu'elle en pourra mouiller, en ayant grand soin d'éviter qu'il ne s'y trouve des bulles d'air. Il faut que le papier séjourne dans ce bain au moins une heure ; il est important que la cire soit, pour ainsi dire, désagrégée, afin qu'elle permette au papier de se charger d'iodure.

Enlevez proprement chaque feuille et piquez-la ainsi que nous l'indiquons ailleurs (papier positif). Appliquez un morceau de papier buvard à l'angle inférieur pour faciliter l'écoulement du liquide.

Lorsque ce papier est sec, on doit le serrer avec précaution et éviter de le toucher autre part que par les angles. Il peut être conservé pendant plus d'un mois.

La liqueur génératrice ne doit servir qu'une fois ; on pourrait cependant, faute de mieux, faire une seconde préparation de papier dans le même liquide, mais les résultats, dans ce cas, ne seraient plus les mêmes. Il est facile de comprendre qu'après une première préparation, le liquide ne se trouve plus dans les mêmes conditions de force et de pureté.

CHAPITRE IX

QUATRIÈME OPÉRATION

Sensibiliser la feuille iodurée. Objets et substances nécessaires à cette opération.

Une pince en ivoire ou en baleine ;
Une cuvette pleine d'eau distillée ;
Une cuvette contenant de l'acéto-nitrate d'argent sur une épaisseur de 1 à 2 centimètres.

Bain d'acéto-azotate d'argent.
$\left\{\begin{array}{l}\text{Eau distillée.} \quad\quad 250 \text{ gr.} \\ \text{Azotate d'argent.} \quad 15 \\ \text{Lorsque cette solution sera faite, ajoutez :} \\ \text{Acide acétique cristallisable.} \quad 20\end{array}\right.$

Posez la feuille sur ce bain avec précaution, pour qu'il ne se forme pas de bulles d'air ; puis, lorsqu'elle sera bien aplatie, remuez un peu la cuvette, afin de l'immerger complétement. Laissez-la ainsi couverte de liquide pendant cinq à huit minutes ;

retirez-la avec des pinces et mettez-la dans le bain d'eau.

Vous pouvez préparer ainsi quatre ou cinq feuilles et les déposer successivement dans le même bain d'eau. Renouvelez alors cette eau deux fois, et prenant chaque feuille séparément, séchez-la dans du papier buvard renouvelé, et mettez-la enfin dans un cahier de papier buvard neuf, où elle pourra attendre, dans une obscurité complète, le jour plus ou moins reculé de sa mise en œuvre (1).

Il est bon, toutefois, de faire remarquer que plus il se sera écoulé de temps entre la sensibilisation du papier et l'exposition dans la chambre noire, plus la feuille aura perdu de sa sensibilité. Après huit jours, ce papier, qui d'ailleurs est fort peu sensible, ne pourra donner de bons résultats qu'à la condition d'une exposition très longue dans la chambre noire. Il ne faudra pas moins de vingt-cinq à quarante minutes pour obtenir un paysage dans de bonnes conditions de lumière, et une heure, ou même davantage, par un temps couvert.

(1) Le meilleur des papiers buvards est le papier jésus musique. C'est la plus pur et le plus propre à conserver immaculée la couche d'iodure.

CHAPITRE X

CINQUIÈME OPÉRATION

Exposition dans la chambre noire.
(*Voir* page 89.)

CHAPITRE XI

SIXIÈME OPÉRATION

Développement de l'image.

L'acide gallique pur, tel que nous l'avons indiqué pour le papier humide, n'aurait pas le pouvoir de révéler l'image obtenue sur le papier ciré. Dans le premier cas, l'agent révélateur rencontrait sur sa route une assez grande quantité d'acéto-azotate d'argent sur la couche iodurée, et la réduction métallique avait lieu instantanément. Dans le cas actuel, le papier étant complétement débarrassé, par un lavage, de l'acéto-azotate d'argent, qui couvrait la feuille au sortir du bain, celui-ci ne saurait aider en rien à l'agent révélateur, et l'image ne se compléterait jamais quand même il y aurait eu un commencement de réduction. Il est donc indispensable de mêler à l'acide gallique quelques gouttes d'acéto-azotate d'argent; nous disons quelques gouttes, car il faut agir avec prudence, et n'ajouter le sel d'argent que peu à peu et à mesure que l'image se développe.

On surveille le développement en soulevant l'épreuve de temps en temps, et en la regardant par transparence (1).

Les règles à suivre sont, du reste, les mêmes que celles que nous donnons en traitant des négatifs sur collodion.

En général, il faut employer plusieurs heures de patience et de soins à l'entier développement d'un négatif ciré, trop heureux si, après cette longue attente, la beauté de l'épreuve vient dédommager l'opérateur des ennuis qu'il a éprouvés.

Lorsque le négatif est *à point*, mettez-le dans une cuvette avec très peu d'eau, et passez légèrement un pinceau propre sur la surface du papier, pour en enlever les dépôts qui pourraient s'y être formés; lavez à grande eau, et fixez.

(1) Une cuvette en verre ou en porcelaine, couverte de 1 à 2 centimètres du liquide révélateur, est indispensable.

CHAPITRE XII

SEPTIÈME OPÉRATION

Fixer l'épreuve négative.

Bain fixateur. { Eau ordinaire 500 gr.
{ Hyposulfite de soude 60

Immergez le négatif dans ce bain, et laissez-l'y pendant quinze ou vingt minutes ; puis rincez à grande eau et faites dégorger l'épreuve pendant deux heures au moins, dans de l'eau pure que vous aurez soin de renouveler.

Séchez entre deux feuilles de papier buvard.

Pour redonner à l'épreuve la transparence qu'avait la feuille cirée avant d'être soumise aux différentes opérations que nous venons de décrire, il suffit de l'approcher d'un bon feu de braise ; le peu de cire qu'elle contient se fond et lui rend sa translucidité.

Toutes les opérations dans lesquelles l'azotate d'argent joue un rôle doivent être faites à la clarté d'une simple bougie.

D'après ce que nous venons de dire, il est facile de se convaincre que le procédé talbotypique n'est pas aussi difficile que la daguerréotypie; et cependant il arrive bien plus rarement d'obtenir une belle épreuve, d'après un négatif sur papier, que directement sur une lame de plaqué d'argent. Les difficultés proviennent ici de la nature même de la matière employée, du papier, presque toujours rempli d'impuretés, offrant une pâte peu homogène et d'un grain inégal, toutes choses qui, pour ne pas arrêter la marche des opérations, exigent une application, un travail soutenu, intelligent et des soins que la daguerréotypie ne demande pas. Du reste, ces difficultés ne doivent jamais décourager l'opérateur; en luttant contre elles avec constance, il en aura raison presque toujours, car il ne faut point oublier que *difficile* et *impossible* ne sont pas synonymes.

FIN DE LA TALBOTYPIE.

TABLEAU SYNOPTIQUE

Des Substances chimiques employées dans le procédé de Talbot.

TALBOTYPIE.

SUBSTANCES PURES.	LEUR EMPLOI ET LEURS PROPRIÉTÉS.	PAGES
Papier .... Iodure de potassium	Papier ioduré pour portraits	114
Papier .... Cire	Papier ciré	123
Riz. .... Gélatine. .... Eau distillée.	Encollage.	125
Iodure de potassium Encollage	Liqueur génératrice	125
Azotate d'argent... Eau distillée ...... Acide acétique	Acéto-azotate d'argent... Bain sensibilisateur.....	129
Acide gallique et acéto-azotate d'argent	Agent continuateur..... Réducteur	132
Hyposulfite de soude	Agent fixateur	133
Eau ordinaire	Pour bain de lavage	133

Objets et Substances nécessaires à la Talbotypie :

Papier Turner ;
Une cuvette plate ;
Iodure de potassium ;
Eau distillée ;
Azotate d'argent ;
Acide acétique cristallisable ;
Glaces très propres ;
Papier buvard ;
Entonnoir en verre ;
Filtres ;
Un pied de niveau ;
Une pipette ;
Acide gallique ;
Hyposulfite de soude ;
Une bassine en doublé d'argent ;
Cire vierge ;
Lampe à alcool ;
Riz ;
Gélatine ;
Sucre de lait ;
Pince en ivoire.

NIEPÇOTYPIE

ou

PHOTOGRAPHIE SUR VERRE ALBUMINÉ

INTRODUCTION

Digne continuateur des essais et des expériences du grand Niepce, M. Niepce de Saint-Victor, son neveu, a doté la photographie d'un procédé admirable et qui suffit à lui seul pour immortaliser le nom de son auteur.

Frappé des pauvres résultats de la photographie sur papier et voulant remédier aux inconvénients que présente la texture fibreuse et peu homogène de cette substance, M. Niepce de Saint-Victor eut l'idée de la remplacer par l'amidon d'abord, ensuite par l'albumine. Nous ne suivrons pas M. Niepce de Saint-Victor dans les détails de ses publications, nous nous bornerons à constater ses droits au titre d'inventeur, droits qui justifient le mot de *Niepçotypie*, donné par nous au procédé de photographie sur albumine.

CONSIDÉRATIONS GÉNÉRALES

La photographie sur verre albuminé a, de même que les autres genres de photographie, l'impressionnabilité de l'iodure d'argent pour point de départ.

Introduire l'iodure de potassium dans la pâte du papier, ou l'introduire dans une couche d'albumine, imprégner le papier d'une solution d'acéto-nitrate d'argent, ou plonger la glace albumino-iodurée dans le même bain, c'est toujours donner naissance à de l'iodure d'argent, c'est-à-dire à une couche impressionnable analogue à celle qui reçoit les images dans le procédé de Talbot.

Ici encore nous n'aurions que l'embarras du choix si nous voulions indiquer les différentes méthodes pour albuminer, iodurer, sensibiliser les glaces ou y faire apparaître l'image.

Mais notre tâche, tout en devenant plus facile, ne serait guère profitable à nos lecteurs. Quoique nous puissions admirer quelques belles épreuves obtenues par tel ou tel procédé, nous ne voudrions cependant pas manquer à nos engagements, et nous sommes bien décidé à n'accepter et surtout à ne décrire que les procédés les plus simplifiés, les plus faciles, ceux qui doivent, par conséquent, conduire aux résultats les plus constants.

Le procédé sur albumine est par lui-même le plus simple, le plus facile des procédés, et si la difficulté d'obtenir une couche d'une épaisseur égale et exempte de poussière n'était pas réputée si grande, si les opérateurs avaient osé affronter hardiment le danger, pas de doute que cette branche de la photographie, un peu négligée jusqu'ici, ne fût déjà, depuis longtemps, aussi popularisée que le procédé de Daguerre.

On s'est préoccupé beaucoup trop sans doute, de la manière d'albuminer la plaque, et, depuis l'*albumineuse* jusqu'à la modeste *pipette*, rien n'a manqué aux descriptions d'instruments à employer pour la production d'une couche d'albumine propre et uniformément répartie sur la glace.

Quant à l'appareil *indispensable*, qui serait destiné à maintenir la glace dans une horizontalité parfaite et à l'abri de la poussière, pendant le temps nécessaire au séchage de l'albumine, nous pensons que pas un seul parmi ceux que l'on a proposés n'arrive au but que l'inventeur voulait atteindre.

Nous ne dirons rien du pied de niveau et du fameux carton mis par-dessus, deux petits meubles bien *commodes*, l'un pour tenir la glace horizontale, l'autre pour la mettre à l'abri de la poussière.

Mais si l'opérateur a quelques douzaines de glaces à albuminer, où placerait-il tout ce matériel? Nous en demandons bien pardon à l'auteur de cette plaisanterie, mais ce procédé nous paraît ridicule.

La boîte à rainures parallèles, portée sur trois vis calantes, est un progrès incontestable, quoique, en vérité, nous n'ayons jamais eu le bonheur de posséder de telles boîtes ayant plus de deux ou trois rainures parfaitement horizontales et parallèles entre elles.

La boîte à trois tiges à vis portant des boules taraudées peut répondre au but qu'on se propose, mais c'est un appareil assez incommode, et qui demande à être mis de niveau, glace par glace, avant chaque opération d'albuminage, travail long, fastidieux et qui ne récompense pas toujours assez du mal que l'on se donne.

Il est donc certain que, débutant dans de si mauvaises conditions, l'opérateur n'a guère le droit d'espérer de bons résultats, puisque les autres opérations pécheront par la base, et, quelle que soit d'ailleurs la bonté de l'épreuve, l'image sera incomplète, ou par défaut de propreté, ou par inégalité de la couche.

L'on s'est évertué à la recherche de supports horizontaux, et l'on n'a fait aucun cas d'une méthode très simple, celle qui consiste à mettre la glace sur un de ses angles et à laisser sécher ainsi l'albumine dans une situation verticale, en absorbant le surplus par des feuilles de papier buvard.

Cette méthode, nous la devons à M. Humbert de Molard, dont tout le monde connaît le zèle infatigable ; elle nous a constamment réussi, et nous croyons pouvoir affirmer qu'elle deviendra bientôt générale. Un laboratoire qui possède, appliquées contre le mur, plusieurs boites fermant à bascule, dont la profondeur peut contenir trois ou quatre glaces reposant sur un de leurs angles, permet à l'opérateur d'en préparer un grand nombre à la fois. Du reste, après quelques heures, on peut porter rapidement l'albumine à son dernier degré de dessiccation, en chauffant la glace modérément, devant un bon feu de braise. Il est facile alors de mettre les glaces dans des boîtes à rainures ordinaires, en attendant l'opération du bain sensibilisateur.

Quant à l'albuminage, tout appareil employé pour le bien exécuter nous paraît une cause d'insuccès. En effet, l'albumine ne saurait être touchée impunément, même par du verre, à moins qu'on ne supposât ce verre toujours parfaitement sec et propre, ce qui nous semble assez difficile à rencontrer.

Notre opinion, basée sur une longue expérience, nous autorise à croire que le tube de gutta-percha creux, adapté à la glace en forme de manche perpendiculaire, est un outil excellent et indispensable pour la soutenir horizontalement, et que le seul moyen propre et infaillible de produire une couche pure consiste à verser le liquide sur le milieu de la glace et à l'étendre par un mouvement très doux de la main, en terminant l'opération par un brusque renversement de la glace à l'effet d'en chasser les poussières qui seraient tombées dessus pendant l'opération.

La sensibilisation de l'albumine n'offre aucune difficulté, et, quel que soit le mode employé, l'opération sera parfaite, si toute la superficie de la couche se trouve être mouillée en même temps et si le lavage qui suit est fait avec propreté. Nous donnons la préférence pour cette opération à la cuve plate et à la manœuvre que nous décrivons (procédé collodion).

Le développement de l'image peut et doit même être varié à l'infini. L'on a indiqué pour cela une foule de moyens qui réussissent également bien dans certaines conditions données. Il est donc indispensable de les connaître, car, ici encore, on pourrait attribuer à l'inconstance du procédé ce qui ne serait que le résultat de l'inexpérience de l'opérateur. Nous avons fait, pendant plus de six mois, des portraits sur albumine, et l'on nous croira sans doute quand nous dirons que nous ne prenions jamais plus d'une minute de pose, car il n'est pas facile de poser plus longtemps dans un pavillon fortement éclairé, et personne n'ignore qu'il faut, pour réussir avec ce procédé, avoir recours à une lumière assez intense.

Notre méthode consistait à laisser agir la solution d'acide gallique *pure* d'autant plus longtemps sur l'albumine que la pose avait été plus courte. Aussi, pour une minute de pose en été, à l'ombre et dans une galerie vitrée, laissions-nous la glace albuminée sous l'action de l'acide gallique pendant quatre ou cinq heures.

Après ce temps, une solution faible d'azotate d'argent venait remplacer l'acide gallique, et l'image se développait à l'instant ; rarement, étions-nous obligé de substituer à la solution d'argent celle d'acide gallique, pour revenir encore à celle d'argent ; mais si le besoin s'en faisait sentir, nous n'hésitions pas à y avoir recours, bien persuadé qu'avec un peu de patience nous arriverions infailliblement à un résultat irréprochable.

Il est évident que, pour développer une image dont l'impression s'est faite à la lumière directe, il n'est pas besoin de toutes ces précautions ; il suffit de laisser la couche impressionnée sous l'influence de l'acide gallique pendant quelques minutes, puis de remplacer l'acide par un mélange d'acide gallique et d'une solution d'azotate d'argent, ou même par une solution faible et pure de ce dernier sel.

Mais nous conseillons l'emploi de ces deux agents à l'exclusion de tous les autres, soit à l'état pur, soit mélangés. Nous n'avons jamais rien pu obtenir de parfait avec l'acétate de chaux, par exemple, que l'on avait tant prôné, et nous croyons que toute autre substance proposée, soit pour accélérer la venue de l'image, soit pour la renforcer, ne vaut pas l'acide gallique et l'azotate d'argent ; nous engageons, par conséquent, les opérateurs à s'en défier.

Quant à la proportion d'eau qu'il faut introduire dans l'albumine, c'est une question d'opportunité. L'albumine est-elle destinée à produire un négatif ? Un peu de consistance donnera à ce négatif, toutes choses égales d'ailleurs, plus de fermeté, plus de profondeur et un modelé plus parfait.

S'agit-il de reproduire, d'après un négatif, des positifs stéréoscopiques, 25 pour 100 d'eau, 40 pour 100 même, dans l'albumine, lui donneront cette limpidité, cette finesse, qui sont indispensables au succès de la reproduction, et avec lesquelles il n'y a que le procédé de Daguerre qui puisse rivaliser.

Nous terminerons ce chapitre des Considérations générales en répétant ce que nous avons dit ailleurs : que ce procédé donne, certes, de beaux résultats, mais toujours en trop petit nombre pour qu'ils ne reviennent pas à un prix excessif ; qu'il n'est guère accessible aux hommes du monde qui veulent faire de la photographie un délassement, et que, à moins de s'y adonner complétement, on ne peut guère en retirer que des ennuis sans compensations.

CHAPITRE PREMIER

PREMIÈRE OPÉRATION

Objets et substances nécessaires au décapage de la glace.

Une planchette à polir (1);
Un flacon de craie lévigée;
Acide nitrique;
Eau;
Chiffons de toile ou de coton.

Cette opération est la même que celle décrite au procédé sur collodion.

---

(1) Dont on peut se dispenser, si l'on adopte notre polissage indiqué au procédé collodion.

CHAPITRE II

DEUXIÈME OPÉRATION

Objets de substances nécessaires à la préparation de l'albumine.

Une capsule profonde à bec ;
Des œufs frais ;
Eau distillée ;
Iodure de potassium ;
Fourchette en argent pour préparer l'albumine.

Cassez proprement les œufs, séparez les jaunes, ôtez le germe et recueillez les blancs dans une capsule profonde. Si vous avez le moyen de peser la glaire, pesez-la. Dans le cas contraire, comptez à peu près 30 grammes pour le poids de chaque blanc d'œuf. Supposons :

Dix blancs d'œuf.	300 gr.
Iodure de potassium.	3 gr. 1/2
Eau distillée.	75 gr.

Battez le tout jusqu'à ce que le mélange soit réduit en neige, se soutenant parfaitement et pouvant même supporter un corps assez lourd.

Mettez la capsule à l'abri de la poussière, laissez reposer pendant douze ou vingt heures, filtrez le liquide.

CHAPITRE III

TROISIÈME OPÉRATION

Objets et substances nécessaires à l'albuminage de la glace.

Boîte à glaces ;
Glaces polies ;
Pinceau à longs poils ;
Tube en gutta-percha ;
Boîtes destinées à recevoir les glaces albuminées.

La veille du jour consacré à l'albuminage, faites nettoyer le laboratoire et arroser même le parquet de manière à ce qu'il y ait le moins de poussière possible. Entrez dans ce laboratoire avec précaution, fermez doucement la porte : en un mot, prenez les soins les plus minutieux pour ne pas soulever de poussière.

Posez la glace sur un cahier de papier propre, sa face inférieure en dessus. Chauffez un peu le tube de gutta-percha; appliquez-le vers le milieu de la glace; relevez-la. La gutta-percha aura adhéré, et la glace se trouvera fixée sur un manche. Maintenez-la dans la main, à la hauteur de la bouche à peu près et dans une situation horizontale. Prenez de l'autre main le flacon d'albumine et versez le liquide par un filet continu sur le milieu de la glace, jusqu'à ce qu'il y ait formé une large goutte étalée touchant avec ses contours le périmètre de la glace. Cessez alors de verser ; pendant ce temps, faites un petit mouvement de la main gauche pour attirer le liquide vers l'angle gauche, près du corps, puis repoussez-le vers l'angle droit, puis enfin vers l'angle gauche opposé, et alors toutes les parties de la glace étant couvertes, renversez rapidement la glace, afin que le liquide s'y précipite et entraîne les poussières qui seraient tombées pendant l'opération. Laissez égoutter la glace un instant ; déposez le flacon, enlevez le manchon ; s'il est trop fortement fixé, détachez-le un peu avec l'ongle, il cédera alors au moindre effort. Si vous vous servez d'une boîte horizontale, essuyez les bords de la glace, et placez-la dans la rainure. Si vous adoptez notre système, posez la glace avec un de ses angles sur un carré de papier buvard, à l'abri de la poussière. Si vous voulez passer bientôt aux autres opérations, ou même si voulez qu'elles réussissent à coup sûr, coagulez l'albumine devant un bon feu de braise.

Quelques opérateurs ont soin de décanter le liquide albumineux dans autant de petits flacons qu'ils ont de glaces à albuminer. Cette précaution est plus dispendieuse, mais elle contribue à la propreté.

D'autres décantent seulement l'albumine dans un vase, et l'y puisent avec une pipette qui sert à la répandre sur la glace inclinée à 70° à peu près.

D'autres, enfin, opèrent comme nous l'avons indiqué. Cette méthode nous a toujours fort bien réussi, ainsi qu'à tous ceux qui nous ont suivi dans cette voie.

Dans tous les cas, la couche albumineuse doit être exempte de saletés, parfaitement uniforme et très sèche ; dans cet état, la glace peut être conservée indéfiniment ou être employée de suite, après la coagulation de l'albumine.

CHAPITRE IV

QUATRIÈME OPÉRATION

Objets et substances nécessaires à la formation de la couche sensible.

Une cuvette profonde, plus large de 0, 1 centimètre, et plus longue de 10 centimètres que la glace, destinée au bain sensibilisateur ;

Une cuvette plate, un peu plus grande que la glace, contenant de l'eau ordinaire ou mieux de l'eau distillée ;

Un vase ou une fontaine contenant de l'eau distillée ;

Une boîte appliquée contre le mur, garnie de papier buvard, destinée à recevoir la glace sensibilisée à l'abri de toute lumière, si l'on doit opérer à sec.

Eau distillée. 400 gr. } Laissez dissoudre.
Nitrate d'argent. 32 gr.
   Ajoutez alors :
Acide acétique cristallisable. 48 gr.

Mettez dans la cuvette profonde une quantité de ce bain suffisante pour couvrir la glace.

Saisissez la cuvette avec la main gauche et inclinez-la un peu de manière à rejeter le liquide du côté opposé.

Prenez la glace avec la main droite, l'albumine en dessus; appuyez le petit côté de la glace vers la partie haute de la cuvette, et accompagnez la glace jusqu'au fond sans qu'elle touche le liquide ; à ce moment, abaissez vivement la main qui tient la cuvette et inondez la glace d'un seul coup. Laissez-la pendant deux minutes environ, elle doit avoir alors un aspect opalin excessivement léger, d'une ténuité et d'une transparence extrêmes ; relevez la glace avec le crochet d'argent et mettez-la immédiatement dans le bain d'eau préparé à cet effet. Agitez la cuvette un instant, et renouvelez l'eau ; mettez la glace sur les trois doigts de la main gauche, et rincez-la avec soin en vous servant d'eau distillée.

Posez-la dans la boîte sur un de ses angles en la mettant sur le papier buvard, ou bien mettez-la dans le châssis et produisez l'image.

L'acéto-nitrate d'argent s'empare bientôt d'un dépôt albumineux et passe à la couleur jaune, puis fauve foncée après quelques jours de service. Quelques opérateurs ont constaté que dans cet état il était plus sensible ; d'autres ont cru remarquer le contraire : tous ont proposé de le débarrasser de ce dépôt ou de cette teinte qui l'altère.

M. Legray a indiqué le noir animal comme agent décolorateur ; M. Bayard ou plutôt M. Robert a recommandé le kaolin. En présence de ces noms, nous nous demandons s'il nous est permis de discuter les moyens proposés et si nous ne devons pas plutôt suivre, les yeux fermés, l'enseignement des maîtres. Qu'on nous permette cependant une simple observation. Ce dépôt albumineux n'est pas un mélange intime, mais une matière en suspension dans le liquide ; il n'est donc pas besoin de purifier, mais seulement de clarifier la solution. Du grès pilé, parfaitement lavé, mis dans un filtre à déplacement, nous paraît le meilleur et le plus simple moyen pour opérer la clarification du liquide : c'est celui que nous avons constamment employé et qui nous a toujours réussi (1).

(1) Jusqu'ici, on n'a fait aucune tentative pour arriver au même résultat par un agent chimique. Nous devons à M. Stéphane Geoffray une note intéressante inédite et que nos *albumineurs* nous sauront gré de publier.

A Monsieur Belloc. « Les photographes praticiens qui opérent sur glaces albuminées et sur papier se préoccupent depuis longtemps de la coloration des bains d'argent après un usage de quelques jours.

» Cette coloration est due à l'influence des matières organiques, de substances le plus souvent albumineuses. Le soufre, qu'on a d'abord accusé, est rarement la cause de cet inconvénient, car le phénomène se produit après l'immersion de papier ne contenant pas la moindre trace de ce métalloïde.

» Les matières qui colorent le bain d'argent sont et en dissolution complète et en suspension, à ces deux états le plus souvent. On a conseillé différents moyens pour s'en débarrasser, mais ces moyens agissent tous mécaniquement, par conséquent d'une manière insuffisante. Ils procèdent tous par filtration ; si donc les matières capables de colorer le bain y sont à l'état de dissolution parfaite, elles s'y retrouveront après le filtrage. On a bien essayé de rendre efficace cette filtration en coagulant au préalable, sous l'action du soleil, les substances à extraire, mais alors quel dommage pour le bain d'argent ! Le soleil, en même temps, réduit le nitrate d'argent, et de l'oxyde d'argent reste en quantité plus ou moins considérable sur le filtre, mêlé aux résidus et aux poudres filtrantes.

» Je ne dis rien des inconvénients de l'emploi des poudres de noir animal, de kaolin, etc.

» C'est pourquoi je vous propose d'essayer un moyen chimique très simple et qui m'a toujours donné réussite complète.

» Versez vos bains colorés dans un matras, et ajoutez quelques grains de zinc pur ; chauffez légèrement et laissez refroidir. En quelques minutes, toutes les matières organiques seront en suspension, puis se précipiteront ; vous décanterez, vous filtrerez sur du papier pour plus de précaution, et votre bain, sans le moindre appauvrissement, sera complétement rétabli.

» Votre bain d'argent purifié aura pour les glaces albuminées une qualité nouvelle, il coagulera beaucoup mieux la couche, si le zinc a pu s'introduire dans sa constitution à l'état de nitrite de zinc. Dans ce dernier cas encore, il aura l'avantage de rendre les papiers plus sensibles.

» Ai-je besoin d'ajouter sur quel principe repose ce procédé ?

» Stéphane Geoffray. »

CHAPITRE V

CINQUIÈME OPÉRATION

Objets et substances nécessaires à l'Exposition dans la chambre noire.

(*Voir* page 66.)

Nous avons peu de chose à ajouter au chapitre des Considérations générales.

On vient de voir que la durée de l'application de l'acide gallique devait être en raison inverse de la durée de la pose ; ajoutons que plus longtemps l'acide gallique agit et plus on a de chances de succès ; — du reste, si l'on a le moyen de prolonger la pose sans inconvénient, nous conseillerons une pose relativement longue, bien persuadé que l'épreuve y gagnera en limpidité, en profondeur, en beauté, en harmonie. Terminons en prévenant l'opérateur que, de toutes les couches sensibles, celle de l'albumine est la plus lente à s'impressionner, et que, pour la reproduction du paysage, il faut en moyenne de quinze à vingt minutes.

CHAPITRE VI

SIXIÈME OPÉRATION

Objets et substances nécessaires pour développer l'image.

Un pied de niveau ;

Eau saturée d'acide gallique (cette solution doit être faite quelques jours d'avance) ;

Bain d'azotate d'argent, 4 pour 100.

En sortant la glace du châssis, rincez-la à l'eau distillée et couvrez-la le plus rapidement possible d'acide gallique. Laissez agir cette solution pendant dix minutes au moins, si la glace a été exposée longtemps au rayonnement lumineux dans la chambre obscure. Remplacez ensuite cette solution par un mélange à parties égales d'acide gallique et de bain d'argent. L'image ne tarde pas à se montrer, et devient de plus en plus nette ; passez une feuille de papier blanc sous la glace ; éclairez-la par-dessous aussi, et regardez attentivement ; si l'image se développe vite, c'est qu'elle a été assez impressionnée ; elle aura bientôt acquis toute la vigueur désirable ; si, au contraire, elle est trop lente à se compléter, mais que, d'ailleurs, elle soit d'un ton harmonieux, activez la *venue* en remplaçant le gallo-azotate d'argent par la solution d'azotate d'argent pur.

Mais si l'image reste longtemps faible, sans variation, ou avec trop d'opposition dans les tons relatifs, c'est que la couche n'a pas été assez impressionnée : alors, et si vous voulez sauver l'épreuve, au lieu de remplacer le mélange d'acide gallique et d'azotate d'argent par la solution d'azotate, jetez, au contraire, le tout et rincez la glace, replacez-la alors sous une solution d'acide gallique et laissez-la ainsi quelques heures. Après cela, recommencez les opérations que nous venons de décrire, et l'image se développera très pure et très limpide.

CHAPITRE VII

SEPTIÈME OPÉRATION

Objets et substances nécessaires pour fixer l'image.

Une cuvette ;
Solution d'hyposulfite de soude à 15 pour 100.

Lorsque l'épreuve est entièrement développée, lavez-la et plongez-la dans la solution d'hyposulfite de soude, tenez la cuvette dans la main et agitez-la : quelques minutes suffisent au désiodage.

Lavez dans une autre cuvette pendant quelques instants, rincez avec soin, afin de débarrasser la surface albumineuse des restes de l'hyposulfite qui pourraient y cristalliser. Faites sécher en appuyant la glace sur un de ses angles et sur du papier buvard.

Pour le positif, d'après un cliché albuminé, *voir* le procédé collodion.

FIN DE LA NIEPÇOTYPIE.

TABLEAU SYNOPTIQUE

Des Substances chimiques employées dans le procédé de Niepce de Saint-Victor.

NIEPÇOTYPIE.

SUBSTANCES PURES.	LEUR EMPLOI ET LEURS PROPRIÉTÉS.	PAGES
Blancs d'œufs ..... Eau distillée....... Iodure de potassium	Albumine iodurée, substance génératrice......	148
Azotate d'argent... Eau distillée....... Acide acétique....	Acéto - azotate d'argent, bain sensibilisateur...	153
Acide gallique.....	Agent continuateur.....	160
Acéto-azotate d'argent, solution faible	Agent réducteur	153
Hyposulfite de soude	Agent fixateur	162
Eau ordinaire	Lavages, bains..........	162

NIEPÇOTYPIE.

Objets et Substances nécessaires à la Nieppotypie :

Planchette à polir ;
Craie sévigée ;
Acide nitrique ;
Eau distillée ;
Chiffons ;
Capsule profonde à bec ;
OEufs frais ;
Iodure de potassium ;
Fourchette en argent ;
Boîte à glaces ;
Pinceau à longs poils ;
Tube en gutta-percha ;
Une cuvette profonde pour le bain d'argent ;
Une cuvette plate ;
Un pied à vis calantes ;
Acide gallique (solution saturée) ;
Une cuvette ;
Hyposulfite de soude.

TRAITÉ
DE
LA PHOTOGRAPHIE
SUR COLLODION

INTRODUCTION

Quelque légitimes que soient les prétentions de M. Legray à la découverte de l'emploi du collodion en photographie, quelque mieux fondées que puissent être celles de M. Bingham, nous n'en sommes pas moins autorisé à donner le nom d'*archérotypie* à l'ensemble des opérations qui constituent ce procédé photographique. Archer (1) a doté la photographie d'une méthode remarquable, qui, par la beauté et la constance des résultats, la facilité et la rapidité des opérations, tend de jour en jour à se substituer aux anciens procédés.

Douceur, finesse, facilité et rapidité d'exécution, rien ne manque au procédé d'Archer, pas même la possibilité d'être employé à l'état sec, ou d'être conservé humide, avec tous ses avantages.

Le procédé Taupenot était déjà un progrès sur les précédents ; mais celui d'Archer, traité comme l'albumine et employé sec, est tout à fait sans rival (2).

---

(1) Frédéric-Scott Archer est mort à Londres en mai 1857 : *le véritable architecte de toutes les fortunes princières, acquises par la mise en pratique de son procédé*, est mort dans un état voisin de l'indigence.

(2) Nous avons constaté (page 198 des *Quatre Branches de la Photographie*) que, en 1852, c'est-à-dire dès le début du procédé, nous avons essayé de traiter la glace collodionnée comme la glace albuminée, de la soumettre aux mêmes lavages que l'albumine, espérant obtenir au moins les mêmes résultats. Les résultats furent, en effet, ceux que donne l'albumine ; seulement, l'image étant parfaitement développée, le collodion se détacha de la glace en fragments de feuilles noires

Les expériences récentes d'un grand nombre d'opérateurs, mis sur la voie par les lignes que nous écrivions en 1853, prouvent que le procédé était bon; nous avons repris ces mêmes expériences, et nous pouvons affirmer que de tous les procédés c'est assurément le meilleur, celui qui sera infailliblement préféré et mis le plus constamment en pratique, parce qu'il est à la fois le plus simple et le plus sûr.

Le collodion humide est-il aussi sensible qu'on l'a prétendu, et l'opération peut-elle réellement être instantanée? Oui, sans doute, il ne pourrait en être autrement (1), surtout lorsqu'il s'agit de reproduire

---

semblables à du papier brûlé; cette unique expérience, nous ne la recommençâmes pas, persuadé que ce soulèvement de la couche tenait au procédé lui-même, et non pas à la qualité du coton soluble. Cependant, comme là seulement était la vraie cause, si, à cette époque, nous eussions possédé l'expérience que depuis nous avons acquise, nous sommes persuadé que le problème du collodion sec eût été résolu presque en même temps que la découverte du procédé.

(1) Depuis quelques mois, nous avons découvert une formule qui nous donne une sûreté constante et une rapidité extrême dans notre pratique. Si la difficulté de préparer le collodion d'après cette formule n'était pas si grande, nous l'aurions fait connaître à nos lecteurs; mais nous croyons leur rendre un plus grand service en tenant ce collodion,

à de grandes distances. Les nuages, la mer, les vaisseaux, etc., doivent être reproduits instantanément, et même avec le ménisque diaphragmé ; autrement, le ciel serait sans nuages, la mer sans vagues ni perspective, et l'une et l'autre seraient confondues. Mais toutes ces reproductions instantanées de la nature animée, ou des éléments en mouvement, ne sont encore qu'un jeu, même pour un élève peu avancé dans l'art de la photographie ; c'est lorsqu'il s'agit de faire le portrait ou le modèle vivant que les difficultés surgissent en foule. Le collodion n'est plus aussi sensible, car la lumière n'est plus la même. La glace doit être d'une pureté parfaite ; le moindre atome de poussière est une tache à l'œil ; la moindre strie ou rayure de la glace, une balafre à la joue ou au nez du modèle ; la moindre négligence dans le développement de l'image la fait trop dure ou trop molle, ou trop faible ou trop vigoureuse. Tantôt le modèle a bougé, tantôt il est mal éclairé, ou il a une physionomie détestable ; bref, le portrait est boursouflé ; il est défiguré ; il ne res-

ainsi préparé, à leur disposition, d'autant plus qu'une de ses admirables propriétés est d'être inaltérable à l'action du temps et de pouvoir se transporter sans rien perdre de sa valeur.

semble pas, etc. La reproduction de la nature morte est toujours belle. Qu'importe que le terrain de votre reproduction soit sillonné d'une longue tache, que la glace, mal polie, soit couverte de coups de balai, que la couche de collodion soit rocailleuse, ridée, moutonnée! l'arbre, le terrain, l'ensemble en sera-t-il moins harmonieux ? Cette tache sur le monument, sur l'écorce, dans le feuillé, sur le terrain, apparaît comme une ombre au tableau, qui augmente son lustre et ajoute à son originalité. Aussi, combien d'opérateurs, qui ont acquis une réputation avec leurs paysages, ont échoué dans le genre-portrait!

Il eût été désirable que les jurys qui ont composé les différentes commissions d'Exposition, se préoccupant davantage des difficultés des opérations, eussent eu l'idée rationnelle de les classer par catégories. Il est temps encore de le faire. Nous voudrions que les Sociétés photographiques prissent l'initiative de distinguer et de classer les produits, et que l'on pût établir, au siége même de ces Sociétés, des salles distinctes à la photographie de genre, au paysage, au portrait, etc. Ce serait peut-être le seul moyen de juger équitablement et de rendre à chacun la justice qui lui est due. Nous voudrions surtout qu'on mît la *retouche* à part, si tant est qu'on dût la recevoir; qu'on expérimentât avec le plus grand soin les produits avant de les classer, car beaucoup passent à la photographie pure qui sont bien positivement retouchés. Mais un tel désir est, sans doute, une utopie. La camaraderie, l'engouement, le savoir-faire, sont autant de pierres d'achoppement aux meilleures réformes, et nous n'espérons pas les voir prochainement s'accomplir. Aussi dirons-nous à ceux de nos lecteurs qui veulent surtout tirer profit de l'art photographique, de ne pas nous imiter, nous qui avons toujours prêché d'exemple contre la retouche. La photographie pure est un peu comme la vertu et la vérité, qui ont toujours plus ou moins besoin d'être adoucies ou parées. Embellissez aussi un peu votre photographie; qu'une main exercée, sinon habile, *complète* le dessin de la lumière, et vous plairez au public; bien mieux, vous plairez au jury de l'Exposition, et vous aurez les plus grandes chances d'être couronné. Les diverses Expositions qui viennent d'avoir lieu nous autorisent à parler ainsi, et nul de nous n'ignore ce qui s'est passé à ce sujet.

Si vous vous adonnez au portrait, faites-le de petite dimension. Tout portrait dont la tête dépasse la grandeur de 0,4 cent. de diamètre est fatalement la charge de l'original, quelle que soit, du reste, la grandeur de l'objectif qui l'aura dessiné. Plus le portrait sera petit, plus il sera harmonieux, beau et ressemblant. Il a bien été question depuis quelque temps d'objectifs monstrueux, non moins qu'admirables, faits en vue de la reproduction de grandeur naturelle; mais, pour celui qui raisonne un peu, toutes ces hyperboles mensongères ne doivent pas sortir du domaine de la réclame impudente des charlatans. Que dites-vous d'un objectif de 10 pouces (ancien parler) qui coûterait 10,000 fr. et qui aurait 1 mètre 50 cent. de foyer ? On sait que la longueur de la pose est en raison directe de la longueur focale, qu'il est déjà difficile d'opérer avec un 5 pouces de 0,90 de foyer ; qu'il ne faut pas moins de trois à quatre minutes pour obtenir un portrait fort médiocre, sinon très déformé, même avec une bonne lumière, quand l'épreuve à obtenir est de la grandeur *voulue*.

Or, établissons cette proportion :
$$90 : 4 : : 150 : x$$
et nous pourrons nous convaincre que, pour une grandeur 3/4 nature, il ne faudrait pas moins de 6' 6'' dans une bonne lumière, et 15' au moins pour

une tête de grandeur naturelle. — Ces essais ont été tentés, et l'on a, jusqu'à un certain point, réussi, encore a-t-il fallu avoir recours à de vrais *modèles*. Peu de personnes sont, en immobilité, de la force d'une statue. Dans tous les cas, ces portraits ne sont que la charge du modèle, et, si la retouche ne venait en aide à la photographie, il serait à peu près impossible de reconnaître l'original. — Ce moyen n'a donc réellement aucune valeur pratique.

Le meilleur procédé, à notre avis, est de grandir par les moyens ordinaires, que nous ne décrirons plus bas qu'afin de ne laisser aucune lacune dans notre traité.

LES OBJECTIFS

Du foyer optique et du foyer chimique

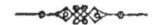

CHAPITRE PREMIER

Tout appareil photographique se compose de deux parties distinctes, quoique en réalité inséparables : l'objectif et la chambre noire. Nous avons insisté sur l'importance qu'on doit attacher à la partie mécanique de ces appareils ; revenons encore sur le choix d'un objectif, choix toujours fort difficile à faire et qui demande une grande expérience.

Un objectif parfait, voilà, à notre avis, le véritable *desideratum* de la photographie.

Depuis l'époque où Daguerre publia sa découverte, la mécanique et l'optique ont subi de nombreuses modifications et réalisé de grands progrès.

Le génie inventeur des Niepce et des Daguerre a laissé tomber un germe sur un sol fertile, et ce germe fécondé par l'industrie a donné d'admirables fruits.

L'optique n'est pas restée en arrière, elle a fait un pas immense dans la voie de l'application; aussi, quoique nous ne puissions guère exiger d'un art encore tout nouveau le degré de perfection auquel de longues années d'expérience et d'étude pourront à peine lui permettre d'arriver, nous voulons cependant que l'on soit aussi sévère que possible dans le choix d'un objectif.

Il est extrêmement rare de trouver un objectif dont l'*achromatisation* (1) soit tellement parfaite que ses deux foyers, *optique* et *chimique*, n'en fassent qu'un seul, dont les courbures bien calculées, ne produisent aucune déformation, dont la longueur focale soit telle, qu'il n'en résulte un champ ni trop vaste,

---

(1) L'achromatisation est une correction que l'on fait subir aux instruments d'optique, et grâce à laquelle on détruit les effets de la dispersion de la lumière.

La dispersion des rayons lumineux fait qu'au foyer d'une lentille l'image d'un point éclairant, d'une étoile par exemple, n'est pas un point blanc et nettement tranché, mais bien un petit cercle irisé qui représente mal le point auquel il doit sa formation. Par l'achromatisme on efface le cercle coloré et on rétablit la correspondance parfaite entre l'objet et son image.

ni trop restreint; en un mot, il est fort difficile de rencontrer un objectif parfait.

Mais le défaut capital d'un objectif ne consiste pas dans la non-coïncidence du foyer optique avec le foyer chimique, car, une fois la distance des deux foyers établie, si l'instrument fonctionne sans rien laisser à désirer du côté de la netteté et de la précision, l'opérateur peut le considérer comme bon, et doit le conserver avec soin.

Le défaut principal d'un objectif, véritable *vice rédhibitoire*, consiste dans la déformation partielle ou totale de l'image, qui provient, soit de la disposition particulière de la lentille, soit de la matière employée à sa confection, soit des courbures qu'on lui a données, et qui ne laissent de netteté qu'à un tout petit espace de l'image reproduite, tandis que les autres parties demeurent confuses et difformes. Ainsi, il n'est par rare de trouver des objectifs à portrait qui donnent l'image de l'œil très nette, pendant que la moustache, par exemple, à peine indiquée, reste à l'état d'ébauche, et que les parties encore plus éloignées du foyer sont déformées et d'un vague désespérant.

Il n'est, toutefois, pas impossible de construire des lentilles achromatiques ou des systèmes doubles de lentilles achromatiques tels, que les deux foyers y coïncident, et quelques opticiens ont souvent résolu ce problème.

Toutefois, nous ne croyons pas que la solution ait été encore entièrement formulée et traduite en règles invariables, et, quelle que soit notre confiance dans une maison recommandée, nous ne saurions accepter un objectif sans l'essayer préalablement avec soin, afin de déterminer l'absence de foyer double, ou le repère à adopter, si le double foyer existe, pour reconnaître la bonne ou mauvaise qualité des lentilles, etc., etc. (1).

Déjà, depuis longtemps, les objectifs à système de lentilles doubles étaient entre les mains des opérateurs, et personne ne s'était encore aperçu que le plus grand nombre de ces objectifs était entaché du défaut assez grave de la non-coïncidence du foyer optique avec le foyer chimique.

Ce fut M. Claudet qui découvrit ce défaut. Le 20 mai 1844, cet habile expérimentateur communiqua

---

(1) Tous les objectifs que nous expédions ont été essayés avec soin, et portent notre nom, quel qu'en soit le fabricant. C'est la garantie de l'acquéreur, qui a pleinement le droit de nous retourner les produits qui ne seraient pas parfaitement irréprochables.

à l'Académie des sciences les résultats des recherches auxquelles il s'était livré dans le but d'affranchir la photographie des causes d'insuccès venant du défaut d'achromatisation des lentilles.

Aujourd'hui, grâce à cet infatigable chercheur, personne n'ignore que, le plus souvent, le foyer d'action photogénique ne coïncide pas avec le foyer visuel, formé par les rayons lumineux ;

Que la différence de ces deux foyers varie suivant l'achromatisation des lentilles et suivant leur pouvoir dispersif ;

Que, dans presque tous les objectifs achromatiques, le foyer chimique est plus long que le foyer optique (1) ;

Que la distance entre ces deux foyers varie avec la distance de l'objectif au modèle.

Il est très facile de déterminer la différence qui

---

(1) C'est le défaut capital des objectifs allemands ; ajoutez à cela qu'ils sont à très court foyer, que leur prix est excessif, et vous comprendrez combien il est naturel que les opérateurs préfèrent les objectifs français qui réunissent tant de qualités diverses : étendue immense du champ, uniformité de lumière et d'éclairement, netteté égale au centre et sur les bords, unité de plan, etc.

existe entre les deux foyers, et M. Claudet a inventé à cet effet un petit appareil qui remplit assez bien son but. Nous croyons cependant, d'après ce que nous avons dit plus haut, que le meilleur moyen de reconnaître les différences de foyer consiste à essayer l'objectif en faisant un portrait. En effet, le petit appareil (écran-éventail) de M. Claudet est trop petit et ne donne jamais le degré de *profondeur* qu'on cherche dans un bon objectif; car, à supposer même que les deux foyers coïncidassent, on ne saurait dire pour cela *a priori* que l'instrument est bon, puisqu'il pourrait ne donner de parfaitement net qu'un petit espace de quelques centimètres carrés, ce que l'appareil Claudet n'indiquerait pas, mais dont on pourrait s'apercevoir en faisant un portrait, car on remarquerait dès la première épreuve si et où le trouble de l'image commencerait à se montrer. Mettez la ligne des paupières au foyer, le foyer chimique coïncidant rarement avec le foyer optique, vous ne trouverez pas aux paupières de l'épreuve cette finesse de détails que vous aviez remarquée sur la glace dépolie, mais vous la rencontrerez, par exemple, vers l'oreille, ou bien elle donnera au haut de la tête une telle précision, une telle netteté, que vous pourrez presque compter les cheveux du modèle. Plus de doute alors, le foyer apparent ne coïncide pas avec le foyer chimique, et ce dernier se trouve être le foyer conjugué de l'oreille ou des cheveux. Lors donc que vous aurez mis au foyer apparent, et que l'image de l'œil sera parfaitement nette, allongez (avant de mettre la glace sensible) le tube de l'objectif de deux millimètres environ ; dans le plus grand nombre des cas, ce repère sera le bon, ou à très peu de chose près ; une seconde épreuve rectifiera le résultat de la première expérience et vous mettra à même de tracer le repère avec exactitude.

Par les trois expériences que vous venez de faire, vous aurez pu reconnaître la valeur de l'objectif et vous saurez à quoi vous en tenir, non seulement sur l'achromatisation, mais encore sur l'aberration sphérique des lentilles.

Comme on le voit, en tenant compte de ces diverses circonstances, on peut parvenir à déterminer *a priori*, avec une précision presque mathématique, le foyer chimique pour un objectif donné et pour chaque distance des objets à reproduire.

Toutefois, les tâtonnements qu'exige l'établissement d'un repère à chaque épreuve constituent un travail des plus gênants et sont une cause fréquente d'erreurs et d'insuccès. Nous ne laisserons donc pas de recommander de nouveau le choix d'un objectif dont le foyer d'action photogénique coïncide avec le foyer apparent (1).

---

(1) Nous n'expédierons que des objectifs à foyers coïncidents.

DE LA CHAMBRE NOIRE

ET DES CHASSIS-PRESSES POSITIFS.

CHAPITRE II

Tout appareil se compose de deux parties distinctes, quoique inséparables : l'objectif et la chambre noire. Si nous avons insisté sur l'importance qu'on doit attacher au choix de l'objectif, nous n'insisterons pas moins sur le choix, toujours assez difficile à faire, d'une bonne chambre noire.

Il faut, avant tout, s'assurer que la glace dépolie occupe exactement la place que doit prendre plus tard la glace collodionnée ; car si, pour le plaqué d'argent, on peut perdre sans danger quelque peu de la netteté de l'image, il n'en est point ainsi quand on opère sur glace ou sur papier ; on perd bien assez dans le passage du négatif au positif.

Le châssis qui porte la glace collodionnée doit être plus épais en bois que le châssis destiné au plaqué, afin qu'on puisse isoler la glace de tous les côtés, et ne la faire porter que sur les angles ; il faut, en outre, creuser, dans la traverse inférieure du châssis, une petite rainure qui se dirige, en devenant de plus en plus profonde, vers un angle où l'on aura pratiqué, dans toute l'épaisseur du bois, un trou de 8 ou 10 millimètres d'ouverture, bouché avec une éponge ou du papier buvard ; la rainure et le trou donneront issue au liquide excédant qui ne remontera plus ainsi sur la couche de collodion, entraîné par la capillarité du verre, et ne tachera pas le négatif ; on pressera de temps en temps l'éponge, ou l'on changera le papier buvard.

Le volet doit être à charnières posées en haut du châssis, et armé à son milieu d'une lame-ressort qui maintienne la glace au foyer.

Quand l'opérateur porte le châssis pour l'installer dans la chambre noire, il doit le tenir penché du côté du trou.

Les quatre angles du châssis destinés à supporter la glace, ainsi que les parties intérieures, la rainure, le trou, etc., etc., seront vernis ou enduits de gutta-percha ; cette substance fond comme de la cire à cacheter : il suffit de la frotter allumée sur les parties à enduire; elle s'y applique parfaitement.

En un mot, la chambre et le châssis doivent être parfaitement fermés. Le moindre trou, la plus légère fissure se traduirait sur le cliché par des taches noires de même forme que l'interstice, ou rendrait l'image impossible en couvrant le collodion d'un voile rougeâtre plus ou moins étendu.

Ce serait en vain qu'on aurait employé les meilleures substances, qu'on aurait pris les précautions les plus minutieuses, fût-on d'ailleurs le plus habile opérateur, habileté, précautions, préparations, viendraient fatalement échouer contre la structure défectueuse de l'appareil.

Nous ne croyons pas qu'on ait construit encore des châssis parfaitement commodes pour prendre des vues ou des portraits stéréoscopiques sur collodion ; nous possédons un modèle de ce genre qui permet d'obtenir sur une même glace les deux images accouplées en déplaçant seulement la chambre noire. La manœuvre en est simple et facile, et c'est une assez bonne méthode à suivre pour obtenir des images qui donnent le relief convenable sans avoir recours à deux chambres noires (1).

Le châssis-presse pour positif, dont la plus grande partie des opérateurs se sert encore, ne nous paraît pas remplir les conditions voulues pour les négatifs ordinaires, et bien moins encore pour les négatifs sur collodion. Nous avons, à plusieurs reprises, essayé de donner au châssis-presse les qualités qui lui manquaient, et chacune de nos tentatives a été récompensée par quelque heureuse modification ; nous pouvons déclarer aujourd'hui que notre dernier modèle a atteint le plus haut degré de perfection connue. Il participe des différents systèmes de perfectionnements, il les combine, avec cette différence que, dans celui-ci, les deux glaces jumelles qui maintiennent les deux épreuves dans une juxta-position parfaite, sont dépendantes des volets à charnières et à ressort, et qu'elles sont enlevées du même coup, ce qui abrége et simplifie la manœuvre. Ajoutez à cela qu'en substituant l'action mécanique à l'action manuelle, souvent com-

---

(1) De plus, on n'est pas obligé de séparer les images et de leur faire subir un déplacement, comme dans l'appareil binoculaire (à deux objectifs).

promettante pour le joint des glaces, et toujours fâcheuse pour le collodion imprimé, il donne à l'opération une précision absolue.

En effet, pour enlever et replacer alternativement ces deux glaces, il faut se servir des doigts ou de l'ongle, et tous les praticiens en ont reconnu les inconvénients pour la pureté et la conservation du cliché.

Voici en quels termes le journal *l'Invention*, dans son bulletin technologique, rend compte de notre presse, pour laquelle nous avons pris un brevet d'invention s. g. d. g. :

« ... Ce châssis, qui diffère essentiellement de ceux dont on se sert aujourd'hui, réunit tous les avantages : facilité de manœuvre, précision, solidité. Pour mieux faire apprécier le mérite de l'invention, il n'est pas sans intérêt de constater que, depuis dix ans, le châssis primitif n'avait presque pas subi de modification, et que le dernier perfectionnement laissait encore beaucoup à désirer sous le rapport de la longueur de la manœuvre, et à cause des corps élastiques employés à sa confection. Il restait donc un progrès sérieux à accomplir, dans le triple but d'abréger la manœuvre, d'éviter le bris des glaces-presses, et de conserver toujours intact de toute éraillure le cliché le plus fragile.

» En substituant les glaces-presses à la planchette *drapée*, les ressorts aux vis, les charnières aux coulisses, M. Belloc avait rempli la moitié du programme.

» En rendant les glaces-presses dépendantes des ressorts et des volets, c'est-à-dire en substituant l'action mécanique à l'action manuelle, il a porté au plus haut degré de perfection ce petit appareil, un des plus utiles à l'opérateur, et sans la précision duquel il ne saurait jamais avoir le vrai fac-simile des lignes de son épreuve négative. »

CHAPITRE III

Des cuvettes, cuves en gutta-percha, etc.

Les cuvettes ou bassines destinées à la photographie méritent une attention toute particulière. Nous pensons qu'on doit donner la préférence aux cuvettes en gutta-percha; cette matière prend toutes les formes, ne se décompose nullement sous l'influence des substances chimiques et n'est pas sujette à la casse (1).

---

(1) Les goûts et les opinions diffèrent beaucoup au sujet des cuvettes. Ceux-ci aiment mieux celles qui sont en bois et à fonds de verre; ceux-là les préfèrent en porcelaine; enfin, d'autres ne croient, à cet égard, qu'aux bonnes qualités de la gutta-percha; et nous avouons, pour notre part, que nous sommes un peu de l'avis de ces derniers. Nous croyons utile de justifier notre préférence, d'autant plus que, depuis quelque temps, certaines personnes s'étant imaginé d'attribuer à la gutta-percha les taches qui couvraient leurs clichés, se sont avisées de recouvrir en verre l'intérieur de leurs cuvettes.

Il convient d'abord de bien distinguer deux sortes de gutta-percha, trop souvent confondues dans le commerce : l'une,

On doit les tenir propres et les renverser, après le service, sur les planches du laboratoire destinées à cet usage. Quand elles sont neuves, ou quand elles sont un peu trop salies par les dépôts argentifères, on doit les décaper avec de l'eau fortement acidulée, ou même avec l'acide nitrique pur, les laver à l'eau ordinaire, les rincer avec de l'eau distillée et les faire sécher.

Il est bien entendu que nous ne parlons ici que des cuvettes destinées aux bains d'argent et de sel ; quant à celles qui servent aux bains d'hyposulfite et au lavage des épreuves positives, leur extrême propreté n'est pas d'une aussi grande importance ; ce

comme l'a fait observer justement M. Ballard, pure et anhydre ; l'autre qui, outre les impuretés diverses qui ont pu s'y mêler, contient, en moyenne, 25 pour 100 d'eau d'hydratation, ce qui ne peut manquer de lui faire perdre toutes les précieuses qualités de son emploi dans la photographie.

Quant à nous, qui avons l'habitude d'analyser et d'apprécier cette substance, nous pouvons garantir les cuvettes que nous expédierons, et répondre que les taches du cliché ne proviendront jamais de la matière de ces cuvettes.

La cuvette, en gutta-percha, réunit tous les avantages qu'on en peut désirer : elle est légère, plane, facile à nettoyer, inusable. Il en est de même des entonnoirs et du vase à verser l'acide pyrogallique.

qui est bien autrement important, c'est qu'elles soient exclues du laboratoire.

L'opérateur pourra, pour les lavages des épreuves positives, employer tel ou tel vase indistinctement, en bois, en terre cuite, etc., etc., mais il ne pourra se dispenser de joindre à son bagage de voyageur :

Une cuvette pour le bain négatif (1) ;

Une cuvette pour le bain positif ;

Une cuvette pour le bain de sel ;

Une cuvette pour le bain d'hyposulfite ;

Une cuvette pour le bain de chlorure d'or acide ;

Une cuvette pour le bain de chlorure d'or ammoniacal.

---

(1) On doit se servir d'une cuvette plate en gutta-percha ; elle doit avoir une profondeur de 0,6 cent., une largeur de 1 cent. et une longueur de 10 cent. de plus que la glace à baigner. L'un des petits côtés de cette cuvette est recouvert d'une bande de 0,2 cent. de largeur. Nous tenons un dépôt de vases de toute sorte pour la photographie.

CHAPITRE IV

Du laboratoire.

Conseils à suivre, précautions à prendre.

Une pièce entièrement fermée à la lumière est indispensable à l'opérateur. Si elle est éclairée par une fenêtre et qu'il veuille conserver ce jour, il devra le rendre d'une couleur antiphotogénique.

A cet effet, il garnira l'ouverture de deux rideaux superposés, l'un jaune jonquille, l'autre rouge, et, par excès de précaution, lorsqu'il préparera ses glaces collodionnées, qui sont éminemment sensibles, il pourra couvrir les deux rideaux d'un troisième, vert ou noir.

Ceci ne saurait le dispenser d'avoir une petite lampe, dans tous les cas indispensables, pour juger de la venue de l'image.

L'éther étant une substance très inflammable, on ne devra jamais faire ou modifier les collodions à la lumière de la lampe.

Si le photographe opère dans un cabinet noir, éclairé par une lampe, il devra, même en collodionnant la glace, s'en tenir aussi loin que possible.

Il faut ne jamais toucher aux flacons, aux châssis, aux cuvettes, etc., sans s'être lavé soigneusement les mains.

Au moment de verser le collodion sur la glace, essuyez le goulot du flacon avec un chiffon propre, destiné à cet usage; le collodion, qui se fige au goulot, tombe par parcelles avec le collodion liquide et fait des traînées (1).

Avant de se servir d'un châssis, il faut frapper dessus pour en détacher les poussières, le nettoyer avec soin, essuyer l'humidité des bords.

Faites les filtres pointus, et enfoncez-les jusqu'au fond de l'entonnoir; par ce moyen, ils filtreront bien et ils dureront davantage. Un filtre pour collodion pourra servir pendant une huitaine de jours, et celui qui est destiné au nitrate d'argent n'aura besoin d'être remplacé qu'au bout d'un mois.

Que chaque entonnoir reste affecté à son usage;

---

(1) Cette précaution devient inutile si vous ne vous servez du flacon qu'une seule fois, ainsi que nous le conseillons ailleurs.

après qu'il a servi, renversez-le, muni de son filtre, sur une planche du laboratoire et à l'abri de la poussière.

L'hyposulfite de soude est une solution très dangereuse à côté des bains d'argent et des flacons de collodion : il faut la reléguer à l'extrémité du laboratoire.

Si la disposition du local le permettait, il serait bon de fixer les épreuves négatives, mais surtout les positives, ailleurs que dans le lieu destiné aux autres manipulations, la moindre goutte des agents fixateurs pouvant tacher les images non encore terminées, ou décomposer les bains, etc. ; après la fin de chaque opération, il faut se laver les mains avec le plus grand soin avant de recommencer un autre négatif.

Que chaque chiffon reste affecté à son usage particulier.

Qu'il en soit de même pour les flacons et les cuvettes.

L'agent révélateur (acide pyrogallique), combiné avec l'acide acétique, s'affaiblit et se décompose assez vite ; n'en faites que pour le besoin de la journée.

Préparez toutes vos solutions à l'eau distillée, excepté celle d'hyposulfite de soude et celle de chlorure d'or (1).

Les photographes, les amateurs surtout, redoutent, et avec raison, les taches produites par le nitrate d'argent, et cette crainte paralyse leurs mouvements et leur ôte beaucoup de leur adresse. Rappelons ici qu'un photographe habile, M. Humbert de Molard, a indiqué un *spécifique* qui doit ôter toute appréhension à cet égard.

Une pincée d'iode, deux pincées de cyanure de potassium, quelques gouttes d'eau pour dissoudre le tout, suffisent à nettoyer les taches des linges et des mains; prenez-en avec le bout du doigt et humectez les parties maculées, la tache disparaît instantanément, ou passe au rouge si elle est vieille; terminez le lavage au savon et à la pierre ponce en poudre, et rincez avec soin.

N'oubliez pas que le cyanure de potassium est un poison violent; il serait peut-être plus sage de garder les doigts noirs et d'exclure totalement du labo-

---

(1) Quelques expériences nous ont convaincu que, même pour les solutions d'argent et d'acide pyrogallique, l'eau distillée n'était pas d'une nécessité absolue et pouvait être remplacée par de l'eau de source. Il suffit que l'eau ne contienne pas de chlorures.

ratoire une substance douée d'une action toxique aussi dangereuse.

Nous préférons le moyen suivant :

Mouillez une écaille de potasse caustique, et frottez-en la tache que vous voulez enlever aux mains, fortement si cette tache est sur une partie calleuse ou durcie, avec plus de précaution si elle se trouve sur une partie plus faible et plus délicate de l'épiderme. Râclez ensuite l'endroit attaqué, vous ferez peau neuve sans inconvénient. Au cas où la peau serait très fine et très sensible, il pourrait bien en résulter un certain sentiment de brûlure, mais la main d'un opérateur est à l'abri de ces délicatesses, et, dans tous les cas, la substance que nous indiquons est infiniment moins dangereuse que le cyanure de potassium.

DE LA DISPOSITION DE L'ATELIER DE POSE

et du mode d'éclairement.

CHAPITRE V

On s'est demandé souvent comment, dans ces conditions presque identiques de lumière de collodion et de milieux, il arrivait de produire des clichés plus ou moins dissemblables de modelé; quelques degrés de déviation dans la ligne de la pose suffisent pour produire cette diversité, et l'on peut se convaincre, par exemple, que si l'on tourne le dos du modèle vers le couchant, de telle sorte que le grand côté du trois-quart soit éclairé du nord, on aura toujours, toutes choses égales d'ailleurs, un modelé des plus satisfaisants; il ne saurait en être de même si le modèle regarde le couchant. L'image restera alors, quoi qu'on fasse, un peu plate et sans grand relief. Cet effet, connu de beaucoup d'opérateurs qui n'ont pas su remonter à la cause, est une des raisons qui nous ont obligé à faire poser nos modèles presque toujours dans le même sens, ce qui a été parfois l'objet d'une critique mal fondée. Mais nous avons cru devoir persister, préférant, à une plus grande variété de poses, ce relief stéréoscopique que l'on admire dans les épreuves obtenues dans les conditions rationnellement indiquées.

Si l'on peut disposer d'un terrain propre à établir un salon vitré pour la pose, on devra le faire construire de telle sorte, que le jour éclairant soit du nord (côté vitré) et la *demi-teinte* du midi (côté vitré). Les deux autres côtés du parallélogramme, ou fond, devront être bien tendus et de couleur ardoise ou ardoise clair. Le modèle, nous le répétons, devra regarder le levant. Quelle que soit d'ailleurs la disposition de l'atelier, il est indispensable de faire toujours poser le modèle sous une tente, jamais sous le verre; car, dans ce cas, la lumière, tombant perpendiculairement sur la tête, éclairerait beaucoup trop le front et solariserait cette partie, pendant que le reste de la figure resterait dans l'ombre. Il faut faire venir la lumière presque horizontalement, à 45° au moins, afin que le dessous de l'arcade sourcilière et les parties ombrées du modèle puissent se former nettement. A la campagne, quatre pieux, une toile tendue au-dessus, et deux rideaux mobiles, peuvent suffire ; placé dans cette espèce de guérite, le modèle pourra, au gré de l'opérateur, être plus ou moins éclairé, suivant son teint, et selon le caractère de sa physionomie.

Dans tous les cas, il faut avoir soin d'éclairer le modèle adroitement, de manière à éviter les oppositions trop fortes d'ombres et de lumière, de manière surtout à ce que le grand côté soit éclairé, et le petit côté dans la demi-teinte ; si l'on éclairait le petit côté du visage, l'ovale serait écrasé, le nez plat, trop gros, et à peu près confondu avec la pommette de la joue.

Quant aux vues, elles présentent beaucoup moins de difficultés; la seule condition à remplir, c'est que le monument à reproduire soit éclairé par un soleil oblique ; l'éclairement de face est rarement avantageux. Le paysage exige beaucoup de lumière, à cause des masses de verdure.

Si la lumière diffuse convient mieux au portrait, il faut, pour les arbres et les rochers, un soleil pur et matinal. A deux heures, le soleil, même en été, prend une teinte jaune, et, quelque éclatante que puisse paraître alors la lumière, l'image se reproduisant moins vite dans la chambre obscure, l'opérateur doit en tenir compte et prolonger le temps de la pose.

DES COULEURS DES HABILLEMENTS

Comparées aux tons de la figure.

CHAPITRE VI

Ce n'est pas tout de bien éclairer le modèle, il faut aussi prendre en considération la couleur de ses vêtements.

Quand la lumière est blanche, son action chimique est proportionnelle à son intensité lumineuse; mais il n'en est plus de même quand il s'agit de lumières colorées.

Tous les photographes savent aujourd'hui que, parmi les couleurs, les unes, les plus lumineuses, n'exercent presque aucune action photogénique, pendant que d'autres, au contraire, les moins lumineuses, sont extrêmement actives. Ainsi, les rayons rouge, jaune, orangé et vert, n'impressionnent pas, ou impressionnent très peu la couche sensible, tandis que le bleu, le violet et la partie invisible du spectre la décomposent presque instantanément.

Le blanc, réunion de toutes les couleurs, exerce une action très vive ; le noir, ou l'absence de la lumière, n'agit pas ; le jaune est aussi inerte que le noir, etc., etc. Partant de ce principe, si le modèle a une carnation éclatante, si c'est un enfant blond, habillé de vert ou de noir, il sera presque impossible d'obtenir dans le portrait des rapports de ton convenables ; la figure sera solarisée et les habits non venus ; pour sauvegarder l'harmonie des tons, il eût fallu des habits bleus ou violets, en un mot, des habits de couleur active.

Toutefois, il faut faire entrer en ligne de compte, non seulement la couleur des étoffes, mais encore leur nature, et telle figure pourra bien venir, si elle a pour vêtement une étoffe de soie brillante, quoique de couleur antiphotogénique, tandis que la même figure viendra trop vite si elle est revêtue d'une étoffe de velours ou de laine.

Si vous ne pouvez pas faire changer des habits à couleurs trop puissantes, vous n'avez plus que la ressource de cacher la figure, pendant que vous laissez le reste du corps rayonner librement vers la chambre noire.

Un petit écran de carton noir, de la forme et de la grandeur du masque du visage, porté par une petite baguette noire, suffira à cet effet ; pendant les derniers instants de la pose, vous l'agiterez devant la tête, dont il faut modérer l'action ; les habits devront poser un temps plus long, à peu près dans le rapport de trois à deux.

Il y a encore une précaution à prendre, une considération à envisager, qui doit influer dans le plus grand nombre des cas ; nous voulons parler de la longueur relative de la pose ; plus la pose est prolongée, plus l'image tend à s'affaiblir ; — partant de ce principe, si un cliché est mal venu, s'il y a trop d'opposition, nous pouvons dire qu'il manque de pose ; — lorsqu'un modèle se trouve dans des conditions de couleurs opposées, il faut laisser la couche de collodion sécher un peu plus, et prolonger la durée de la pose en raison directe de cette opposition.

Il en sera de même si vous voulez obtenir une grande harmonie dans la reproduction d'un paysage, dont les contrastes, cependant, vous feraient douter de la réussite. Ainsi, des fabriques blanches et des arbres verts sont souvent, pour le paysagiste, des causes d'insuccès. — Ne vous préoccupez pas trop des parties blanches des édifices, et donnez à la pose le temps voulu pour obtenir les verts des arbres.

Portrait, paysage, reproduction, etc., tout est soumis à cette loi : — pose relativement longue, durée proportionnelle aux extrêmes opposés.

DES REPRODUCTIONS

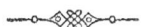

CHAPITRE VII

Les reproductions de tableaux, d'objets d'art, de gravures, de statues, etc., doivent être faites avec l'objectif à paysage, c'est-à-dire le menisque ou lentille de devant de l'objectif combiné, qui sert à faire le portrait. A cet effet, on dévisse cette lentille et on l'adapte à une monture de paysage, munie de deux ou trois diaphragmes.

Si la reproduction à faire est petite et l'objet à reproduire très grand, comme dans la reproduction du modèle au dixième et même au vingtième, cette reproduction sera très facile; mais si l'objet à reproduire est petit, et qu'on exige une copie de même grandeur, la difficulté commence, et devient plus forte encore si cette copie doit être plus grande que l'original. Prenons un exemple : pour copier une gravure de $21 + 27, 0$ c. de même grandeur, il faudra rapprocher à quelques centimètres l'objectif du sujet, et, par contre, allonger le soufflet ou les tiroirs de la chambre de 1 mètre 50, plus ou moins, suivant la longueur focale de l'objectif ; il faudra aussi, pour obtenir une grande finesse, adapter le plus petit diaphragme et calculer le temps de la pose d'après les principes que nous avons énoncés à ce sujet ; ces conditions réunies, le collodion se sèche, et sa sensibilité décroît ; sous l'action révélatrice, la métallisation se fait moins bien. Aussi, est-il presque indispensable, pour les reproductions de tableaux, d'objets d'art, bronze, bois, marbre de couleur, de poser ces objets en pleine lumière directe. L'objectif *fouille* bien mieux les détails, et le temps de la pose en est diminué d'autant. Les plâtres, les albâtres, les marbres blancs, tous les corps à grand reflet peuvent être reproduits par une lumière diffuse et hors de l'atelier vitré. Il n'y a d'exception que pour les objets de grande dimension qu'on veut énormément réduire, car ils peuvent être reproduits, même dans de mauvaises conditions de lumière.

Du moyen d'agrandir les reproductions.

Lorsqu'on veut agrandir un dessin, un objet quelconque, c'est sur le cliché qu'on a d'abord obtenu de ce dessin, de cet objet, et qu'on a fait d'une grandeur égale, ou du moins aussi grande que possible, que l'on doit opérer. Ayez une boîte sans fond, supportée sur un pied, percée d'une rainure dans son milieu supérieur ; introduisez le cliché dans cette rainure, exposez ce négatif de telle sorte qu'il soit éclairé en avant par le soleil, ou par la lumière diffuse, ce qui vaut encore mieux ; approchez l'objectif de telle sorte que l'image grandisse du double ou du triple; copiez ce négatif par transparence, vous produirez un positif aussi par transparence. Si votre boîte sans fond est faite convenablement, c'est-à-dire de manière à recevoir toutes les grandeurs, remplacez le négatif que vous venez de copier par le positif que vous en avez fait, et copiez de nouveau ce positif, toujours par transmission. Approchez encore l'objectif, allongez les tiroirs de la chambre; en un mot, amenez encore cette image à la grandeur voulue, et ce positif, copié de la même manière, vous donnera un négatif qui servira définitivement à produire vos images positives sur papier. Que cette image, ainsi agrandie successivement, possède la finesse et la pureté du modèle primitif, cela est évidemment impossible; mais ce résultat sera toujours bien préférable à ces ignobles portraits, faits d'un seul coup par les objectifs-monstres que la réclame a essayé d'introduire dans les ateliers (1). Par le procédé de reproduction successive du cliché primitif, vous obtenez au moins des portraits d'un air plus naturel, plus gracieux, et cela, à peu de frais, avec le même objectif, et sans le secours de la chambre noire, si vous voulez la remplacer par votre laboratoire, qui peut, parfois, en tenir lieu.

En effet, si votre laboratoire est parfaitement clos, et qu'il donne de plein-pied sur une terrasse, cour, etc.; si vous avez fait pratiquer un trou à la

---

(1) Les tentatives récemment faites par M. Voigtlander, pour obtenir de grandes images au moyen d'un objectif relativement petit, n'ont guère abouti qu'à démontrer l'impossibilité de parvenir aux grands portraits par le procédé photographique; sans parler des autres obstacles, le temps de la pose suffirait pour faire abandonner cette prétention.

Depuis, M. Petzvald a imaginé, dans le même but, un objectif construit par M. Dietz, opticien à Vienne. De belles et grandes épreuves ont été obtenues; mais à quelles conditions?... C'est ce que l'avenir nous apprendra.

porte, si vous y avez placé la rondelle de l'objectif; si, vis-à-vis de l'objectif et dans le laboratoire, une planche, longue de deux mètres au moins, porte un châssis à rainure et à coulisse, comme dans la chambre noire ordinaire, vous pouvez opérer en toute assurance; placez alors une glace dépolie dans la rainure, disposez le cliché à copier au dehors et dans la boîte sans fond, mettez l'obturateur sur l'objectif, remplacez la glace dépolie par la glace collodionnée, etc.

C'est par des moyens analogues que l'on peut refaire double un cliché qui doit fournir un grand nombre d'épreuves, ou que l'on peut remplacer, s'il est légèrement fendu, ou le rendre meilleur, même, en essayant dans ces deux reproductions successives, et dans le passage du négatif au positif et de celui-ci au négatif définitif, de le faire ou plus dur ou moins heurté.

DU STÉRÉOSCOPE

CHAPITRE VIII

Quoique nous ayons deux yeux, et que nous voyions à la fois deux images différentes du même objet confondues en une seule, les peintres et les dessinateurs de perspective n'ont jamais considéré que l'action d'un seul œil dans la construction des images qu'ils ont voulu représenter. En effet, tant que l'on se bornait à dessiner ou à peindre des corps sur une surface plane, il n'y avait guère moyen de les figurer que sous un seul aspect. Pour leur donner du relief, on employait le clair-obscur et les principes des deux perspectives, linéaire et aérienne; c'était tout ce qu'on pouvait faire. Mais cela ne suffisait pas à l'illusion complète, et les plus beaux tableaux n'acquéraient toutes les qualités de profondeur, que l'artiste avait voulu produire, que lorsqu'on les regardait avec un seul œil, à la manière des vues d'*optique* ou des anciens *panoramas*.

Déjà, vers l'année 1500, un grand génie italien,

Léonard de Vinci, avait compris et appliqué les motifs de ce manque de relief dans les corps représentés par la peinture; mais le germe déposé dans la science par l'immortel peintre de la *Cène* y sommeilla jusqu'en 1838, époque où M. Wheatstone imagina, en Angleterre, un appareil fondé sur la vision *binoculaire*, et capable de faire voir en relief aux deux yeux des images tracées sur des surfaces planes.

L'instrument du physicien anglais se composait de deux miroirs inclinés à angle droit l'un sur l'autre; il avait de grandes dimensions, et était très peu portatif.

M. Brewster, un des pères de l'optique moderne, ayant dirigé son attention sur l'appareil inventé par M. Wheatstone, imagina de le modifier, de le rendre beaucoup plus simple, et, par conséquent, beaucoup plus populaire. Ainsi naquit le *stéréoscope*, dont tout le monde connaît à présent et le nom et les effets prodigieux. M. Brewster n'avait fait que remplacer les glaces réfléchissantes de M. Wheatstone par deux petits prismes ou deux demi-lentilles destinés à réfracter les rayons lumineux; et cette légère modification avait suffi pour donner la vie à un appareil admirable, qui serait resté, sans cela, pendant longtemps peut-être un simple fait historique dans les cabinets des physiciens.

Le *stéréoscope* exige, pour produire ses effets, deux images d'un même objet, prises de deux points de vue différents; il faut, de plus, que ces deux images soient aussi identiques que possible, afin que la superposition des parties, commune à toutes les deux, se fasse avec une rigueur mathématique. Il n'existe pas au monde, et l'on peut même dire qu'il n'existera jamais, de peintre capable de produire deux images de cette espèce; ni l'œil ni la main de l'homme ne peuvent reproduire un modèle à deux reprises et de deux points de vue différents, sans altérer plus ou moins les lignes et les formes. Aussi, M. Wheatstone se bornait-il jadis, pour son stéréoscope réflecteur, à n'employer que des figures géométriques composées d'un petit nombre de lignes droites tracées à la règle et au compas. Mais l'apparition de la photographie changea la face des choses. Ce que le dessinateur n'aurait jamais su faire, la lumière put le produire sans aucune difficulté; et si M. Brewster eût modifié le stéréoscope en 1839, on aurait vu probablement de belles images stéréoscopiques dès l'origine de la daguerréotypie. Mais on ne s'avise pas tout de suite des choses les plus simples, et ce qui nous paraît facile aujourd'hui a coûté souvent de longs et pénibles efforts aux premiers inventeurs. Aussi, M. Brewster ne construisit-il pas en 1839 son stéréoscope, et les images stéréoscopiques obtenues par la photographie datent-elles à peine de quelques années. Mais, comme à toute chose née à temps, il leur est arrivé d'atteindre bien vite à un très haut degré de perfection. Il n'y a personne aujourd'hui qui ne connaisse les stéréoscopes de M. Jules Duboscq, le premier et le plus habile constructeur de ces appareils, et les images stéréoscopiques des habiles albuministes français, qui n'ont nulle part de rivaux dans ce genre.

Comme il pourrait arriver au photographe qu'on lui demandât des portraits ou des vues pour le stéréoscope, il est indispensable qu'il sache comment on doit procéder lorsqu'on veut les obtenir. Notre traité présenterait une lacune regrettable si nous ne donnions pas ici les règles pour la formation des images stéréoscopiques.

Voyons donc d'abord ce que c'est que le *stéréoscope*; nous indiquerons ensuite la marche à adopter pour la production des images.

Le stéréoscope se compose d'une boîte pyramidale en carton, en bois ou en métal, haute de 13 à 14 centimètres, plus large par en bas, et munie à la partie supérieure de deux tubes oculaires, éloignés l'un de l'autre de 75 millimètres environ, c'est-à-dire d'une quantité égale à l'écartement moyen des yeux. Ces deux tubes renferment les deux moitiés d'une même lentille, d'environ 20 centimètres de foyer; les demi-lentilles se regardent par les bizeaux. La boîte est percée à la base, et fermée en cet endroit par un verre dépoli; une des larges faces de la pyramide est munie d'une petite porte qui permet de faire tomber de la lumière dans l'intérieur de l'appareil lorsqu'il s'agit de regarder des images opaques. Quelques constructeurs pratiquent deux fentes dans les parois latérales de la boîte, près de sa partie supérieure, afin de pouvoir y glisser des lames de verre coloré, dans le but de modifier le ton des images. Voilà le plus simple et le plus commode de tous les stéréoscopes. Indiquons à présent le moyen de faire les images.

Pour produire une image stéréoscopique, il est indispensable de faire deux épreuves du même objet dans le même moment et de deux points de vue différents, de telle sorte que, pour un portrait, par exemple, la première épreuve soit faite en grand trois-quart et la seconde de face. Ce qui revient à dire, que le modèle doit passer devant deux appareils, éloignés à peu près l'un de l'autre de 10 à 30 centimètres; ce mode d'opérer est suivi par beaucoup de portraitistes, et nous semble assez rationnel.

Un système de chambre noire binoculaire appelé, nous ne savons pourquoi, *Quinétoscope*, fournit des images dont le relief est bien prononcé alors seulement que l'appareil fonctionne à une petite distance de l'objet, mais qui sont tout à fait plates lorsque les corps reproduits se trouvent situés très loin de l'objectif, comme dans les paysages.

Il est fort étrange qu'un brevet ait été pris pour cette chambre, dont M. David Brewster, l'inventeur, a donné les dessins depuis plus de six ans.

Quand on prend des vues stéréoscopiques, soit sur albumine, soit sur plaqué, on peut se contenter également d'une seule chambre noire, et s'y reprendre à deux fois pour avoir les deux images; ou bien, on peut faire fonctionner deux chambres simultanément. Mais, pour les reproductions de la nature vivante, il faut se servir d'un appareil construit exprès, et qui consiste en un châssis porte-glace, glissant dans un chariot qui va présenter successivement à la lumière, dans les deux stations, la glace sur laquelle se reproduisent les deux images accouplées (1).

Quel que soit du reste l'appareil que l'on a adopté, il est indispensable d'écarter l'une de l'autre, les deux chambres noires, de quantités en rapport avec la distance des objets, en se conformant à la règle suivante :

Écartement à donner aux chambres.

Pour un modèle placé à 3 ou 4 mèt. de l'objectif. 15 à 20 cent.
— à 5 ou 6 — 25 à 30 cent.
et ainsi de suite.

Pour un paysage dont la profondeur est illimitée, et dont les premiers plans se trouvent à quelques centaines de mètres, il ne faut pas moins de 7 à 10 mètres d'écartement entre les deux chambres noires.

Il ne faut jamais oublier de tracer au crayon sur

---

(1) Notre préférence pour ce modèle, que nous avons fait exécuter depuis longtemps, nous paraît justifiée, en ce qu'il évite de déplacer les images, ainsi que pour celles produites dans la chambre binoculaire, et que, de plus, le relief de ces images est d'un plus grand effet. Toutefois, nous reconnaissons que, lorsqu'il s'agit d'obtenir instantanément, et en groupes, des objets animés, notre chambre à double objectif vaut mieux encore.

la glace dépolie, deux perpendiculaires et de faire coïncider ces lignes avec celles du nez et des yeux dans le portrait, afin que ce soit là une ligne commune aux deux images et l'endroit culminant du relief.

On doit avoir soin, en outre, que ces lignes ne soient écartées que de 6 à 7 centimètres, distance égale à l'écartement moyen des yeux ou à l'intervalle qui doit exister entre les deux images dans le stéréoscope.

Si l'on n'observait pas rigoureusement ces principes, l'œil se fatiguerait dans la contemplation des images stéréoscopiques, et, le plus souvent, il percevrait deux images distinctes. Dans le cas d'une épreuve bien faite et bien encadrée, si les oculaires du stéréoscope sont à la distance qui convient aux yeux de l'observateur, l'image paraîtra avec le plus beau relief et présentera l'illusion la plus saisissante (1).

(1) Nous avons un grand assortiment de stéréoscopes de tout genre, aux prix les plus modérés.

CHAPITRE IX

Du coton azotique.

Depuis que l'on emploie le collodion en photographie, il a été publié tant de recettes pour le faire, sa préparation est si connue, que nous pourrions nous dispenser de la donner ici. Ce serait cependant une lacune par trop grande dans un Traité spécial : tout le monde ne peut pas recourir, d'ailleurs, aux sources originales, et c'est pour nous presque un devoir que d'indiquer, parmi les formules et les manipulations proposées, celles qui nous ont le mieux réussi et auxquelles nous devons nos plus heureux résultats.

Rappelons d'abord que la découverte de la poudre-coton, ou du *fulmi-coton*, date de 1846, et qu'elle est due à M. Schœnbein, de Bâle. Presque à la même époque, M. Bœttger, de Francfort, découvrait aussi de son côté et faisait connaître cette merveilleuse préparation dont M. Schœnbein gardait le secret.

Le collodion est la matière qui résulte de la dissolution du coton-poudre dans l'éther alcoolisé ; c'est un liquide de couleur ambrée, de consistance sirupeuse, qui, en se desséchant, acquiert une grande ténacité, devient insoluble et imperméable à l'air ; on a tiré parti de cette dernière propriété du collodion au profit de la chirurgie, en l'employant pour recouvrir les plaies et les mettre à l'abri du contact de l'air.

MANIÈRE D'OBTENIR LE FULMI-COTON

Coton azotique

OU COTON SOLUBLE (PYROXYLE) POUR LE COLLODION (1).

Sous le manteau d'une cheminée de laboratoire, ou en plein air, mettez dans un vase en porcelaine ou de verre :

Acide sulfurique pur.	3 parties.
Azotate de potasse desséché.	2 —

Remuez avec un agitateur en verre, de manière

---

(1) La formule que nous donnons ci-après doit donner toujours un excellent résultat, et nous en obtenons constamment du coton azotique parfaitement soluble. Nous croyons cependant devoir prévenir le préparateur que le succès dépend le plus souvent de l'acide sulfurique; un acide impur donnera toujours de mauvais résultats. Malheureusement, les caractères d'un acide impur sont difficiles à constater; l'aspect, la densité, peuvent ne différer en rien de l'aspect et de la densité de l'acide pur. Ce qu'il y de mieux à faire, c'est de rejeter celui qui a donné des résultats négatifs et de s'en procurer d'une autre provenance. Il est probable que la mauvaise qualité de l'acide tient à un vice de préparation, car certaines fabriques fournissent ce produit constamment mauvais.

à bien mélanger; plongez par pincées dans ce mélange du coton *en cardes* pur et sec, ou du papier-filtre, dit *de Suède*, autant que le liquide pourra en mouiller, plutôt moins que plus, complétez l'immersion avec l'agitateur, et laissez en repos pendant huit ou dix minutes.

Lavez alors, en vous servant de l'agitateur, avec de l'eau distillée, souvent renouvelée, laissez même tremper le coton pendant un ou deux jours dans l'eau pure, lavez enfin jusqu'à ce que le liquide ne présente plus de réaction sur le tournesol, et terminez en pressant le coton dans du papier buvard; faites sécher à l'abri de la poussière.

Pour obtenir ce produit entièrement soluble, il est indispensable que le coton soit trempé dans le mélange au moment même où l'acide sulfurique, en contact avec l'azotate de potasse, forme du sulfate de potasse, et laisse libre l'acide azotique, puisque c'est ce dernier acide qui doit être fixé par le coton.

En effet :

Acide sulfurique.	SO^3, HO
Azotate de potasse.	KO, AzO^5
donnent KO, SO^3, HO	$+ \quad AzO^5$
Sulfate de potasse.	Acide azotique.

Alors le coton se trouve en contact immédiat avec l'acide azotique libre, et forme un nouveau composé de cellulose *coton* ($C^{12}\ H^{10}\ O^{10})^2$ et d'acide azotique $(AzO^5)^3$, qui peut être représenté par la formule suivante :

$$C^{24}H^{17}O^{17}, 5AzO^5.$$

THÉORIE

CHAPITRE X

Du collodion chimique ou normal.

Manière de faire le collodion normal.

Dans un vase en verre, mettez :

Éther à 56°.	100 cent. cubes.	
Coton soluble.	3 gr.	— (1).

Le coton-poudre, s'il est bien réussi, doit se dissoudre dans l'éther à 62° dans la proportion de 1 1/2 pour 100 au moins ; mais il est toujours plus sûr d'employer de l'éther à 56°, qui dispensera d'une addition d'alcool ; il est mieux de n'employer que de l'éther ; on introduira toujours assez d'alcool dans le

---

(1) Le collodion du commerce est fait en général dans ces proportions ; aussi, pour obtenir la fluidité convenable, est-on obligé de l'additionner d'un volume à peu près égal d'éther.

collodion par les préparations qui le rendront plus tard photogénique.

Il serait bon de faire soi-même son fulmi-coton et son collodion; si cependant on ne voulait pas se donner cet ennui, on pourrait l'acheter tout fait dans une maison digne de toute confiance (1).

Du collodion photographique.

Considérations générales.

Les auteurs qui ont écrit après M. Archer, et les opérateurs qui sont venus ensuite, ont décrit ou suivi plusieurs procédés, et il existe bien aujourd'hui plus de vingt formules différentes de collodion photographique. Nous-même, dans notre première édition, nous avions suivi les errements de nos de-

---

(1) Nous ne saurions trop insister sur le choix des produits chimiques : sur dix épreuves manquées, six au moins appartiennent de droit au mauvais collodion employé, ou à des produits chimiques aldultérés, qu'on rencontre trop souvent dans le commerce. C'est dans cette conviction, résultant d'une longue expérience, que nous avons fondé une maison de produits, d'où rien ne sortira, pour l'expédition, sans un essai consciencieux préalable, qui assurera le succès à l'opérateur.

vanciers, et nous nous étions laissé entraîner à décrire plusieurs moyens de sensibilisation.

Des expériences comparatives, suivies et répétées avec soin, ont depuis lors transformé en certitude ce que nous n'avions pas supposé d'abord, c'est-à-dire qu'il pourrait bien n'y avoir qu'une seule liqueur génératrice vraiment bonne, celle formée par l'alcoolat d'iodure de potassium ; fidèle à notre maxime : *Simplifier*, nous avons adopté cette formule à l'exclusion de toute autre, bien persuadé que, dans les meilleures conditions, elle rendra le collodion *instantané*, et, dans les plus mauvaises, elle donnera toujours des résultats satisfaisants.

Au lieu de chercher à compliquer inutilement les procédés usuels, nous nous sommes attaché à les simplifier en écartant cette armée, cet attirail superflu d'iodures et de bromures, de prescriptions, de précautions qui déroutent le malheureux opérateur, en lui rendant impossible la découverte des véritables causes de ses insuccès.

Toutefois, et pour répondre à ceux qui nous objecteraient les différents climats et les divers milieux dans lesquels on est souvent forcé d'opérer, nous allons proposer trois formules qui, tout en donnant des résultats presque diamétralement opposés, n'en sont pas moins indispensables pour obtenir des résultats constants.

C'est un fait désormais acquis à l'art photographique, que le collodion peut conserver sa sensibilité sans altération, non pas seulement une demi-heure, mais pendant plusieurs jours, dans un milieu sec et chaud.

Avant d'arriver à un résultat certain, plusieurs moyens ont été essayés ; quelques-uns sont restés dans la pratique, d'autres n'ont paru un instant que pour disparaître à jamais.

L'on a essayé et prôné tour à tour le nitrate de zinc, la magnésie, le nitrate de cadmium, et autres substances ; nous ne pensons guère que tout cela ait eu beaucoup de succès. Il y avait cependant, il faut en convenir, quelque chose de rationnel dans la théorie qui conduisait les expérimentateurs à se prévaloir de ces sels. Les bons résultats qu'on en attendait reposaient sur ce principe, que les corps employés étant très hygrométriques, ils devaient s'emparer de l'humidité de l'air, et conserver la couche de collodion dans un état à peu près toujours identique à celui dans lequel elle se trouve au sortir du bain d'argent.

Malheureusement, il n'en est rien, car, sous l'action

de ces substances étrangères, la couche de collodion se macule par places, et le cliché est loin d'être parfait.

La solution de miel nous paraît un bon moyen pour conserver à la couche une humidité convenable, et par conséquent l'iodure d'argent dans presque toute sa sensibilité.

Lorsque l'iodure d'argent s'est formé dans la pâte même du collodion, par un séjour de deux minutes à peu près dans le bain, il reste sur la couche sensible une assez grande quantité de solution d'argent, et, si l'on ne tarde pas trop à prendre l'épreuve, le sel argentique, résultant de l'évaporation de l'eau, n'aura pas le temps de dissoudre l'iodure que renferme la couche. Après une demi-heure en été, après une heure en hiver, l'iodure d'argent disparaît, le collodion perd sa translucidité opaline et reprend sa couleur ambrée.

En soumettant le collodion aux mêmes lavages que l'albumine, on peut conserver au premier au moins autant de sensibilité qu'à la seconde, et l'on peut résoudre enfin le problème du collodion sec. Nous avons essayé ce procédé, il y a déjà bien longtemps, et nous avouons n'avoir réussi, à cette époque, que très imparfaitement. La couche iodurée se conserve, en effet, dans son intégrité ; mais, en raison de sa sécheresse, elle doit être remise, après la formation de l'image à la chambre noire, dans un bain faible d'argent, puis arrosée avec le liquide continuateur, et c'est alors que commencent les déboires. A cause du peu de sensibilité, il faut exciter le développement de l'image par un révélateur énergique, et le collodion résiste rarement à ces épreuves : la couche, au lieu d'être adhérente et parcheminée, n'est plus qu'un composé de poussière fine, qui n'a même pas la solidité des ailes du papillon.

Mais si l'on ajoute au bain d'argent une faible quantité d'acide acétique, la couche du collodion ne subira plus les mêmes influences, et le succès sera égal à celui qu'on peut obtenir par une couche albuminée.

Collodion sec.

Telle était donc notre opinion en 1854, et tous les lecteurs des *quatre Branches de la Photographie* ont vu que, dès 1853, nous avons essayé de traiter le collodion comme l'albumine, et que, jusqu'à un certain point, nous avons réussi ; nous disons jusqu'à un certain point, parce que si l'image venait parfaitement, le collodion n'en avait pas moins l'inconvénient de se détacher en séchant. Nous avons repris ces expériences, et nous croyons être arrivé à la meilleure manière, pour ne pas dire au seul mode possible, d'opérer rationnellement et efficacement.

Nous savons bien qu'il y a parmi les opérateurs une sorte de rivalité à l'égard du collodion sec. Chacun en a imaginé et confectionné au moins un auquel il donne un brevet, non seulement de perfectionnement, mais de perfection. Ces prétentions contradictoires ont même donné lieu à d'assez vives polémiques, et chacune des questions de savoir s'il fallait mettre de la résine dans le collodion, le faire dense sans alcool ou avec excès de ce liquide, lequel des deux collodions, parchemineux ou pulvérulent, était le plus impressionnable, chacune de ces questions, disons-nous, a été le texte et le prétexte de discussions interminables et sans issue, sur lesquelles il eût été bien difficile de se former une opinion décisive, ainsi que sur la question de priorité, dont l'amour-propre des opérateurs venait encore compliquer la controverse. Pour nous, qui n'avons formé notre opinion que par le résultat de notre expérience, nous avons la conviction que, de tous ces procédés divers, c'est encore le plus simple qui est le meilleur, celui qui consiste à traiter le collodion comme l'albumine.

Quelle que soit, d'ailleurs, la nature du collodion, soyez persuadé que, s'il est réellement bon à l'état humide, il ne le sera pas moins à l'état sec.

Le bain d'argent seul doit être acidulé. L'agent révélateur peut rester le même que par la voie humide.

Voici la formule que nous employons pour composer le bain d'acéto-azotate d'argent :

Eau.	100 gr.
Azot. d'arg.	10 gr.

Quand cette solution est complète, ajoutez-y :

Acide acét.	10 gr.

Sensibilisez le collodion comme à l'ordinaire, et qu'au sortir de ce bain, la glace soit lavée avec soin à l'eau distillée, de telle sorte qu'il ne reste pas la moindre trace d'argent sur la couche.

Le collodion qui aura subi cette préparation possédera une sensibilité assez grande pour donner une épreuve parfaite, après une exposition relativement courte, quel que soit d'ailleurs le temps écoulé entre la sensibilisation de la glace et l'exposition à la chambre noire, ou le développement de l'image ; la durée de l'exposition peut être cinq ou six fois plus grande que lorsque le collodion est à l'état humide. Voici le moyen le plus sûr pour obtenir un cliché sans tache et parfaitement venu :

Versez, dans une cuvette, une solution d'acide gallique saturée, à laquelle vous ajouterez une partie du bain d'acéto-nitrate d'argent, égale au dixième environ de la quantité de la solution, soit :

Solution saturée d'acide gallique.	100 c.c.
Bain d'acéto-nitrate.	10 c.c.

Plongez la glace dans ce mélange, faites osciller la cuvette pendant quelques minutes, sans jamais laisser la couche à découvert. Si l'image tarde trop à se développer, retirez-la de ce bain pour la soumettre au bain ordinaire d'acide pyrogallique additionné de quelques gouttes de solution d'acéto-azotate d'argent. L'image alors se développera rapidement et donnera un cliché translucide qui, pour le ton comme pour la ténacité du collodion, se rapprochera de l'albumine et ne laissera réellement rien à désirer.

L'on peut encore obtenir un excellent résultat en plongeant la glace dans un bain faible d'argent après l'exposition dans la chambre noire, et en le traitant comme le collodion humide pour le développement de l'image. (Acide pyrog.)

Le problème du collodion conservé humide et celui du collodion sec sont donc résolus ; désormais, en augmentant son bagage de quelques châssis de plus, le photographe touriste sera toujours sûr de rapporter, avec ses impressions de voyage, les images des sites et des monuments qui les auront fait naître et qui doivent servir à les réveiller.

Pour l'amateur photographe, tous ses beaux rêves de voyages illustrés n'ont été, jusqu'à ce jour, que châteaux en Espagne. Après avoir dépensé son temps, sa peine et son argent à prendre des leçons de photographie, à courir les forêts et les villes pour faire des clichés sur albumine et sur papier sec, il rentrait le plus souvent au logis sans avoir sur ses glaces ou sur ses papiers le plus petit site, la moindre pointe de clocher.

Grâce à la simplicité du procédé sur collodion sec, grâce à la solution du grand problème de la conservation de la couche sensible, il sera donné à chacun de réussir complétement sans embarras, presque sans soins, et de recueillir en très peu de temps une grande quantité de clichés toujours fort remarquables.

CHAPITRE XI

Manière de rendre le collodion photogénique. Objets et substances nécessaires pour cette opération.

Un mortier et son pilon, en cristal ;
Un flacon d'alcool de vin à 36°, 100 cc. ;
Un flacon d'iodure de potassium, 5 gr. (1) ;
Un vase gradué en centimètres cubes ;
Un entonnoir et son filtre, destinés exclusivement à cet usage.

Broyez avec soin l'iodure de potassium et mettez-le dans l'alcool ; agitez et laissez reposer. Filtrez ensuite en décantant.

Cette solution prend le nom d'*alcool ioduré*, ou *liqueur génératrice*, ou alcoolat d'iodure de potassium.

---

(1) L'alcool à 36° dissout à peu près 4 1/2 pour cent d'iodure de potassium ; n'en préparez que pour les besoins d'une quinzaine ou d'un mois tout au plus. Abandonnez l'iodure de potassium suriodé ; presque toujours il contient trop d'iode, ce qui retarde énormément l'action.

Formule.

Collodion chimique.	40 cent. cubes.
Éther à 56°.	40 —
Alcool ioduré.	20 —

Agitez un peu le flacon dans lequel vous aurez mis ce mélange ; laissez reposer pendant une heure, et filtrez le liquide en laissant le dépôt au fond du vase.

Ou bien, si l'on possède du bon coton azotique, on peut mettre dans un flacon :

Éther à 56°.	80 cent. cubes.
Coton soluble.	1 gr. 1/2.
Alcool ioduré.	20 cent. cubes.

Agitez ce mélange, le collodion prendra bientôt une belle couleur ambrée, la couleur de l'huile d'olive ; trois heures après, il y aura combinaison et dépôt ; vous pourrez séparer alors la partie claire, en la filtrant avec soin. Sans cette précaution, le dépôt pulvérulent, en suspension dans le liquide, pourrait passer à travers le filtre et donner une couche pointillée.

Les deux formules que nous venons de donner n'en font qu'une en définitive. Le collodion normal du commerce possède une densité qui varie avec la quantité de coton-poudre dissous dans l'éther. Il est généralement fait dans les proportions de 3 de coton sur 100 d'éther en poids (1). Or, nous avons dit que des volumes égaux d'éther et de collodion normal répondaient à la formule :

| Éther. | 80 cent. cubes. |
| Coton. | 1 gr. 1/2. |

Nous donnons donc, quant à la fluidité, un dosage que nous n'avons pas la prétention de regarder comme rigoureux ; ajoutons même que, dans le cas où l'on voudrait transporter la couche impressionnée

---

(1) Pour abréger les opérations on se sert d'éprouvettes ou verres gradués dont chaque division correspond à un centimètre cube. Ce procédé est fort commode pour les liquides, car il est beaucoup plus facile de les mesurer que de les peser.

L'on doit avoir trois verres gradués : l'un destiné à l'eau distillée, l'autre pour mesurer l'alcool ioduré, l'éther et le collodion ; le dernier, plus petit, est réservé à l'acide acétique.

En remplaçant la pesée des liquides par des déterminations en volume, il a fallu tenir compte de la différence qui existe entre les poids des divers liquides.

Le gramme d'eau distillée correspond seul exactement à un centimètre cube, et nous pouvons dire indistinctement : un gramme ou un centimètre cube d'eau. On ne peut pas dire la même chose de l'éther, du mercure, dont les poids spécifiques diffèrent énormément du poids de l'eau distillée.

sur papier, il faudrait augmenter la dose de collodion normal si les dosages indiqués ne présentaient pas assez de cohésion; du reste, les collodions du commerce sont en général faits avec excès d'alcool, et il est rare de réussir un transport avec ces produits; ils sont même très décomposables, et, vingt-quatre heures après leur mélange avec la *liqueur génératrice*, ils commencent à rougir, parce que le coton azotique dont ils sont composés n'est pas toujours bien réussi, et qu'il ne se dissout guère que par l'addition d'alcool. Les chimistes qui travaillent pour la photographie ne se font pas, faute d'alcooliser fortement leur collodion, qui devient ainsi très limpide : il prend alors un aspect magnifique, mais il perd en qualité ce qu'il gagne en transparence.

Aussi, nous ne craignons pas de le répéter, le succès des opérations tient principalement à l'absence de l'alcool dans le collodion normal, et aux soins que l'on a pris pour débarrasser complétement le coton azotique de toute trace d'acide ou de sulfate de potasse.

Du reste, que vous ayez préparé vous-même le coton azotique, ou que vous ayez pris le collodion tout fait, ce dernier n'en sera pas moins d'une densité variable, non seulement à cause de la quantité et de la nature des produits qui le constituent, mais encore par suite de la température extérieure ; en sorte que, chaque jour après le travail, chaque jour avant de se mettre à l'œuvre, il faudra faire subir au collodion photographique les modifications que nous allons indiquer plus loin.

Il arrivera souvent, ainsi que nous l'avons dit, qu'en raison de la diverse nature des différents collodions chimiques, les préparations photogéniques obtenues par un même dosage ne seront pas identiques : elles seront plus ou moins denses, plus ou moins chargées d'iodure, etc., etc. ; dans le cas d'un collodion photogénique trop dense, coulant difficilement sur la glace, l'opérateur pourra y ajouter quelques grammes d'éther et quelques gouttes d'alcool ioduré.

Si le collodion était trop fluide, coulant avec trop de facilité, il faudrait y ajouter quelques grammes de collodion chimique et d'alcool ioduré. Il peut se faire aussi que le collodion photogénique, amené au point de fluidité convenable, laisse à désirer quant à l'ioduration (1).

(1) La quantité de liqueur génératrice qu'il faut introduire

Si, plongée dans le bain d'argent, la couche devient d'un blanc *pâte de papier*, sans transparence, le collodion est trop chargé d'iodure ; si, au contraire, la couche reste d'un bleu pâle, le collodion manque d'iodure : dans le premier cas, quelques grammes de collodion chimique et d'éther; dans le second, quelques grammes d'alcool ioduré suffiront pour rendre parfait le collodion photogénique.

Mais comment, dira-t-on, peut-il y avoir excès de telle ou telle substance ? Nous avons déjà répondu à cette demande : le coton-poudre n'est pas toujours également bien réussi ; on n'emploie jamais les éthers et les alcools au même degré, et l'alcool saturé d'iodure peut être saturé plus ou moins complétement : plus l'alcool est faible, plus il peut dissoudre d'iodure, car l'eau distillée dissout parfaitement l'iodure de potassium, tandis que l'alcool anhydre ne le dissout pas du tout. Tout cela n'a cependant pas une fort grande importance : l'opérateur ayant toujours sous la main un flacon d'alcool saturé d'iodure

---

dans le collodion est de 1/4 en hiver, en été elle peut être de 1/5 ; ainsi :

Collodion normal.	40 cent. cubes.
Éther.	40 cent. cubes.
Liqueur génératrice.	20 ou 18 ou même 16 c.c.

de potassium, le remède est ainsi placé à côté du mal, et ce remède, on sera quelquefois obligé de l'employer, si l'on veut avoir toujours de beaux résultats.

Il n'est plus permis, aujourd'hui, d'en douter ; le collodion ne conserve pas longtemps sa même valeur photogénique ; il est donc prudent de n'en préparer que pour les besoins de la journée ; après ce temps, sa sensibilité peut décroître ; il est pourtant des exemples du contraire ; nous avons obtenu de fort belles épreuves, et presque instantanées, avec des collodions vieux de trois mois (1). Mais hâtons-

(1) Le photographe qui opère tous les jours ne doit jamais avoir de vieux collodions. Voici le moyen d'employer cette substance toujours dans de bonnes conditions ; s'il a préparé 100 cent. cubes de collodion photogénique et qu'il n'en ait employé que 60 cent. cubes, il aura un résidu de 40 cent. cubes, qui sera évidemment d'une densité plus grande et plus chargé d'iodure ; le collodion qu'il préparera le lendemain devra donc être modifié de telle sorte, qu'étant moins dense et moins ioduré, il puisse être mêlé avec celui qui a déjà servi, pour reconstituer les proportions de notre formule. Ainsi on réunira, par exemple, au collodion de la veille :

        Collodion normal.   30 cent. cubes.
        Éther.   50 cent. cubes.
        Alcool ioduré.   16 ou 18.

nous de le dire, la lumière nous avait secondé, et pour un opérateur qui se trouverait en Egypte, par exemple, il n'y aurait pas de vieux collodions. Dans le Nord, et surtout en hiver, il faut faire peu de collodion à la fois; c'est une condition de succès.

Lorsqu'un opérateur a beaucoup d'épreuves à faire, il doit régler ainsi sa journée : dès le matin, il versera, en les filtrant, environ vingt grammes de collodion dans chacun des petits flacons qui lui servent pour le répandre sur la glace; il doit en avoir presque autant qu'il a de glaces à employer; nous disons presque, car chaque flacon ne doit pas servir à plus de deux glaces : en effet, la constitution chimique du collodion changeant à chaque opération, parce que l'éther s'évapore, parce que les poussières disséminées dans l'air tombent dans le liquide, etc.; si l'on se servait toujours du même flacon, on ferait des épreuves de plus en plus mauvaises. A la fin de la journée, il doit remettre tous les résidus dans le flacon mère, en y ajoutant quelques grammes d'éther et d'alcool ioduré; le lendemain, il filtrera de nouveau et il retrouvera ainsi toujours le collodion dans les mêmes conditions de fluidité, de propreté et de bonté.

Nous appellerions volontiers *collodion photogra-*

phique normal le collodion préparé avec l'iodure de potassium seul : en effet, l'iode est essentiellement la substance génératrice de l'image, et, en l'employant simplement sous forme d'iodure de potassium dans les proportions assignées, on est certain d'obtenir toujours de belles épreuves (1).

Cependant, les premiers auteurs qui ont traité de la photographie ne l'avaient point jugé ainsi ; ils avaient conseillé l'iodure d'argent liquide, et même l'iodure de fer, comme agents accélérateurs ; leur avis fut suivi pendant longtemps ; plus tard, on a renoncé presque universellement à l'iodure d'argent, l'iodure de fer compte encore quelques partisans. Ce sel est-il réellement accélérateur ? ou, plus généralement, est-il vrai que telle ou telle substance introduite dans le collodion photographique normal le rende plus sensible ? Cette grande sensibilité, attribuée à tel agent chimique en vogue, n'est-elle pas plutôt le résultat des soins extrêmes apportés par l'opérateur à la mise en pratique des formules ordinaires, à l'obscurité complète du laboratoire, à la rapidité avec la-

(1) Les iodures d'ammonium, de zinc, etc., sont des produits peu fixes et donnent des résultats peu constants.

Les bromures modifient les propriétés des iodures, mais ne produisent pas les effets qui leur ont été attribués.

quelle il a opéré, à son tour de main ; enfin, au concours de ces petits riens qui, en tout, font les grandes réussites? Il est pourtant incontestable qu'on peut accroître la sensibilité du collodion en augmentant la dose de l'éther et celle de l'alcool, par la raison très simple que, dans le bain d'argent, il se charge moins d'iodure d'argent, qu'il reste maigre et, par conséquent, plus perméable à la lumière et aux agents révélateurs. Mais, disons-le bien vite, tout portrait obtenu instantanément ou dans un temps trop court sera forcément incomplet (1) ; il manquera indubitablement de cette expression exacte et fidèle, de cette gradation par des nuances infinies d'ombre et de lumière, de ce relief profond, de cette vigueur, qui sont le cachet d'une belle épreuve.

Un collodion photographique *normal*, au contraire, fait d'après notre formule simple, qui aura pris dans un bain d'argent une belle couleur opaline, irisée, uniforme, sera infailliblement bon ; il sera sensible, presque au même degré que le collodion dit *instantané*.

---

(1) Plusieurs conditions sont indispensables pour obtenir l'effet de l'instantanéité : collodion vierge et nouveau, grande lumière, objectif à court foyer, etc., etc.

Que le photographe ne coure donc pas après l'instantanéité, c'est par une exposition relativement longue qu'il obtiendra les plus beaux résultats, et, lorsqu'il montrera de belles épreuves, personne ne sera tenté de lui demander le temps qu'il a mis à les faire.

Il faut aussi que la glace soit préparée dans une obscurité absolue, que la petite lampe du laboratoire soit entourée d'un papier ou d'un verre rouge, que la glace soit plongée humide dans le bain d'argent, que l'appareil disposé d'avance reçoive immédiatement la glace sensibilisée, qu'elle soit sans retard soumise aux agents révélateurs, en un mot, que le cliché soit fini en moins de temps qu'il n'en faut pour lire ces lignes.

Nous avons dit que les collodions photogéniques tendaient à se décomposer; cette tendance se manifeste surtout dans des circonstances particulières d'atmosphère et de milieu, sans qu'on puisse l'attribuer à un défaut de bouchage des flacons qui les contiennent.

Le collodion photographique ne résiste pas aux cahots du voyage, et le meilleur arrivera toujours en très mauvais état au lieu de sa destination. Il faut donc le demander au commerce d'une fluidité convenable, par flacons de 80 c. c., accompagné d'un flacon contenant 20 c. c. de liqueur génératrice.

Liqueur génératrice au bromure de cadmium pour la deuxième formule.

Faites dissoudre dans :

> 100 c.c. alcool de vin à 38°.
> 1 gr. iodure d'ammonium.
> 4 gr. iodure de potassium.
> 2 gr. bromure de cadmium.

Filtrez vingt-quatre heures après.

Collodion photogénique suivant la deuxième formule (1).

> Collodion normal.   40 c.c.
> Éther à 56°.   60 c.c.
> Liqueur au cadmium. 12 c.c.

(1) Par cela même que ce collodion est plus sensible que celui de la première formule, et tend, nous le répétons, à donner au cliché la plus déplorable uniformité de ton, il ne convient nullement avec une grande lumière ou une forte chaleur; mais, en hiver et dans les jours sombres, il fonctionne vite et bien. — Seulement, comme il a peu de densité, le cliché a souvent besoin d'être protégé par un vernis.

Vous pouvez, ainsi que nous l'avons dit, augmenter la sensibilité du collodion, en le faisant moins dense, — et modifier ainsi la formule :

Collodion normal.	35 c.c.
Éther à 56°.	65 c.c.
Liqueur au cadmium.	14, 15 ou 18 c.c.

Liqueur génératrice à l'iodure de cadmium pour la troisième formule.

Faites dissoudre dans :

200 c.c. Éther à 56°.
1 gr. 50 iodure de cadmium.

Filtrez vingt-quatre heures après.

Collodion photogénique suivant la troisième formule.

Collodion dense.	40
Éther à 56°.	40
Liqueur génératrice à l'iodure de cadmium.	20

Il y a lieu de faire ici les mêmes remarques que pour les précédentes formules.

Si l'iodure de cadmium est bien fait, ce collodion sera très sensible, et il se conservera longtemps sans altération.

L'on peut aussi introduire l'iodure de cadmium directement dans le collodion, — soit :

Collodion normal.	50 c.c.
Éther à 56°.	50 c.c.
Iodure de cadmium.	75 centigr.

Nous pourrions, sans doute, réfuter les objections qui peuvent être faites au sujet des différents bains à employer avec ces trois différents collodions ; nous dirons seulement qu'un bain neuf de 4 ou 6 p. 100 est ce qui nous a le plus constamment et le mieux réussi, quelle que soit la formule employée ; et que ce même bain, cût-il déjà servi à sensibiliser tel ou tel collodion de telle ou telle formule, ne nous a pas moins donné d'excellents résultats. Nous avions pensé, de prime abord, que la base d'un iodure abandonnée dans le bain d'argent, quelle qu'elle soit, ne devait influencer en rien la formation de l'iodure d'argent, et les faits sont venus confirmer cette opinion et lui donner, en quelque sorte, la consécration de l'expérience.

Il faut donc en conclure, qu'en prenant les précautions décrites à l'article *bain d'argent négatif*, un seul bain suffit, quelle que soit, d'ailleurs, la nature de l'iodure employé.

NÉGATIF SUR COLLODION

MANUEL OPÉRATOIRE.

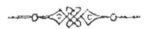

Décaper la glace. Objets et substances nécessaires à cette opération (1).

PREMIÈRE OPÉRATION

Acide nitrique ;
Craie Lévigé ;
Chiffons de linge.
Lorsque la glace a déjà servi, qu'elle a été impres-

---

(1) L'épreuve se produit tout aussi bien sur verre que sur glace, et il y aurait certainement une grande économie à n'employer que du verre ; mais comme ce dernier n'est jamais parfaitement plan, il serait presque inévitablement brisé à la première épreuve positive ; on ne peut donc guère l'employer que pour des positifs directs *.

(*) Notre maison de commission se charge d'expédier toutes sortes de glaces, verres, cuvettes et accessoires pour la photographie, aux prix des fabriques de Paris. — Nous donnerons, à la fin du volume, un aperçu des prix des objets et substances les plus employés en photographie.

sionnée, il faut la plonger dans l'eau acidulée (50 d'acide nitrique, 50 d'eau) (1), la laver, la rincer et la laisser sécher. Si elle est neuve, ou bien si elle a subi déjà ce premier lavage, il faut la décaper avec un tampon de vieux linge imbibé d'eau et de craie. On peut employer le blanc de craie Lévigé de cette manière : Mettez-en quelques grammes dans un vieux linge, et faites un nouet. Promenez-le sur la glace avec quelques grammes d'eau, et frottez pendant une ou deux minutes; posez la glace et laissez sécher le blanc; passez de suite à une autre. Lorsque le blanc est sec, reprenez la glace et frottez-la avec un tampon de peau de daim, pendant une ou deux minutes. — Terminez avec un tampon de linge sec et propre. — Essuyez fortement les épaisseurs. On peut s'assurer du degré de propreté d'une glace en soufflant dessus; l'haleine condensée devra offrir une couche homogène d'un gris perle sans tache ni rayures.

Le linge est préférable au papier Joseph, qui abandonne trop de peluches; les poudres de tripoli, etc.,

---

(1) Quelques glaces excessivement poreuses conservent encore, même après l'action de l'eau acidulée, de petites réductions métalliques; ce sont autant de petits trous d'un blanc d'argent poli. Un frottis à l'acide nitrique pur les fait disparaître.

doivent être mises de côté ; elles dépolissent le verre et se logent presque toujours dans les pores ; le coton en rame, dans les temps chauds surtout, se colle au verre ; il est difficile de l'en détacher.

On doit polir d'avance, le matin, la veille même, la quantité de glaces nécessaires ; elles se conservent bien pendant plusieurs jours.

Si la glace est mal décapée, elle se maculera de taches claires sous la réaction acide ; si la glace a été mal lavée, à l'eau acidulée, elle pourra conserver des réductions métalliques, qui, loin de disparaître au frottage, résisteront et prendront l'aspect brillant du métal ; si elle est mal séchée, le collodion pourra se détacher dans le bain, ou bien la partie restée humide prendra une teinte inégale d'iodure d'argent.

L'importance du polissage a été peut-être exagérée ; cependant, il faut, dans tous les cas, que la glace soit très pure et très sèche (1). Avant de verser le collodion, il faut l'épousseter avec un pinceau en poils de putois ; les poussières qui sont restées adhérentes après le polissage feraient autant de taches ou de trous.

(1) Nous avons renoncé aux alcools et à l'ammoniaque. — L'eau et le blanc, voilà ce qui nous a le mieux réussi.

CHAPITRE XII

Collodionner la glace et la sensibiliser. Objets et substances nécessaires à cette opération.

Un châssis porte-glace de la chambre obscure ;
Un flacon de collodion photogénique ; .
Une boîte garnie de glaces propres ;
Un pinceau à longs poils ;
Une cuvette plate à bords élevés ;
Un crochet en argent ;
Un bain d'argent (1) ;
Papier buvard.

Avant de collodionner la glace, disposez conve-

---

(1) Bain d'argent négatif :

Eau distillée.	100 gr.
Azotate d'argent.	4 à 5 gr.

Lorsque ce bain neuf a sensibilisé une dizaine de glaces, il est bon de l'enrichir de 2 pour 100 d'azotate d'argent et de continuer à maintenir dans la cuvette la même quantité de cette solution, en y ajoutant un bain nouveau dans la proportion de 7 pour 100. Ce bain doit être filtré après qu'il a sensibilisé trois ou quatre glaces.

PHOTOGRAPHIE SUR COLLODION. 249

nablement tous les objets nécessaires à la production du négatif.

Filtrez le bain d'argent dans la cuvette; préparez du papier buvard, etc.

Donnez la première direction à la chambre noire, placez le modèle, mettez au point, etc.

Prenez un angle de la glace avec la main gauche, entre l'index fermé et le pouce allongé ; tenez-la horizontalement, enlevez les poussières avec le pinceau, versez le collodion (1) sur l'angle opposé en petit filet continu et à 3 centimètres des bords; faites en même temps un mouvement imperceptible de la main gauche pour attirer le collodion, d'abord vers

---

(1) Cette petite manœuvre, dont la description paraît longue et embrouillée, n'est absolument rien dans la pratique. Après quelques heures, l'opérateur sera familiarisé avec ce tour de main, et il collodionnera très aisément les glaces du plus grand périmètre. Si c'est une glace de 40 cent., il pourra appuyer l'angle diagonalement opposé au pouce de la main gauche, sur un petit support disposé à cet effet; nous pensons même qu'on peut s'en dispenser ; le goulot du flacon fera le même office quand il recevra l'excès de collodion. Les planchettes porte-glace, les tubes de gutta-percha, etc., ne sauraient convenir au collodion qui demande une exécution propre et rapide ; laissons le tube-manche en gutta-percha à l'albumine, qui ne saurait s'en passer.

le corps, puis vers le pouce, mais sans qu'il vienne le toucher, ensuite vers le bord gauche de la glace jusqu'à l'angle opposé, puis enfin vers l'angle droit; il faut que le collodion y arrive vite (pas trop cependant, des moutonnages (1) se produiraient); recevez l'excès du liquide dans le flacon, en posant sur le goulot l'angle de la glace; avant que la dernière goutte ne soit tombée, posez le flacon et prenez l'autre angle de la glace (2) avec l'index et le pouce de la main droite, l'index du côté du collodion; posez la glace verticalement, afin que toutes les rides diagonales disparaissent. Assurez-vous, en passant le revers du doigt sur l'épaisseur de la glace, qu'il n'y a plus d'humidité. Prenez la glace avec la main droite, les quatre doigts en dessous, le pouce appuyé sur l'angle que la main gauche abandonne; tenez-la ho-

(1) Lorsque la glace est ramenée trop vivement vers la verticale, le collodion se précipite et procède justement comme les vagues de la mer. Comme ici c'est un corps épais qui ne coule pas vite, il ne faut donner à la glace que la pente nécessaire; mais, de même que c'est une erreur d'aller trop vite, c'en est une autre que d'aller trop lentement, surtout en été.

(2) Cet angle a dû rester aussi sans collodion, et c'est par ces deux angles libres que l'opérateur prendra toujours la glace dans les opérations suivantes; précaution indispensable pour ne pas faire de taches au cliché.

rizontalement, le collodion en dessus ; soulevez avec la main gauche la cuvette du bain d'argent, de manière à rejeter le liquide de l'autre côté ; posez la glace sur le haut de la cuvette, accompagnez-la avec le doigt près du liquide, et laissez-la tomber en amenant le bain dans une situation horizontale, afin que le collodion soit instantanément couvert et sans solution de continuité : le liquide doit être assez abondant pour noyer entièrement la couche de collodion qui recouvre la glace (1). Imprimez un léger balancement à la cuvette, afin que la nappe liquide, passant et repassant sur le collodion, lui enlève son aspect gras : 100 ou 150 secondes suffisent pour cette opération, mais un séjour plus prolongé ne saurait nuire ; soulevez la glace avec un crochet d'argent, prenez un petit carré de papier buvard, appliquez-le sur l'angle qui est sans collodion et des deux côtés de la glace ; prenez-la par cet angle, frappez un peu l'angle diagonalement opposé, pour déterminer les premières gouttes à tomber ; mettez-la dans un

---

(1) Si la cuvette ne contient pas assez de liquide, la partie de la couche de collodion qui reste nue se macule de petites taches rondes et oblongues par le retrait du bain qui, dans ces parties, ne permet pas la formation de l'iodure d'argent.

châssis, couvrez-la d'une feuille de papier buvard. Portez le tout dans la chambre noire (1).

(1) Nous recommandons, une fois pour toutes, de se tenir dans une obscurité absolue pour les préparations où il entre du nitrate d'argent. Une petite lampe suffit pour éclairer l'opérateur. Si nous insistons sur la nécessité d'une lampe, c'est que le jour, tamisé par les verres jaunes, ne saurait la remplacer; c'est qu'elle est indispensable dans tous les cas, et que c'est le seul moyen qui permette de suivre le développement de l'image. Le collodion, au sortir du bain d'argent, doit être d'une couleur opaline, légèrement irisée, de teinte uniforme et sans tache, vu par transparence; s'il offre des inégalités dans la couche ou des taches, on doit mettre la glace au rebut et ne pas faire l'épreuve.

CHAPITRE XIII

Exposition dans la chambre noire. Objets et substances nécessaires à cette opération.

DEUXIÈME OPÉRATION

Une chambre noire sur son pied (1);
Un appui-tête;
Un siége;
Une table, rideaux, vases, jardinière, colonne, etc.; petit mobilier, afin de ne pas avoir un fond trop nu.

Disposez avec intelligence, agencez les rideaux, distribuez la lumière plutôt également (on pèche souvent par des oppositions trop fortes); remettez soigneusement au foyer. Évitez de placer les mains et les genoux du modèle trop en avant, etc.

---

(1) Nous donnons la préférence à la chambre à soufflet, comme étant plus solide, plus commode à mettre au foyer et plus portative. Notre planche à coulisse sur galets joint l'élégance et la solidité à la modicité du prix; notre pied porte-appareil d'atelier à crémaillère et à pédale est aussi d'une élégance et d'une solidité à toute épreuve.

L'on ne pourrait déterminer que très arbitrairement le temps de la pose ; nous devons donc nous borner, à cet égard, à quelques indications au moyen desquelles l'opérateur intelligent parviendra bientôt à discerner la durée relative qu'il convient de donner à ses différentes opérations. Qu'on se rappelle seulement que l'image négative sur collodion ne se solarise pas aussi vite que celle qui est formée sur plaqué d'argent, et que, par conséquent, il vaut mieux prolonger le temps de la pose que de trop l'abréger.

Essayons pourtant de préciser et de résumer nos observations à ce sujet, observations qu'une longue expérience nous a permis de poser à l'état de règles pratiques. En pleine lumière directe, avec un objectif à portrait, on peut obtenir instantanément tous les objets à grande distance : mer houleuse, vaisseaux agités, troupes en marche, processions, etc. (1) ; avec l'objectif à paysage et dia-

---

(1) A Dieppe, pendant la saison des bains, un peintre distingué, opérateur photographe habile, M. Jujelet, un de nos élèves, fait tous les ans une quantité considérable de portraits instantanés : — familles entières, en calèches attelées, amazones et jeunes gens à cheval, enfants à âne ou sur les bras de leurs bonnes, debout ou jouant ; tout le personnel des bains

phragmé, l'on doit, pour saisir les ciels nuageux, opérer instantanément.

En rapprochant les distances, mais toujours en pleine lumière, on peut aussi obtenir instantanément un portrait de quelques centimètres de hauteur, tandis qu'il ne faut pas moins de 2 à 4 secondes pour un portrait sur grande plaque normale, dans les mêmes conditions de lumière. Un monument blanc ou de couleur claire se reproduit en 25 ou 30 secondes avec l'objectif simple; le paysage vert en demande 50 ou 90; la gravure et les reproductions, nous le répétons, exigent de 5 à 10 minutes de pose, et parfois davantage, suivant la distance de l'objectif au sujet. Du reste, la couche sensible est d'autant plus rapidement impressionnée, que l'on opère à une plus grande distance du sujet, et elle l'est d'autant plus fortement que le sujet est plus lumineux.

pose, sans le savoir, devant l'objectif; et, quelle qu'ait été la rapidité des mouvements, le collodion a tout retenu. Nous avons attentivement examiné ces belles épreuves, qui ont toutes été faites avec le collodion à l'iodure de potassium exclusivement, formule unique de notre traité, *les Quatre Branches de la Photographie*, et nous pouvons affirmer que, pour la belle venue, la propreté et le modelé de l'image, elles ne laissent rien à désirer.

Prescriptions.

Placez le modèle très exactement au foyer (1), sur la glace dépolie. Si c'est une femme, et qu'elle porte une robe rayée, à carreaux, faites en sorte que, le corps étant de profil, l'ensemble de la robe soit également au foyer. Faute de prendre cette précaution, une grande partie de cette robe semblera composée de carreaux de toutes dimensions, ce qui donnera à ce vêtement l'aspect le plus bizarre et le plus disgracieux. Nous ne partageons pas l'opinion de certains *amateurs*, qui s'imaginent qu'il faut faire des sacrifices, et qui veulent obtenir du *flou* à tout prix et à peu près partout; une seule partie nette du visage leur suffit. Ils confondent la peinture avec la gravure et la photographie, dont les conditions ne sont nullement identiques. Le flou du peintre ne peut être le flou du *photographe;* personne ne devrait ignorer cela. Dans les premiers temps, l'optique ne répondait pas aux exigences de l'art photographique ; c'est pourquoi les objectifs de Vienne, malgré leur défaut

---

(1) C'est toujours sur la ligne de paupière que doit être le foyer.

PHOTOGRAPHIE SUR COLLODION. 257

bien connu et leur prix excessif, ont fait faire une si belle fortune à Voigtlander (1).

Disposez tous les détails avec soin, avec intelligence; agencez bien les rideaux, distribuez la lumière de façon à ce qu'elle s'étende partout à peu près également; on pèche le plus souvent par des oppositions trop fortes; évitez de placer les mains du modèle trop en avant; veillez à ce que la moindre lumière ne pénètre dans le châssis ou dans la chambre, ce qui peut arriver en ajustant le châssis ou en ouvrant le volet. Si ce volet est à coulisse, faites-le glisser lentement, doucement, afin que les grains de poussière qui, malgré toutes vos précautions, pourraient s'y trouver, ne tombent pas sur la couche sensible, — ce qui amènerait, sous l'agent révélateur, autant de petites taches noires de toutes formes. Craignez moins les poses trop longues que les poses trop rapides.

Retirez le châssis de la chambre avec les mêmes précautions, rentrez dans le laboratoire, et développez l'image.

---

(1) Aujourd'hui, les objectifs français bien choisis ne laissent rien à désirer et sont, de beaucoup, préférables aux objectifs allemands, toujours entachés du défaut de double foyer et de déformation.

CHAPITRE XIV

Développement de l'image. Objets et solution nécessaires à cette opération.

TROISIÈME OPÉRATION

Un verre à bec pour arroser l'épreuve (1);
Un flacon contenant :

1re Solution (2) { Eau distillée. 100 gramm. \
Acide pyrog. 1/4 — } pendant les jours d'hiver.
Acide acétique. 2 c. c. }

Un flacon contenant :

2e Solution { Eau distillée. 100 grammes.
Nitrate d'argent. 2 —

Eau ordinaire pour lavage.

---

(1) Ce vase, de forme élégante et commode, est en gutta-percha ; nous en avons fait fabriquer de toutes les grandeurs.

(2) Cette solution faible nous paraît plus convenable pendant l'hiver ; en été, il sera bon d'avoir une solution plus forte :

Eau distillée. 100 grammes.
Acide pyrogallique. 1/2 —
Acide acétique. 2 à 4 c. c.

Pour une glace normale, mettez environ 25 centimètres cubes de la première solution dans le verre à arroser, tenez la glace horizontalement, comme pour la collodionner (1); répandez le liquide sur la couche impressionnée, de telle sorte que la surface en soit entièrement couverte, sans solution de continuité (2); maintenez la glace ainsi horizontale pendant quelques secondes, l'image doit commencer à

(1) On pourrait placer la glace sur un support à niveau pour la soumettre à l'action de l'agent révélateur; c'est le mode suivi par quelques photographes, qui redoutent les taches aux mains, sans songer à celles qui, par ce moyen, se produisent infailliblement sur le cliché. — Notre manière d'opérer a pour but d'empêcher ces taches de se former, et de juger à chaque arrosage le point juste du développement de l'image, afin de pouvoir arrêter à temps l'action de l'agent révélateur.

(2) Pour les glaces de grande dimension, alors qu'il est difficile de répandre le liquide révélateur sans solution de continuité, on peut commencer le développement dans une cuvette, et procéder de la même manière que pour plonger la glace dans le bain d'argent; à cet effet, on prépare un bain d'acide pyrogallique faible :

Eau.	600 grammes.
Acide pyrogallique.	1 —
Acide acétique.	6 c. c.

ce qui ne dispense pas de la solution ordinaire pyrogallique.
Lorsque la glace a été immergée dans ce bain, et que l'image

paraître : faites rentrer le liquide dans le verre, et versez-le de nouveau *immédiatement* (1) sur le collodion ; renouvelez cette manœuvre jusqu'à ce que l'image soit entièrement développée. Si vous avez au-dessous, mais un peu plus loin, votre petite lampe, vous pourrez juger de la venue de l'image ; vous la verrez se développer peu à peu, ou très rapidement.

commence à se développer, on la retire, et, comme elle n'est pas assez faite, on active sa venue par la solution d'acide pyrogallique ordinaire, additionnée de quelques gouttes de solution d'argent.

(1) Quand on fait entrer, pour la première fois, le mélange dans le verre, la glace, mise à nu, prend un aspect huileux, le liquide se retire, et l'on voit se dessiner aussitôt des ramifications à la surface de la couche. Ces ramifications feraient autant de taches ; il faut donc se presser et ne pas verser d'abord tout le liquide dans le verre. Après quelques lavages, l'agent révélateur a remplacé l'eau ; il n'y a plus alors aucun danger. Pour mieux s'assurer si l'image est entièrement développée, posez l'angle droit de la glace sur le verre, approchez le cliché de la lampe, à 10 cent. de distance, et observez attentivement. Lorsque l'image se développe vite, comme en été, il vaut mieux laver d'abord l'épreuve, afin d'éliminer l'agent révélateur ; sans cette précaution, l'image passerait au noir et serait perdue. — L'opérateur peut alors, sans inconvénient, regarder l'épreuve et s'assurer si elle est à point ; dans le cas contraire, il faut la soumettre de nouveau à l'agent révélateur. Répétons encore qu'un cliché dépassé ne saurait être affaibli, tandis que nous avons le moyen de renforcer un cliché faible.

Si l'image est longue à paraître (1), mais que, cependant, elle donne quelque espoir, il faut jeter le liquide, qui se décompose et devient boueux, nettoyer le verre, faire un mélange à peu près égal des solutions n° 1 et n° 2 ; arroser derechef l'image et continuer cette espèce de lavage jusqu'à ce que l'épreuve soit entièrement développée : vous reconnaîtrez que le développement est complet lorsque les linges seront devenus noirs et les autres parties éclairées du modèle relativement sombres. Quand l'image vient très vite, ce qui arrive toujours en été, ou lorsque la pose a été assez longue, il faut se hâter, et, sitôt qu'on voit le blanc des lignes passer au noir, jeter promptement la solution d'acide pyrogallique et arroser la couche avec de l'eau pour arrêter l'action ; sans cela, le cliché deviendrait trop noir ; il serait perdu (2).

---

(1) Il est des cas où l'image se produit si lentement, que l'opérateur voit sur-le-champ qu'il n'en peut guère tirer parti comme négatif ; s'il ne veut donc pas en faire un positif direct, qu'il la mette au rebut.

(2) Aussitôt que la couche est débarrassée de l'agent révélateur, on peut à loisir regarder le cliché et s'assurer s'il est assez venu. — Il est bon de le laver encore un peu, et de le soumettre à l'agent désiodant.

Cependant, il vaut mieux qu'il soit vigoureux que trop faible, pourvu que les tons aient leur rapport naturel, c'est-à-dire les linges noirs, le front, la pommette éclairée, la côte du nez, etc., presque noirs (surtout si le modèle est très blanc) ; enfin, que les habits soient venus avec tous les détails possibles. Un cliché vigoureux donnera toujours de bons résultats positifs; seulement, les positifs seront plus longs à se produire sous l'action des rayons lumineux ; un cliché gris, faible, peu venu, donnera des positifs se produisant trop vite et toujours ternes, sans finesse, ni demi-tons, en un mot, très mauvais.

CHAPITRE XV

Fixer l'épreuve négative. Objets et substances nécessaires à cette opération.

QUATRIÈME OPÉRATION

Bain fixateur (1).

Eau ordinaire. 100 grammes.
Hyposulfite de soude. 50 —
Eau ordinaire pour lavage.

Posez la glace sur un pied de niveau, ou bien tenez-la par un angle, et couvrez-la de cette solution.

La couche, d'un blanc opalin (2), qui montre en-

---

(1) L'on ne comprend pas l'engouement de certains opérateurs pour le cyanure de potassium, engouement qui leur fait donner la préférence à ce poison, sur l'hyposulfite de soude qui est un sel inoffensif. L'hyposulfite de soude n'a aucune action sur l'argent réduit ; celle du cyanure, au contraire, est telle, que l'image peut en être affaiblie et même entièrement effacée ; ce n'est qu'une question de force ou de temps.

(2) La couche n'a pas toujours cet aspect ; le cliché est d'autant plus *limpide* que la lumière a été plus belle et qu'il a

core une image négative, ne tarde pas à se dépouiller, et, à mesure que l'iodure non modifié disparaît, l'image (1), vue par réflexion, passe au positif. Lorsque l'iodure libre a complétement disparu, ce qui est facile à reconnaître en regardant la glace par transparence, lavez-la à l'eau ordinaire, comme précédemment, mais bien plus longtemps. Il s'agit ici de faire disparaître à son tour la solution d'hyposulfite qui, en séchant, ne manquerait pas de cristalliser sur l'épreuve et de la perdre.

Le cliché étant bien lavé, prenez la glace avec la main droite, l'index du côté du collodion par l'angle

---

fallu moins de temps à l'agent révélateur pour le produire. Mais si, en raison d'une lumière insuffisante, l'agent continuateur a dû agir plus longtemps sur cette couche, la couleur opaline disparaît, la couche prend un aspect gris-cendré, terne, qui ne change presque pas au fixage.

(1) Quelques auteurs et bon nombre d'opérateurs pensent qu'un bain d'hyposulfite concentré peut affaiblir l'épreuve, ou même la détruire entièrement ; rien n'est moins à craindre : l'hyposulfite concentré n'a aucune action sur l'iodure décomposé, sur l'argent réduit ; il n'enlève que l'iodure libre, mais rapidement. Avec un bain d'hyposulfite faible, il ne faut pas moins d'un quart d'heure pour dépouiller l'épreuve ; le négatif n'ayant donc rien à craindre de l'action plus ou moins prolongée d'un bain concentré, l'opérateur fera sagement de le laisser agir plutôt plus que moins.

que l'on avait saisi d'abord avec la main gauche en collodionnant, et levez-la perpendiculairement, de telle sorte que le collodion se trouve du côté opposé au corps; dans cette position, votre main étant en bas, l'hyposulfite dont elle est mouillée ne pourra pas tacher le cliché, ce qui arriverait infailliblement si vous opériez d'une autre manière; posez-la glace debout sur ce même angle, appuyée contre un mur et sur un carré de papier buvard, et laissez-la sécher naturellement.

Si vous êtes pressé de faire un positif, tenez le cliché à une certaine distance devant un feu de braise (1).

Il faut, dans tous les cas, que le négatif et le positif soient parfaitement secs, lorsqu'ils seront mis en contact; sans cette précaution, vous perdriez l'un et l'autre.

Lorsque le cliché est sec, enlevez le collodion des deux autres angles et aussi celui des bords de la glace sur une largeur d'environ 5 millimètres; cette précaution est indispensable si vous voulez prendre le cliché impunément, avec des doigts presque toujours imprégnés d'hyposulfite.

(1) Il y a des auteurs qui recommandent la lampe à alcool pour sécher les épreuves. C'est un bon moyen pour casser la glace et perdre le cliché.

Le collodion est une substance moins tenace que l'albumine, aussi doit-on prendre quelques précautions en faisant les positifs ; quelques collodions, surtout ceux qui contiennent beaucoup d'alcool, ceux qui ont été trempés presque secs dans le bain d'argent, ou qui sont venus difficilement sous l'action des agents révélateurs, n'adhèrent pas plus que la poussière des ailes du papillon ; pour ceux-ci, quand on veut tirer un grand nombre d'épreuves, nous conseillerions l'emploi du vernis de MM. Sœhnée frères, cité du Wauxhall, 8.

On étend ce vernis sur l'image négative de la même manière que le collodion, mais en agissant plus rapidement pour éviter les poussières ; et en ayant soin de retourner le collodion en dessous, pendant que le vernis coule encore, appuyez l'angle par lequel s'écoule le liquide sur un carré de papier buvard. Si, quelques instants après, on voyait le vernis se couvrir d'un voile blanchâtre, voile qui ne paraît qu'à une basse température, on l'approcherait d'un bon feu de braise, et il reprendrait sa limpidité. Il est toujours plus prudent de faire chauffer le cliché avant et après l'opération (1).

---

(1) Lorsque le collodion est de bonne nature, qu'il s'argente

sous le frottement, qu'il est tenace enfin, on peut se dispenser du vernis, surtout si le cliché n'est pas destiné à tirer un grand nombre d'épreuves. Nous avons des clichés non vernis qui ont tiré des centaines d'épreuves sans altération, car, il faut bien l'avouer, si le cliché verni gagne en solidité, il perd toujours un peu en pureté. Une autre propriété du vernis, c'est de donner une trop grande translucidité au collodion, de telle sorte, qu'un cliché venu à *point* perdra infailliblement, pendant qu'un cliché heurté (blanc et noir) gagnera au vernissage. En effet, ce dernier étant couvert d'une réduction métallique trop complète, la transmission lumineuse eût été à peu près nulle ; dans ce cas, le vernis lui donnera la translucidité qui lui manque dans les parties noires et n'ajoutera rien à la transparence de celles où la réduction métallique n'est pas trop avancée. Nous pourrions dire en concluant : Ne mettez jamais de vernis sur un cliché parfait.

PHOTOGRAPHIE MONUMENTALE

CHAPITRE XVI

Du moyen de conserver la sensibilité à la couche de collodion. Objets et substances nécessaires à cette opération.

CINQUIÈME OPÉRATION

Un flacon d'eau distillée ;
Un flacon d'hydromélite.

Reprenons la glace au sortir du bain d'argent (*voyez* page 251), ruisselante encore et prête à être mise dans le châssis de la chambre noire.

Le collodion, qui a puisé chimiquement dans le bain d'argent son principe sensible, a aussi enlevé mécaniquement une assez grande quantité de solution argentifère qui, comme nous l'avons déjà dit, détruirait, en séchant, l'iodure d'argent de la couche.

Plongeons donc la glace dans l'eau distillée, agitons la cuvette, changeons cette eau, et recommençons ainsi deux ou trois fois ; finissons en rinçant la glace.

La couche débarrassée ainsi par le lavage, de la solution argentifère superficielle, couvrons-la d'une couche d'hydromélite (1), en suivant la même marche que pour la couvrir de collodion ; seulement, laissons séjourner plus longtemps la nappe liquide sur la glace ; après quoi rejetons l'hydromélite, et posons la plaque debout sur un de ses angles et sur du papier buvard ; ayant laissé égoutter un instant, remettons une seconde couche d'hydromélite, et laissons égoutter de nouveau. Cela fait, si l'on met à l'abri de toute lumière la glace ainsi préparée, elle pourra être conservée pendant plusieurs jours.

Rappelons cependant ici que plus longtemps la glace sera conservée, moins l'iodure sera sensible,

---

(1) On prépare l'hydromélite en faisant dissoudre au bain-marie 100 gr. de miel dans 200 gr. d'eau distillée ; après dissolution, filtrez.

et plus il faudra de soins pour débarrasser la couche de collodion du sirop préservateur qui la recouvre. Ainsi, après vingt-quatre heures de préparation, par exemple, le temps de la pose pour un paysage ne dépassera guère cinq minutes ; il en faudra dix si la glace n'est exposée à la lumière de la chambre noire qu'après quatre ou cinq jours.

Plus on la conserve, et plus la couche sacchareuse se dessèche ; il faut, par conséquent, au moment du lavage, prolonger de plus en plus son séjour dans l'eau tiède ou dans l'eau froide, sous peine de manquer l'épreuve et de perdre le cliché.

Après avoir impressionné la glace dans la chambre noire, prenons les précautions suivantes, avant de faire apparaître l'image : plongeons la glace dans un bain d'eau chaude ou froide, selon la température extérieure et selon l'état de la dessiccation de la couche saccharine, et débarrassons-la entièrement du sirop qui la couvre ; plongeons-la ensuite dans un bain faible d'argent (4 pour 100) (1), puis couvrons-la de la solution d'acide pyrogallique (*voyez*

---

(1) Ou bien encore, en l'absence de ce bain, composons l'agent révélateur de parties égales d'acide pyrogallique et de solution faible d'argent (n° 1 et n° 2. page 258).

page 259), en procédant aux autres opérations comme s'il s'agissait du collodion ordinaire.

Après avoir exposé cette méthode de conservation qui peut rigoureusement suffire à tous les besoins, nous devons expliquer la méthode de M. Taupenot, procédé qui a paru préférable sous certains rapports, quoiqu'il offre un peu plus de difficultés et qu'il demande un peu plus de temps pour se réaliser complétement. Ce procédé consiste en deux opérations bien distinctes, entre lesquelles un intervalle doit s'écouler. La première opération a pour but de sensibiliser la glace collodionnée, puis de lui faire subir plusieurs lavages, comme pour le procédé à l'hydromélite (page 269), et enfin de couvrir la couche de collodion d'une couche d'albumine iodurée (1). Il faut ensuite poser la glace sur un angle et

---

(1) Pour obtenir l'albumine iodurée, faites l'opération suivante : cassez proprement des œufs frais, séparez la glaire du jaune, enlevez le germe, ajoutez à cette glaire un quart de son poids d'eau distillée et 1 pour 100 d'iodure de potassium.

Soit : glaire. 100 gr. ⎫ Battez avec une fourchette d'argent, jusqu'à neige épaisse.
eau. 25 gr. ⎬
iodure de potassium. 1 gr.1/4 ⎭

Laissez déposer : vingt-quatre heures après, le liquide qui est au fond du vase est l'albumine iodurée, propre à couvrir le collodion ioduré.

la laisser sécher à l'abri de la poussière. Après environ six heures, plus ou moins, selon la température, la couche sera sèche et pourra subir l'immersion dans un nouveau bain (1); plongez alors la glace de la même manière que dans le bain d'argent pour le collodion, lavez-la dans une cuvette dans plusieurs eaux, et enfin rincez-la avec soin, puis faites-la sécher à l'abri de toute lumière.

Cette couche se maintiendra sensible pendant longtemps, et aura sur toutes les autres, l'avantage d'être très impressionnable à la lumière, tout en conservant la plupart des propriétés du collodion humide.

Le procédé Taupenot a l'avantage sur le procédé hydromélite, de ne pas retenir les poussières, seule cause de quelques insuccès lorsque l'on fait subir un transport aux glaces, quelque court qu'il puisse être.

Pour faire venir l'image, il suffit de mouiller la glace avec de l'eau avant de la soumettre aux agents

---

(1) Ce bain se compose de :

100 gr. eau distillée,
10 gr. nitrate d'argent,
auquel vous ajoutez 15 gr. acide acétique lorsque l'azotate est dissous.

révélateurs, soit qu'on fasse agir l'acide gallique ou l'acide pyrogallique.

Si vous employez l'acide gallique, ayez soin d'en avoir, saturé d'avance à la lumière directe. Quelques c. c. de cette solution saturée, mêlés à quelques gouttes de solution faible d'azotate d'argent, suffiront au développement complet de l'image. Si vous préférez l'acide pyrogallique, procédez comme avec le collodion; seulement, ajoutez quelques gouttes de la solution faible d'azotate d'argent.

Il nous resterait à indiquer les modifications de toutes sortes que nous avons fait subir à ce procédé, et les essais tentés par nos collègues, tels que collodion non sensibilisé, non ioduré, etc.

Il semble résulter de l'examen des expériences qui ont été faites par plusieurs de ces opérateurs, depuis la publication du système Taupenot, en vue d'en modifier le procédé, que le collodion, ioduré ou non ioduré, sensibilisé ou non, doit communiquer les mêmes propriétés à la couche albuminée sensibilisée. Nous ne pouvons cependant être de cet avis, car nous n'avons jamais pu réussir complétement lorsque la couche de collodion n'avait pas été préalablement sensibilisée. Nous ne mentionnerons que pour mémoire les procédés à la dextrine, à la solution de graine de lin, à la gélatine, etc. Ces divers moyens rentrent tous dans la catégorie des procédés hydromélite ou albumine. Ajoutons toutefois que le procédé à la gélatine nous paraît absolument impraticable.

Nous terminerons l'examen des procédés dits *collodion sec*, dont l'importance a motivé un si long article, par le procédé primitif, celui que, le premier, nous avons employé et décrit, et qui ne nous avait donné d'abord que d'assez médiocres résultats. Il diffère peu du procédé ordinaire du collodion humide; on pourrait même, à la rigueur, l'employer tout à fait de la même manière. Il vaut mieux cependant ajouter au bain d'argent quelques c. c. d'acide acétique, 5 pour 100 à peu près; laver avec soin la glace iodurée au sortir du bain d'argent et terminer ce lavage par un rinçage à grande eau, puis laisser sécher dans une obscurité absolue. Le moyen à employer pour faire apparaître l'image est le même que pour le procédé Taupenot; l'acide gallique et l'acéto-nitrate, l'acide pyrogallique, nous ont aussi parfaitement réussi (1).

(1) Au moment de faire paraître l'image, il sera mieux de faire prendre à la glace un bain d'argent faible (2 pour 100), de quelques secondes.

NOTES

POUR LES NÉGATIFS SUR COLLODION.

NOTE I

De même que la constitution chimique du collodion ioduré est sujette à de grandes variations, de même le bain de nitrate d'argent subit une succession de changements qui peuvent désespérer l'expérimentateur le plus habile et le plus patient.

Pour se rendre bien compte des remèdes à employer dans ces cas si fréquents, il faut s'être appliqué à comprendre la condition dans laquelle se trouve un bain neuf, et avoir étudié les changements qui surviennent à mesure que l'on opère. Un bain neuf est presque toujours acide, ont écrit quelques auteurs ; et, dans cet état, ajoutent-ils, il est peu propre à donner de bons résultats.

Un bain d'argent neuf est, au contraire, presque toujours neutre, et donne en effet d'assez mauvais résultats, tandis qu'un bain qui a sensibilisé une dizaine de glaces, et qui rougit le papier de tournesol, donne de très bonnes épreuves (1). Toutefois, on ne saurait en conclure qu'il devient meilleur en vieillissant ; car, si l'on continuait à s'en servir sans le modifier, on s'apercevrait assez vite qu'il a dégénéré. Et comment en serait-il autrement ? Le bain, qui était neutre d'abord, est devenu acide ; sa constitution chimique a donc dû subir aussi une succession de changements sensibles, à mesure que chaque glace lui enlevait de l'argent en abandonnant de l'alcool, de l'éther, la base de l'iodure, etc. On doit alors, non pas le changer, mais ajouter à ce bain, déjà un peu vieux, une solution d'azotate d'argent au titre de

---

(1) Si la première épreuve est voilée, peu apparente, versez dans ce bain environ 10 pour 100 de collodion ioduré. — Agitez, et filtrez. Si le bain continue à donner des clichés voilés ou trop *opaques*, trempez un agitateur de verre dans de l'acide azotique et mettez-en une ou deux gouttes dans le bain, alors que la température est très élevée ; c'est le seul moyen d'obtenir des clichés translucides.

7 pour 100. Ceci est d'autant plus facile, que si l'on n'a mis dans la cuvette que la quantité de bain nécessaire pour mouiller la glace, on sera forcé pour la noyer d'avoir recours au liquide réparateur. On maintiendra ainsi la solution dans les conditions d'un bain ni trop nouveau ni trop usé, et, par conséquent, dans le meilleur état possible (1).

(1) Nous avons dit que la constitution chimique du bain d'argent changeait après chaque immersion d'une glace ; dans notre première édition, nous avions recommandé le bain faible à 5 pour 100 d'abord, puis le même bain additionné d'une solution à 7 pour 100. Ce procédé est des meilleurs, et ce que nous n'avions fait qu'indiquer jadis, ce que nous n'avions qu'entrevu nous-mêmes, nous l'avons approfondi plus tard, et nous pensons maintenant qu'il n'est pas sans intérêt de consigner ici, dans un tableau très restreint, quelques faits et quelques chiffres qui en diront plus que toutes les hypothèses.

Pour couvrir une glace normale, il faut 6 cent. cubes de collodion ; en calculant sur quelques gouttes perdues, on peut dire que 100 cent. cubes de collodion suffiront à former la couche de 16 glaces. Or, ces 100 cent. cubes contiennent 96 cent. d'iodure de potassium qui, par la loi des équivalents, enlèveront chimiquement 1 gr. d'azotate d'argent, puis mécaniquement 50 cent. cubes d'eau, laquelle eau contient 2 gr. 5 cent. d'azotate d'argent.

En effet, 100 cent. cubes de notre collodion contiennent 96 cent. d'iodure de potassium, et notre bain d'argent neuf, 5 pour 100 ; il est facile de se rendre compte de ce que devient

NOTE 2

On peut régler à peu près de la manière suivante le temps des poses. Ces règles sont inutiles pour le photographe déjà initié, mais elles peuvent avoir quelque intérêt pour le commençant.

Paysage en lumière. — Objectif pour vues, muni de son petit diaphragme, en été, avant midi, une à deux minutes.

un bain après la sensibilisation de 16 glaces, et, en tenant compte de son appauvrissement successif par la perte de l'azotate d'argent, on arriverait à le maintenir toujours au même degré ; mais il faut aussi tenir compte de la loi chimique, et nous voyons que si, par celle des équivalents, le bain qui a sensibilisé 16 glaces normales a perdu chimiquement 1 gr. d'argent pour former 1 gr. 29 cent. d'iodure d'argent, il s'est enrichi en même temps d'une quantité équivalente d'azotate de potasse, richesse qui, à elle seule, constituerait une pauvreté, quand même on voudrait négliger les acides et les autres sels qui concourent à gâter complétement le bain ; car, à la longue, et malgré les précautions indiquées, la solution aqueuse d'azotate d'argent finit par contenir un peu de tout, excepté de ce sel, et l'on comprend que, dans de telles conditions, la réussite devienne impossible.

En résumé, nous disons : 16 glaces qui ont exigé 100 cent. cubes de collodion, contenant 96 cent. d'iodure de potassium, ont enlevé au bain, chimiquement, 1 gr. d'azotate d'argent, et,

Il ne faut pas oublier cependant qu'une pose relativement longue est meilleure.

Portrait. — Objectif allemand, 80 millimètres (grandeur normale).

1° Belle lumière diffuse, 2 à 4 secondes ;

2° Lumière diffuse faible, 5 à 20 secondes.

Avec objectif français, en général, à long foyer, le temps de la pose doit être à peu près double.

---

mécaniquement, 2 gr. 1/2 ; le bain s'est donc appauvri de 3 gr. 1/2 d'azotate d'argent; mais il a perdu aussi 50 gr. d'eau. Abstraction faite des autres substances abandonnées dans le bain par l'immersion des 16 glaces, il faudrait donc, pour le remettre dans les mêmes conditions qu'auparavant, y ajouter environ 50 gr. d'eau, tenant en solution 3 gr. 1/2 d'azotate d'argent. C'est en effet ce que nous avions déjà indiqué, c'est ce que de nouvelles expériences rigoureuses nous autorisent à confirmer. Nous ajouterons cependant, qu'un bain qui a sensibilisé une centaine de glaces, et auquel on a fait subir ces additions successives, n'en est pas moins un bain impropre à donner de bons résultats. Du reste, l'opérateur s'en apercevra bien vite à ces signes : la glace sera très lente à perdre dans le bain l'*aspect huileux* qu'elle prend d'abord ; on éprouvera de la difficulté pour étendre l'acide pyrogallique qui se retire en formant des taches ; enfin, par la présence de l'aldéhyde, il se formera des réductions métalliques partielles, présentant assez bien l'apparence d'une étoffe de laine à longs poils ou de rayures noires perpendiculaires.

A mesure qu'on éloigne l'objectif du sujet, l'image se forme plus vite ; si l'on opère de loin avec un objectif double, et sur des objets vivement éclairés, l'impression est instantanée.

A mesure qu'on approche l'objectif du sujet, l'image devient plus grande ; elle est plus longue à se former dans la chambre obscure, etc., etc.

A l'aide de ces données principales, l'opérateur pourra estimer approximativement le nombre de secondes ou de minutes exigées par telle ou telle lumière, telle ou telle distance de l'objectif au sujet, etc., etc , pour que la couche sensible soit convenablement impressionnée.

Des images positives par réflexion

Lorsque la glace sensibilisée reçoit dans la chambre obscure l'action de la lumière, si cette lumière est assez vive, les sels d'argent sont décomposés partout avec la même énergie, et, sous l'influence des agents révélateurs, l'image latente se développe avec des rapports de ton propres à une belle épreuve négative. Dans le cas d'une exposition insuffisante, le sel d'argent n'est décomposé qu'aux endroits lumineux : or, comme ces endroits altérés correspondent justement aux endroits éclairés du modèle, l'image n'est d'abord visible qu'à ces endroits; ce qui constitue ces parties apparentes, c'est une couche insoluble d'argent, une réduction métallique; les parties noires de l'image, les habits, par exemple, sont à peine indiqués; soumis à l'action dissolvante de l'hyposulfite de soude concentré, le collodion, en perdant l'iodure d'argent libre deviendra d'une transparence extrême dans les parties peu impressionnées par la lumière, pendant qu'il restera opaque dans les parties fortement modifiées, etc. Si l'on place alors la glace sur un objet noir, on y verra paraître une image positive par réflexion: en effet, les parties métalliques de l'image ne laisseront pas voir le fond sombre sur lequel l'image est posée, tandis que les noirs, qui ont conservé une grande transparence, le laisseront à découvert.

L'importance que certains opérateurs attachent à ce genre de portrait nous engage à donner une plus grande étendue à cet article, afin de leur faciliter les moyens de réussir avec plus de certitude. Cet engouement se justifie, jusqu'à un certain point, en ce que ce genre de photographie ne demande ni les soins, ni les connaissances exigés pour les négatifs sur collodion, et qu'il suffit de quelques minutes pour la fabrication et la livraison d'un portrait, lequel portrait peut acquérir une certaine finesse, et est toujours, au moins, passable, quelle que soit la lumière qui l'a formé : noire ou blafarde, l'image est toujours assez bonne, surtout pour le bas prix auquel elle peut être livrée.

Nous dirions volontiers que, dans ce procédé, ce sont les plus mauvais collodions qui donnent les meilleurs résultats ; collodion vieux, faible de densité et d'ioduration, acide, voilà qui convient merveilleusement (1). Cependant, ajoutons bien vite que tout collodion, quel qu'il soit, produit nécessairement une image amphitype ; que cette image est toujours et

---

(1) On obtient sûrement et facilement de bons résultats positifs en versant, dans un collodion quelconque ioduré, deux ou trois gouttes d'une solution alcoolique d'iode.

Voici une formule qui a déjà depuis longtemps fait ses preuves, et qui, employée par quelques-uns de nos élèves, en Allemagne, a eu un succès toujours croissant :

    Alcool à 40°.   50 c. c.
    Brôme pur.   6 c. c. (*).

Versez cette solution dans un flacon contenant hydrate de chaux 6 gr. ; fermez le flacon, secouez le mélange, et ajoutez-y environ 1 c. c., acide chlorhydrique. Laissez déposer.

(*) Il ne faut pas perdre de vue que cette substance est très dangereuse, et qu'il y a lieu de prendre de grandes précautions en débouchant le flacon et en versant le liquide.

invariablement : négative par transmission, positive par réflexion; mais ces images sont rarement bonnes, à la fois, sous ce double aspect, c'est-à-dire que si, vu par transmission, le négatif est parfait, il sera, par cela même, brûlé, trop blanc comme positif vu par réflexion. Il fera, par contre, rarement un négatif capable de donner de bons positifs sur papier, si l'image est belle, vue par réflexion.

Il résulte de ce fait que si, pour obtenir un bon négatif, l'opérateur a dû faire subir au modèle une pose de 20 secondes, l'image positive directe pourra être formée en moins de 10, — et que si, pour compléter l'image négative, l'action de l'agent continuateur a dû être prolongée, le contraire a dû avoir lieu dans le procédé positif direct. Une multitude de petits moyens ont été imaginés pour obtenir de bons portraits positifs directs sur verre ou sur toile, — tels que : addition dans l'acide pyrogallique de deux ou trois gouttes d'acide nitrique et d'argent ;— addition, dans le même bain révélateur, d'hyposulfite de soude, etc. — Tous ces moyens ont leur valeur relative, assurément ; mais, quel que soit le procédé employé, il faut toujours que l'exposition soit relativement courte. Nous ne donnerons donc pas de formule de collodion pour positifs directs, celles que nous avons données étant très bonnes, à la condition d'être modifiées, en ce sens que le collodion doit être moins dense, moins chargé d'iodure et préparé depuis longtemps. Plusieurs moyens sont en présence pour révéler l'image ; voici les deux meilleurs :

Première formule du bain révélateur.

Sulfate de fer.	10
Eau distillée.	100
Acide acétique.	10
Acide nitrique.	1/2
Azotate d'argent.	1/2

Lorsque la glace a été plongée dans ce bain, on peut la retirer aussitôt, l'image étant ordinairement assez venue ; — s'il lui manquait quelque chose, on compléterait l'opération par de l'acide pyrogallique et la solution faible d'azotate d'argent, mêlés.

Deuxième formule du bain révélateur.

Eau distillée.	100 g.	
Acide pyrogallique.	1 g.	Solution 1re.
Acide acétique.	1 g.	
Eau.	100 g.	
Azote d'argent.	4 g.	Solution 2e.

Faites un mélange égal de ces deux solutions, ajoutez-y deux ou trois gouttes d'acide azotique et faites venir l'image comme à l'ordinaire.

Pour dépouiller l'épreuve en la fixant, on prendra :

Cyanure de potassium.	2
Eau.	100

Lorsque l'image positive par réflexion est fixée et lavée, vous pouvez, à votre gré et sans inconvénient, la conserver sur verre ou la transporter sur toile cirée. Dans le premier cas, il faut faire sécher le collodion, et lorsqu'il est sec le couvrir d'un vernis noir ; l'image sera ainsi préservée, d'un côté, par le vernis, et de l'autre par la glace.

Si vous désirez transporter sur toile cirée, cette image si fragile, coupez un carré de toile cirée noire très belle, plus petit de quelques millimètres que la glace ; échauffez-le par le frottement ou devant le feu ; posez la glace à plat sur une main de papier buvard, et appliquez la toile cirée sur le collodion, en commençant par un des côtés et avançant peu à peu vers l'autre ; posez sur la toile une feuille de papier buvard, passez votre main dessus pour faire bien également adhérer la toile, enlevez le papier et retroussez le collodion sur la toile cirée ; relevez légèrement et avec précaution un des angles, et essayez de soulever la couche de collodion ; aidez-y même, au besoin, en introduisant un filet d'eau entre la glace et la couche ; si le collodion est de nature tenace (ce que vous êtes toujours le maître d'obtenir en le faisant plus dense), il se détachera très facilement et sans solution de continuité ; suspendez alors la toile par un angle ; lorsqu'elle sera sèche, vous aurez une image tellement à l'abri de toute injure, qu'il ne sera même pas besoin de la vernir.

CHAPITRE XVII.

Transport, sur papier albuminé, de l'image négative.

Le transport, sur papier, du négatif collodion n'est pas plus difficile à exécuter que son transport sur toile cirée ; l'opération est à peu près la même ; elle réussit toujours et donne d'excellents résultats. Deux conditions cependant sont indispensables pour réussir : un collodion tenace, c'est-à-dire fait avec très peu d'alcool, et une feuille de papier albuminé (1).

---

(1) On albumine le papier avec des blancs d'œufs battus en neige, comme pour l'albumine ordinaire déjà décrite ; seulement, on ne met ni iodure ni chlorure dans cette préparation, à laquelle on ajoute 25 pour 100 d'eau à peu près. On peut aussi l'employer pure.

Lorsque le négatif est fixé, lavé, terminé, mettez la glace à plat sur un cahier de papier buvard, le collodion en dessus ; prenez une feuille de papier albuminé un peu plus petite que la glace, appliquez cette feuille, l'albumine en dessous, sur le collodion, en commençant par un des bords de la glace, et, avançant peu à peu vers l'autre bord, afin d'éviter les bulles d'air ; appliquez dessus une feuille de papier buvard et pressez avec votre main, ou mieux avec un tampon de linge, pour faire adhérer l'albumine au collodion ; enlevez la feuille de papier buvard et roulez avec le doigt la pellicule de collodion sur la feuille albuminée : à ce moment le collodion aura fait corps avec elle ; relevez un peu l'angle du papier, et, avec l'ongle, détachez le collodion de la glace, pour faciliter la séparation ; introduisez un petit filet d'eau sous la couche, et, saisissant cet angle que vous avez relevé, pendant que l'eau coule, enlevez le tout diagonalement et assez vite, le collodion adhérera parfaitement à la couche albuminée; suspendez la feuille et laissez-la sécher. Lorsque le collodion transporté est sec, il est si bien incorporé au papier, que le frottement le plus prolongé, le froissement le plus brusque ne sauraient l'en détacher ; il est, en un mot, bien plus solide qu'un négatif ordinaire sur papier.

Mais cette épreuve négative a été redressée par le fait du transport, et, si on l'employait au tirage d'un positif par la méthode ordinaire, on obtiendrait une image renversée. Il faut donc opérer autrement ; pour que l'épreuve positive soit redressée, il faut mettre le cliché renversé sur la glace de fond du châssis, en sorte que la partie blanche du papier se trouve du côté de l'opérateur. Dans cet état, l'image négative n'étant pas en contact immédiat avec le côté préparé du papier positif, on pourrait croire que la transmission lumineuse se faisant à travers la pâte du papier, il dût en résulter moins de finesse et de netteté ; rien n'est cependant moins à craindre et nos expériences réitérées nous autorisent à dire, que l'image positive ainsi produite est tout aussi belle que si la pellicule de collodion fût restée sur la glace qui l'avait d'abord supportée.

En résumant les avantages de ce procédé, on voit qu'il n'y a plus à craindre pour la fragilité des glaces ; n'en ayant besoin que d'un petit nombre, elles ne causeront plus d'encombrement, et l'on ne sera pas obligé d'en chercher dans les pays où il serait difficile de s'en procurer ; enfin, le prix des glaces n'effraiera plus l'opérateur, qui n'en fera pas une grande consommation. Avec ce procédé, on aura des négatifs d'une solidité à toute épreuve et la certitude de ne pas les gâter en les mettant même au contact d'un papier positif humide. Si l'on cirait le papier du négatif avec soin, l'épreuve positive gagnerait en finesse et viendrait beaucoup plus vite.

L'on a déjà, depuis longtemps, essayé bien des procédés pour le transport du collodion sur papier, et quelques auteurs, en France et en Angleterre, ont formulé leur méthode ; nous les avons expérimentées toutes, et nous pouvons dire hardiment que pas une seule ne nous paraît susceptible d'être mise en pratique, pas plus celle qui consiste à enlever le collodion par les quatre coins, comme un linge, que celle où il est question de faire un double transport pour remettre l'épreuve dans sa situation primitive.

Ceux qui ont décrit de tels procédés ont-ils réussi une seule fois sur cent? Nous croyons pouvoir en douter; notre méthode, au contraire, est tellement sûre, que nous ne pensons pas qu'on puisse gâter une seule épreuve en suivant nos indications.

Le transport ainsi opéré, le cliché est inaltérable ; mais il a perdu un peu de sa finesse même alors que le papier a été ciré avec soin et qu'il s'est maintenu sans taches dans l'opération du cirage. Le moyen de conserver sa valeur première à la couche de collodion transportée est d'appliquer sur le papier trois ou quatre couches de vernis à tableaux.

Trempez dans ce vernis un pinceau plat et passez-le proprement sur le papier en ayant soin de croiser les couches; puis, suspendez le cliché dans un endroit chaud; vingt-quatre heures après vous pourrez appliquer une seconde couche de vernis et ainsi de suite, jusqu'à ce que vous ayez obtenu une translucidité complète.

Cette dernière opération rendra le cliché aussi diaphane que la glace, et l'image, ainsi transportée, donnera une épreuve positive aussi fine, aussi brillante que lorsqu'elle était sur son premier support.

CHAPITRE XVIII

Des positifs par transparence sur verre opale, blanc bleu, violet, etc., pour former des vitraux ou pour abat-jour de lampe, etc.

———⇥⇤———

Ce procédé, qui n'est cependant qu'une application toute simple des principes de la photographie ordinaire, est assez peu connu ; aucun auteur, que nous sachions, ne s'en est occupé. Nous espérons que l'exposé que nous allons en faire suffira à l'opérateur le moins exercé pour pouvoir le mettre en usage.

Si, après avoir placé sur un porte-appareil quelconque une boîte sans fond, vous insérez un négatif vers le milieu de cette boîte, dans une rainure, et que vous établissiez votre objectif au foyer sur le négatif vu par transparence, l'image qui se formera dans la chambre noire sera également une image positive par transparence ; or, il est évident que si, au lieu de copier ce négatif sur une glace ordinaire, vous avez étendu le collodion sur un verre bleu ou violet, etc., l'image positive pourra former une partie de votre vitrail ; cinq ou six verres de couleurs différentes, réunis avec des lames de plomb, comme cela se pratique pour la peinture sur verre, pourront former des vitraux charmants ou des abat-jour de lampe qui offriront, sous les nuances les plus variées et les plus gracieuses, les portraits ou les paysages préférés. — Il y a plus de quatre ans que nous avons obtenu ainsi plusieurs portraits d'une finesse qui les rendait bien supérieurs à ceux qu'on peut avoir sur plaqué d'argent, en même temps que leur couleur était bien plus harmonieuse. — Il faut seulement ne pas oublier qu'un vernis doit protéger le collodion.

C'est encore en copiant par transparence que l'on peut reproduire un cliché, ou même encore l'agrandir en le reproduisant, ou enfin, si l'on craint de le perdre, le multiplier en vue d'un grand tirage. L'image copiée étant négative, la copie sera toujours une image positive. Si, ne s'arrêtant pas à la reproduction simple du positif sur verre, on désire agrandir ou refaire un négatif pareil, une seconde opération sur le positif par transparence, que l'on vient d'obtenir, donnera le négatif désiré, identique ou agrandi.

Ce procédé conduit à une autre application photographique que nous ne mentionnons que pour mémoire, car elle est de peu d'intérêt. Lorsque vous avez copié le négatif et obtenu un bon positif par transmission, vous pouvez le rendre positif par réflexion et le transporter sur papier. — En voici le moyen :

Lorsque le positif sur verre par transparence est complet, lavez-le et fixez-le par les moyens ordinaires (hyposulfite de soude), ou mieux encore, par une solution de :

   Eau distillée.   100 gr.
   Cyanure de potassium. 1 gr.

Mais, comme cette solution altère l'argent métallique, il faut bien surveiller l'opération, car l'image pourrait disparaître sous l'action corrosive du dissolvant.

Lorsque l'image est fixée, lavez-la avec soin pour enlever toute trace de cyanure.

Continuez l'opération en couvrant la glace d'une solution saturée de bichlorure de mercure ; examinez attentivement la succession de phénomènes qui se produisent ; l'image noircit un peu d'abord, puis elle se couvre d'une couleur blanchâtre, opaline bleue, et négative par réflexion ; dès lors l'effet est produit ; lavez toujours avec le plus grand soin afin qu'il ne reste pas la moindre trace de bichlorure sur la glace, laissez-la égoutter un instant, puis couvrez-la de la solution suivante :

Eau.	100 gr.
Hyposulfite de soude.	6 gr.

Si l'action de l'hyposulfite a lieu régulièrement, l'image semblera bientôt se dépouiller de nouveau pour prendre les plus beaux tons, — lavez encore, et à grande eau ; l'épreuve est arrivée au point de pouvoir être transportée sur papier. — Nous avons donné le moyen d'opérer ce transport ; il est des plus faciles.

Le papier le plus propre à cette opération, celui qui donne les plus beaux tons, est le papier porcelaine. Toutefois, il est bon de lui faire subir une immersion de quelques minutes dans de l'eau distillée, et de le poser sur le collodion également couvert d'eau. Lorsque la feuille est presque en contact avec le collodion, soulevez la glace ; l'eau qui est entre l'image et le papier s'échappera, et le papier viendra complétement adhérer au collodion ; laissez égoutter, et enlevez comme nous l'avons indiqué.

COTON AZOTIQUE ET COLLODION NORMAL

CATÉCHISME

DU CHAPITRE IX.

D. Le coton est-il préférable au papier ? Ce dernier ne peut-il pas le remplacer pour produire une substance soluble, propre à obtenir le collodion ?

R. Le papier de Suède, tout papier peut être substitué au coton, mais il n'en faut faire usage que dans le cas où le coton manquerait à l'opérateur ; le papier étant moins pur que la matière première, le coton, celui-ci doit toujours avoir la préférence.

D. Ne vaut-il pas mieux faire son collodion que de l'acheter tout fait ?

R. Il est bon de savoir faire le collodion soluble, en cas de besoin, mais on est toujours plus sûr d'obtenir de bon collodion normal avec du coton-poudre sortant d'un bon laboratoire.

D. Ne doit-on pas donner la préférence au coton soluble sur le collodion normal, surtout dans le cas d'un long voyage ?

R. Non ; même pour un long voyage, achetez du collodion normal ; en voici les raisons : le coton soluble ne se dissout parfaitement qu'à la condition d'être sec et pur. Or, il serait bien rare qu'il pût conserver assez longtemps ces qualités, surtout en voyageant ; d'autre part, le coton, mis dans l'éther, ne se dissout pas tout d'abord ; il reste assez longtemps en suspension dans le liquide, des fibres insolubles qui ne se précipitent que graduellement et à la longue. Aussi, dans un vase, contenant du collodion normal, aperçoit-on bientôt le liquide former deux ou trois zones bien distinctes, que nous appellerons : zone supérieure, zone moyenne et zone mauvaise. Naturellement, la mauvaise est celle du fond. Si l'on se hâtait trop, après avoir fait dissoudre le coton, ce serait du mélange de ces trois zones que résulterait le collodion normal, et, par conséquent, on n'aurait qu'un collodion photogénique assez médiocre.

D. Peut-on, à l'aspect du collodion normal, juger de sa qualité ?

R. On peut le juger sur les caractères suivants :

Un collodion normal, dense, sirupeux, de couleur légèrement ambrée, peut être considéré comme étant de bonne qualité. Si, de plus, il ne laisse pas de couleur blanche au verre gradué, s'il s'y attache et laisse une pellicule parchemineuse, tenace, on peut l'accepter pour *très bon*.

Pour la même raison, s'il est trop limpide, blanchâtre et laissant cette couleur au verre gradué, c'est qu'il est médiocre, sinon tout à fait mauvais. Nous avons vu souvent ce collodion donner des clichés striés en forme de moirures de dentelle. — Cela provenait, sans doute, de ce que le coton était peu soluble, et que le chimiste avait ajouté trop d'alcool à l'éther pour aider à la dissolution ; de plus, le coton peut avoir été sali par le contact des doigts pendant le pesage, etc.

D. Vaut-il mieux faire le mélange, coton azotique, éther et alcool ioduré, ou bien, opérer ce mélange séparément, — collodion normal, éther, alcool ioduré?

R. Ce dernier mode nous paraît le plus sûr moyen d'avoir, en quelques minutes, un excellent collodion.

D. L'éther à 66° et l'alcool ne donnent-ils pas le même résultat que l'éther à 56° ?

R. En théorie, il peut en être ainsi ; mais, en pratique, nous pouvons affirmer qu'il vaut mieux employer l'éther pur à 56°.

D. Pourquoi donnez-vous la préférence à l'éther à 56° ?

R. Parce que l'expérience nous a démontré sa constante supériorité. En été, surtout, on doit donner la préférence à l'éther à 56°. — Si l'on emploie l'éther à 66°, le collodion ioduré peut se troubler et devenir laiteux. C'est, du reste, un inconvénient auquel on peut remédier en ajoutant au collodion quelques gouttes d'alcool pur, jusqu'à clarification complète.

DU COLLODION PHOTOGÉNIQUE

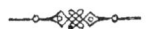

CATÉCHISME

DU CHAPITRE XI.

D. Le collodion photogénique conserve-t-il toujours cette couleur ambrée à laquelle on reconnaît un bon collodion nouveau?

R. Quand il n'est point acide, il conserve sa couleur première sans altération, pendant longtemps.

D. Est-ce que le collodion rouge, c'est-à-dire acide, ne vaut absolument rien ?

R. Pour les positifs directs, pour les reproductions de gravures ou de plâtre, pour le paysage même, il importe assez peu que le collodion soit plus ou moins sensible, l'opérateur pouvant remplacer par la longueur de la pose la qualité qui manque au collodion.

D. Quel est donc le principal défaut d'un collodion rouge, acide et vieux ?

R. Celui de faire un cliché heurté, sans demi-teintes ; à moins qu'on n'obtienne ces demi-teintes par une pose d'autant plus longue que le collodion sera moins sensible. Aussi doit-il être employé de préférence pour obtenir des positifs directs.

D. A quoi reconnaît-on qu'un collodion manque d'iodure ?

R. L'iodure se combinant à l'argent atomistiquement, si le collodion ne prend pas la couleur opaline dans le bain d'argent, si la couche reste bleue, c'est qu'il manque d'iodure ; — si, au contraire, elle devient trop blanche, trop opaque, c'est qu'il est trop ioduré ; — cet inconvénient a surtout lieu en été : le défaut opposé se produit en hiver.

D. Nous avons eu quelquefois une formation anormale d'iodure d'argent vers l'angle inférieur de la glace, dans le sens où le collodion prend son issue ; puis l'image, dans cette partie, était traversée de grandes hachures. A quoi faut-il attribuer ce phénomène ?

R. A ce que la glace collodionnée a été mise trop tôt dans le bain d'argent, alors que la partie inférieure était encore trop humide ; cela arrive surtout quand le temps est froid et l'air chargé d'humidité, ou bien encore lorsque le collodion est fait avec excès d'alcool.

CATÉCHISME

DES PAGES 245 ET 250.

D. Ne pourrait-on pas employer d'autres substances pour nettoyer la glace, et n'y a-t-il pas d'autres moyens que ceux que vous avez indiqués?

R. Tous les moyens peuvent réussir. Nous recommandons ceux qui nous ont paru les plus expéditifs et les plus rationnels ; mais il ne faudrait pas en conclure que l'opérateur, privé de telle ou telle substance, dût, par cela même, renoncer au polissage de la glace.

D. Lorsqu'on a étendu le collodion sur la glace, doit-on le plonger immédiatement dans le bain?

R. Cela est relatif à l'état chimique de l'air ambiant. Par une température de 30° centigrades, il faut se hâter, le collodion séchant très rapidement ; par un temps humide, au contraire, il convient de retarder un peu l'immersion, et de bien s'assurer que l'épaisseur du verre inférieur ne *refroidit* plus le doigt, car si le collodion est plongé trop tôt dans le bain, l'ioduration de la couche n'est point égale dans toutes ses parties : le côté inférieur où le collodion a pris son issue étant plus humide, la couche, dans cette partie, prendra un aspect laiteux, butireux, et de grandes stries, des rides plus ou moins profondes, résulteront de cette précipitation irréfléchie.

D. Et si, pour ne pas se tromper dans ce sens, on donnait dans l'excès contraire, qu'arriverait-il ?

R. Le collodion, plus sec vers la partie supérieure de la glace et vers le côté gauche, formerait comme deux lisières de couleurs moins opalines que le reste de la couche. L'on n'aurait alors d'autre ressource, pour ne pas perdre la préparation, que de réduire les proportions de l'image qu'on veut obtenir. En résumé : pressez l'opération en été ; ralentissez-la en hiver. Ayez toujours égard à la qualité de votre collodion ; s'il est fait avec excès d'alcool, soyez lent. Est-il fait presque sans alcool, soyez prompt. A cela se borne tout ce que nous venons de dire à ce sujet.

D. Lorsque la glace est dans le bain, y a-t-il un

signe qui indique le moment précis où il faut la retirer?

R. Oui. Si examinée par réflexion à la lumière du laboratoire, la couche iodurée n'a plus l'aspect huileux, on peut retirer la glace; mais il n'y a, d'ailleurs, nul inconvénient à la laisser plus longtemps dans le bain.

D. La glace étant mise dans le châssis, combien de temps doit-on attendre pour faire l'épreuve; faut-il se presser?

R. Un bain concentré d'argent ayant la propriété, non seulement de former l'iodure d'argent, mais aussi de le dissoudre à l'instant même, il est évident que, si la glace n'est pas mise en œuvre, l'eau, en s'évaporant, laissera un sel d'argent qui dissoudra l'iodure d'argent. En été, en moins d'une demi-heure, et en hiver, en moins d'une heure, la couche sensible aura disparu, et il ne restera sur la glace qu'un collodion anormal dépourvu à la fois de couleur et de sensibilité. Il est donc urgent, non pas d'y mettre trop de précipitation, surtout s'il s'agit d'un portrait, mais, cependant, de ne pas non plus attendre trop longtemps; car, après cinq ou six minutes, en été, l'angle supérieur se trouverait certainement dépourvu d'iodure d'argent. Mais s'il s'agit de la reproduction d'une gravure, on doit avoir mis d'avance au foyer et n'apporter aucun retard, car, la reproduction étant toujours lente, il pourrait arriver que la dissolution d'iodure d'argent eût lieu pendant la pose.

C'est afin d'éviter cet écueil qu'on a successivement employé plusieurs agents chimiques pour conserver l'iodure d'argent humide, dans les cas de déplacement alors que le laboratoire n'est plus à notre disposition, et dans toutes les circonstances où il doit s'écouler un certain temps entre la préparation de la couche sensible et la formation de l'image dans la chambre noire, ou son dévoloppement par les réactifs.

D. Nous avons vu aussi l'iodure d'argent se former et disparaître presque immédiatement. Cette dissolution si brusque a, sans doute, une autre cause qu'un bain d'argent trop concentré?

R. Un excès d'iodure dans le collodion produit le même effet qu'un bain d'argent concentré; la dissolution de l'iodure d'argent dans le bain ne peut être attribuée qu'à l'une de ces deux causes.

CATÉCHISME

DU CHAPITRE XIV.

D. Quelles conditions doit réunir un cliché pour être parfait ?

R. Un cliché parfait est celui qui réunit à une couche sans tache, à un collodion fin et diaphane, une image vigoureuse, sans dureté, avec des noirs légers et un peu translucides, et non pas intenses, et des blancs faiblement impressionnés ; quelle que soit l'étoffe dont se compose le vêtement du modèle, cette étoffe doit marquer dans ses moindres détails de clair, de demi-teinte et d'ombre. — Nous en dirons autant de la figure. — Une opposition trop tranchée ou un excès d'uniformité, des tons crus, secs ou monotones, déparent la plus belle épreuve et doivent en faire rejeter le cliché.

D. Peut-on, en examinant un cliché, se rendre compte des causes diverses qui ont pu produire ces différents défauts : taches, opposition, etc. ?

R. Oui, car chaque tache indique en quelque sorte son origine particulière ; les taches plus claires que le fond général de l'épreuve proviennent du mauvais polissage de la glace : tantôt c'est une goutte de salive échappée au souffle, tantôt c'est le grain du chiffon, etc. — Toute tache noire provient d'un atome de poussière plus ou moins gros, d'une parcelle quelconque d'une substance organique tombée sur la couche sensible pendant que la glace est dans le châssis, laquelle substance se métallise sous l'action de l'agent révélateur. — Une tache blanche, qui apparaît comme une solution de continuité de collodion, n'est autre chose qu'une pellicule de collodion nageant dans le bain d'argent, qui est restée collée sur la couche, et qui a empêché l'action de la lumière. Dès lors, l'impression n'a pu avoir lieu au fixage; il en est résulté l'enlèvement complet de l'iodure libre et l'absence totale de métallisation.

D. Qu'appelez-vous métallisation ?

R. C'est le résultat des diverses opérations que subit l'iodure contenu dans le collodion. Cet iodure s'est transformé d'abord, dans le bain d'argent, en iodure d'argent, puis, soumis à la lumière de l'objectif, il s'est décomposé, et enfin, sous l'influence de l'agent chimique, sulfate de fer ou acide pyrogallique, il s'est MÉTALLISÉ, c'est-à-dire réduit à l'état d'oxyde métallique ; donc, aussitôt que l'hyposulfite de soude a dissous l'iodure d'argent non altéré par la lumière, le cliché est réellement un composé de collodion pur et de métal argent.

D. Ne peut-il pas y avoir encore des taches d'une autre nature provenant du collodion ?

R. En général, le collodion le plus pur est celui qui est préparé à l'iodure de potassium ; tous les autres sont sujets à des taches plus ou moins grandes, que, cependant, on peut éviter en prenant quelques précautions. Un collodion mal filtré, ou filtré lorsqu'il tient encore en suspension certaines matières qui passent à travers le filtre, peut produire des taches blanches, ce qui donnerait ce qu'on pourrait appeler *un cliché trouaillé* ; pour éviter cet inconvénient, il faut laisser déposer le collodion ioduré jusqu'à ce qu'il soit parfaitement déposé. Sans cette précaution, surtout avec les collodions composés de bromure, on s'exposerait à jeter dans le filtre les matières en suspension dans le liquide et à avoir le cliché trouaillé, signalé plus haut.

D. Mais le filtre de papier peut-il bien filtrer le collodion, qui est toujours assez dense ?

R. Cela n'est pas un obstacle, si le filtre est pointu et bien enfoncé dans l'entonnoir.

D. Dans les pays ou très chauds, ou très froids, ne faut-il pas prendre des précautions toutes particulières, et même les opérateurs qui habitent les zones tempérées n'ont-ils pas à prendre les mêmes précautions dans les temps de fortes chaleurs ou de grand froid ?

R. Évidemment, dans l'espace que parcourt le thermomètre en allant de 2 degrés au-dessous de zéro à 25 au-dessus, il y a toute une série de modifications à faire subir aux manipulations, à la pose, etc. — Les théories elles-mêmes, autant que la pratique, ne sont plus du tout semblables, tant les conditions diffèrent, et pour l'opérateur et pour les agents sur lesquels il agit. N'oublions pas que les réactions chimiques ont lieu plus rapidement en présence de la chaleur qu'en présence du froid ou de l'humidité. — Les iodures, celui de potassium, surtout, se dissolvent mieux quand il fait chaud ; il faut diminuer la dose de l'alcool ioduré dans le collodion, ce qui n'empêche même pas le collodion de blanchir bien davantage dans les temps chauds que pendant les froids ; par la même raison, l'iodure, en hiver, étant dissous plus difficilement et en moins grande quantité, il faudra une plus grande dose d'alcool ioduré.

D. A quoi peut-on reconnaître si le collodion manque d'ioduration ?

R. A la couleur qu'il prend dans le bain d'argent. — Si la glace reste bleu clair, non opale, c'est que le collodion n'est pas suffisamment ioduré.

D. Peut-on y remédier immédiatement ?

R. Oui, en ajoutant quelques gouttes de liqueur génératrice ; puis il faut attendre que le mélange soit effectué, que le dépôt soit fait, et filtrer de nouveau.

D. Quelle est, au juste, l'influence de la durée de la pose sur les résultats de l'opération ?

R. Si le temps de la pose a été trop court, le cliché sera dur, il n'y aura pas de demi-teinte ; ce ne sera qu'un composé de blanc et de noir. Si le temps de la pose est précisément ce qu'il doit être, le cliché sera parfait. En hiver, la durée ordinaire et normale étant dépassée de moitié en sus, le cliché sera très bon, même si le temps de la pose a été prolongé outre mesure ; mais il n'en sera pas ainsi dans les climats chauds, ou même en France pendant les fortes chaleurs. — Si, en hiver, une minute a suffi, vous pouvez hardiment faire poser pendant deux ou trois minutes, l'image n'en sera que plus modelée, plus fouillée, plus belle. — En été, si dix secondes donnent une bonne épreuve, vingt secondes produiront infailliblement un cliché gris-solarisé. — Cela tient, nous le répétons, à ce que la réaction chimique est aussi active en été qu'elle est lente par les temps froids.

D. Y a-t-il encore d'autres causes qui peuvent concourir à produire un cliché heurté ou grisâtre ?

R. Oui : 1° un vieux collodion produira infailliblement un cliché heurté, à moins d'une très grande lumière ou d'un excès de pose ; 2° un vieux bain produira le même effet ; 3° il en sera de même si, après que la glace est prête, l'on se presse trop pour faire l'image, pour soumettre la couche impressionnée à l'action de l'agent révélateur. Celui-ci, rencontrant une quantité de bain concentré sur la couche, produira instantanément une métallisation complète sur les blancs du modèle, pendant que les couleurs sombres seront en retard ou ne viendront pas du tout ; 4° le temps de la pose étant insuffisant aboutira aussi aux mêmes effets ; 5° enfin, un acide pyrogallique trop concentré n'aura pas des résultats moins fâcheux (1).

---

(1) Voici la formule d'un procédé qui nous a souvent réussi, et que nous recommandons aux opérateurs qui se sentiraient inhabiles à reproduire avec finesse une belle barbe brune ou

D. Que faut-il donc faire pour éviter tous ces inconvénients et se rendre maître absolu des différentes opérations ?

R. Les opérateurs qui habitent les pays chauds devront faire un collodion plus clair, moins chargé d'iodure, et un bain relativement plus faible ; ils atténueront la lumière de l'atelier de pose ; le bain d'acide pyrogallique sera plus fort et plus acidulé, et même mélangé avec un peu de solution d'argent. Nous avons dit qu'un défaut de pose, une lumière faible, un agent révélateur trop fort concouraient ensemble ou séparément à la formation heurtée du cliché ; mais il est également vrai de dire que la grande lumière, un excès de pose, un bain révéla-

rouge. Préparez un bain de sulfate de fer dans les proportions suivantes :

Sulfate de fer.	10 gr.
Eau.	100 gr.
Acide acétique.	10 gr.

En sortant de la chambre noire, plongez la glace dans ce bain, l'image paraîtra aussitôt. Retirez la glace de ce bain et lavez-la ; lorsque la dernière goutte de ce bain aura disparu, continuez l'opération avec l'acide pyrogallique additionné d'un peu de solution d'argent ; l'image se complétera bientôt, et la barbe rebelle apparaîtra dans ses moindres détails, et les carnations seront d'un très beau modelé.

teur sans addition d'argent ou faible, produisent souvent une image grise, sans relief ni vigueur. Or, si, pour laisser aux ombres le temps de venir, on doit affaiblir l'acide pyrogallique qui agit seul, ou presque seul, il sera rationnel de le renforcer par quelques gouttes de bain d'argent, si l'on veut métalliser les lumières qui, sans cette précaution, resteraient dans le ton des couleurs obscures.

D. Que faut-il attendre, et que peut-on espérer d'un bain neuf?

R. Un bain d'argent négatif neuf, surtout quand il fait chaud, est rarement bon ; il donne souvent, quoique dans les meilleures conditions, des images faibles : c'est l'effet inverse du bain vieux. Dans de mauvaises conditions, il donne une image voilée, rougeâtre, à peine visible. — Les débutants sont souvent attristés dans leur début par cette cause, dont l'effet leur est inconnu. — Voici le moyen d'y remédier : Si votre solution, votre bain négatif est d'à peu près 300 gr., jetez-y environ 40 c.c. de collodion photogénique, il se produira presque aussitôt dans la cuvette un magma d'iodure d'argent sur des pelotes de collodion ; agitez un moment la cuvette, et revidez le bain dans le filtre, frottez la cuvette avec soin. Vous pouvez, dès lors, vous servir de ce même bain, il est devenu excellent. Si, par l'effet d'une grande chaleur ou d'un bain ammoniacal, il résiste encore, deux ou trois gouttes d'acide azotique, versées dans le bain, remédieront à tout, et, au lieu d'un cliché opaque, vous aurez un cliché *limpide* et parfait.

D. N'y a-t-il plus enfin d'autres causes susceptibles de produire à peu près les mêmes effets ?

R. Des effets à peu près identiques peuvent se produire à la suite d'un *coup de jour* sur la couche, causé ou par la maladresse de l'opérateur qui aurait laissé une partie du volet ouverte, ou par le laboratoire qui ne serait point absolument soustrait à l'action de la lumière, ou, enfin, par la chambre noire, qui ne fermerait pas hermétiquement.

D. Faut-il avoir recours au verre coloré, jaune ou rouge, ou doit-on préférer l'emploi de la lampe?

R. Dans tous les cas, et pour de bonnes raisons, nous aimons mieux que ce soit la lampe qui éclaire notre laboratoire ; et, d'abord, est-il bien prouvé qu'un laboratoire éclairé par un verre jaune soit réellement à l'abri de toute lumière? Nous ne le pensons pas. — Il est d'ailleurs très difficile, pour ne pas dire impossible, de juger un cliché d'après la lumière jaune ou rouge de la vitre ; le seul moyen de le bien apprécier, c'est de le regarder par transparence, en approchant de très près de la lumière artificielle, qui donnera la même relation de ton que s'il était vu détaché sur le ciel, tandis que, vu sur le verre jaune, tel cliché semblera très vigoureux, qui sera jugé excessivement faible lorsqu'il sera fini et rendu à son vrai jour.

D. Peut-on déterminer le degré de vigueur qu'il faut donner au cliché pour obtenir une bonne épreuve positive ?

R. Rien de plus simple.—Vu par transparence et détaché sur le ciel, les blancs du modèle, qui sont noirs dans le cliché, doivent, malgré cette teinte, laisser tamiser un peu de lumière. Les grandes lumières de la figure doivent être presque noires, mais un peu plus translucides que les noirs du linge. — Les noirs parfaits, les noirs *superbes*, comme on dit dans certaines méthodes, ne laissant tamiser aucune lumière, donneront au positif une partie blanche crue, dure, inadmissible dans tout dessin bien entendu.

D. Si la faiblesse du cliché résulte seulement de ce que l'opérateur n'aura pas fait agir l'agent révélateur assez longtemps, pourra-t-on y remédier ?

R. Nous avons employé souvent, et toujours avec succès, un moyen assez singulier et qui semble en complet désaccord avec la théorie ; ce moyen consiste à soumettre de nouveau le cliché à l'action de l'agent continuateur, alors même qu'il aurait tiré un grand nombre d'épreuves, pourvu, toutefois, que ce cliché ait été *débarrassé* complétement de toute trace d'hyposulfite, car alors il se macule de taches jaunes au renforçage. A ce sujet, nous insistons de nouveau sur cette recommandation, qu'il vaut beaucoup mieux laisser l'épreuve en deçà que de la pousser au-delà de sa *venue*. Avec un cliché trop vigoureux, il est déjà difficile d'obtenir un positif satisfaisant ; mais, si le cliché est poussé trop loin, le positif sera dur, cru ou blafard, sans demi-teinte. Dans le cas, au contraire, où votre cliché est un peu faible, ce dont vous vous êtes assuré par un positif, vous pouvez aisément le renforcer par ce moyen : Mettez la glace sous un robinet de fontaine, et mouillez la couche de collodion, laissez égoutter un instant ; arrosez la couche de collodion avec un mélange égal d'acide pyrogallique et de solution d'argent (pag. 258) ; surveillez attentivement, en regardant la glace, par transparence et à chaque arrosage, vous verrez l'image noircir de plus en plus ; vous arrêterez l'effet quand il vous conviendra, en couvrant la couche d'eau. Mais, du reste, vous pouvez recommencer cette manœuvre, indéfiniment et sans danger, jusqu'à ce que vous jugiez la force du négatif tout à fait suffisante. Mais, comme nous le répétons, l'action est presque instantanée, à moins que le liquide révélateur ne soit extrêmement faible ; il vaut mieux le faire un peu faible, surtout lorsque le cliché est si facile à renforcer. Ce procédé a encore cet avantage, qu'aucune tache ne se produit ni pendant ni après l'opération ; il suffit de rincer un peu la glace pour débarrasser la couche du réactif ; puis on fait sécher comme à l'ordinaire. — Nous sommes heureux de pouvoir indiquer ce procédé aux opérateurs ; car, quelles que soient l'expérience et l'habileté d'un artiste, il ne peut apprécier toujours exactement la valeur des tons à la lumière tamisée par les verres jaunes ou rouges du laboratoire, pas plus que la lumière artificielle. A la lumière directe et naturelle, le cliché peut apparaître sous un jour bien différent et produire des résultats tout autres qu'on ne l'avait supposé.

D. Il nous est arrivé souvent, pendant les grandes chaleurs, d'obtenir des clichés d'un aspect singulier ; en séchant, il se produisait sur la couche du collodion comme un retrait partiel en forme de moire, et le collodion avait alors l'apparence d'une mousseline.

R. Ce phénomène a lieu assez fréquemment avec les collodions de certaines provenances, ou avec les collodions photogéniques composés d'après des formules particulières. Un excès d'alcool dans la fabrication du collodion normal, ou une trop grande quantité d'alcool ajoutée par l'opérateur en le préparant photogéniquement, sont les principales et peut-être les seules causes de l'effet en question. Ajoutez à ce collodion trop clair un peu de collodion normal dense, et vous remédierez à cet inconvénient. Nous n'avons jamais de clichés semblables avec notre méthode, et nous obtenons des clichés moirés à volonté lorsque nous voulons démontrer la cause qui les produit. Il suffit, pour cela, que la couche sensible manque de cohésion; nous avons obtenu un résultat semblable avec un collodion qui avait tenu la mer pendant deux ans. Quelques grammes de collodion normal dense, mêlés à ce collodion voyageur, l'ont rendu parfait.

CATÉCHISME

DU CHAPITRE XV.

D. Peut-on se dispenser de désioder le cliché ?

(1) R. L'on peut se contenter de fixer l'iodure sans le dissoudre, au moyen d'une faible solution d'hyposulfite 5 p. 0/0, que l'on promènera pendant 10 ou 15 secondes sur la couche; après quoi, on lavera avec soin.

D. Quand on désiode la glace en fixant par l'hyposulfite concentré, à quel signe reconnaît-on que l'iodure est entièrement dissous ?

R. A ce qu'en général, la glace, en perdant son iodure libre, perd son aspect opalin, et que l'image, vue par réflexion, passe à l'état de positif ; mais comme il peut arriver, par suite d'une longue exposition à la chambre noire, ou pour tout autre motif, que l'iodure ait pris un ton gris cendré, qu'il ne perdra pas au fixage, il est bon de regarder par transparence et en pleine lumière, et de s'assurer s'il ne reste pas quelques taches d'iodure jaunâtre; car, quel que soit l'état de l'iodure, opalin ou non, ces taches seront apparentes à la lumière naturelle. — Ces précautions prises, on soumettra de nouveau le cliché à un long lavage.

D. A quelle cause attribuer ces taches jaunes, en

---

(1) C'est même un moyen de conserver les demi-teintes à certains clichés, qui, désiodés complètement, seraient trop durs.

forme de lignes droites ou diagonales, qui apparaissent souvent sur le cliché lorsque l'épreuve est lavée et séchée ?

R. Ces taches proviennent de l'hyposulfite de soude, qui a été mal éliminé.—L'opérateur n'ayant pas assez lavé le haut de la glace dans la crainte d'enlever la couche de collodion, l'épaisseur de la glace a retenu de la solution désiodante, et le cliché, mis sur l'angle ou carrément, aura laissé couler l'hyposulfite, ce qui a dû altérer la métallisation.

D. Si la glace mal lavée retenait de l'hyposulfite, même en solution faible, qu'en résulterait-il ?

R. La présence de la moindre partie de cette solution se traduit par une légère cristallisation du sel, sous forme d'astérisques ; un mauvais lavage produit des arborisations de toute sorte, assez semblables au givre sur les vitres, pendant l'hiver.

D. N'est-il pas possible de transporter le collodion sur une substance moins cassante que la glace, et non moins translucide ?

R. L'on a essayé successivement de la gutta-percha, de la gélatine et d'un certain vernis, — mais aucune de ces diverses substances n'a paru propre à cette fonction, et si parfois ce procédé a réussi, c'est un peu au hasard, et toujours sur une petite échelle (1). Le papier albuminé nous paraît le meilleur support comme translucidité et comme moyen de conserver les finesses du support primitif. Le procédé que nous avons décrit plus haut peut être d'un grand secours dans les voyages lointains.

(1) A l'imprimerie de Vienne, l'on a fait dans cette voie un grand progrès, et les négatifs enlevés sont très grands et très beaux ; mais leur procédé de transport par et sur la gutta-percha est-il un moyen pratique ? Nous en doutons. Cette matière est-elle inaltérable ? Nous ne le pensons pas.

DU PAPIER POSITIF ET DES ÉPREUVES

MÉTHODES DIVERSES POUR LES POSITIFS SUR PAPIER.

Considérations générales.

La préparation du papier positif est très facile, le tirage de l'épreuve ne présente aucune difficulté sérieuse, et avec quelques précautions, on peut toujours et à coup sûr arriver à un bon résultat.

Il est bon, toutefois, que le photographe soit suffisamment au fait des propriétés des agents chimiques qu'il emploie, afin qu'il puisse, à volonté, les changer, les modifier, les supprimer.

Le sel ordinaire, le chlorure de sodium pur, le sel ammoniac, en un mot, tous les chlorures, ont pour propriété fondamentale de précipiter les sels d'argent. Quelque faible que soit le bain de sel, quelque faible que soit la proportion de sel dont le papier s'est imprégné, quelque faibles que puissent être la solution de nitrate d'argent et la couche de chlorure d'argent qui se formera sur la feuille, le papier ainsi préparé, mis en contact avec le négatif, donnera toujours une épreuve positive; mais cette épreuve sera-t-elle dans les conditions voulues de force, de profondeur, de durée? Bien certainement non. Quelques auteurs ont conseillé, cependant, des bains de sel faibles, en recommandant de ne laisser la feuille *sur* le bain que deux ou trois minutes. Il nous semble que c'est là une erreur, surtout si le papier est fort et bien satiné. Le dépôt de sel est, dans ce cas, trop superficiel et le chlorure d'argent formé se présente lui-même en couche trop faible. Il faut donc *immerger* la feuille dans le bain de sel et la laisser assez longtemps pour qu'elle en soit pénétrée, afin que le chlorure d'argent se forme dans la pâte; ce n'est qu'à cette condition que l'on peut obtenir une bonne impression, des tons riches et une image durable.

Si le chlorure d'argent est trop superficiel, on a des épreuves faibles, supportant à peine le fixage et s'affaiblissant avec le temps; si, au contraire, le chlorure d'argent a pénétré profondément dans le papier, les épreuves que l'on obtient sont fortes et indélébiles. En résumé :

Plus il y aura de sel dans le papier (1), plus il se formera de chlorure d'argent; plus il y aura de chlorure décomposé sous l'influence des rayons lumineux, et plus la résistance dans le fixage sera grande. Les bains de chlorure d'or donneront des tons plus beaux et rendront indéfinie la durée de l'épreuve.

(1) Toutefois, il ne faudrait pas exagérer la quantité de sel dans le bain, car un excès se traduirait, dans le bain d'argent, par un petit précipité blanc (chlorure d'argent), et, sur l'image, par des petites taches blanches comme des éraillures faites à coups d'épingle.

DU PAPIER POSITIF

ET DES ÉPREUVES.

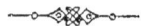

CHAPITRE XIX

Préparation du papier salé. Objets et substances nécessaires à cette opération.

1re OPÉRATION.

Une cuvette plate ;
Papier coupé de grandeur ;
Épingles ;
Papier buvard.

SOLUTION (1).

Eau distillée.	800 grammes.
Chlorure de sodium.	32 —

(1) On peut employer le sel de cuisine ordinaire, mais il est rarement pur. Le sel ammoniac est encore préférable, il est

Il faut préparer cette solution quelques minutes à l'avance ; elle doit être filtrée ou du moins décantée avec soin.

Essuyez la cuvette destinée au bain de sel, versez la solution en décantant, prenez une feuille par deux angles diagonalement opposés, courbez-la en rapprochant les deux mains, posez l'angle de la main gauche sur le bain, en accompagnant le papier avec la droite ; lorsque la feuille se trouve sur le bain, prenez la cuvette des deux mains, imprimez-lui un mouvement de va-et-vient, et immergez la feuille ; s'il se forme quelques bulles, soufflez dessus pour qu'elles disparaissent. Prenez une seconde feuille et continuez ainsi, jusqu'à dix ; retirez le paquet du bain de sel, enveloppez l'angle du paquet, de papier buvard, et piquez-le contre une planche étagère garnie de liége (1). En été, le paquet entier ne tardera pas à sécher, et les feuilles seront parfaitement

---

moins hygrométrique. Sur du papier collé à l'amidon, et avec le concours du chlorure d'or, il donne aux épreuves un ton plus harmonieux. Le chlorure de sodium, avec du papier collé à la résine, donne des tons plus chauds, rouges ou sépia.

(1) On doit coller sur l'épaisseur des tablettes du laboratoire une feuille de liége de 5 ou 7 millimètres d'épaisseur, destinée à tenir les épingles des papiers.

salées ; en hiver, il faudra le suspendre dans un lieu chauffé. Ce moyen nous a toujours bien réussi, et nous le conseillons de préférence à tout autre ; il est des plus expéditifs. Le papier étant sec, vous devez le mettre à l'abri de la poussière ; il se conserve pendant plus d'un an.

CHAPITRE XX

Sensibiliser le papier salé. Objets et substances nécessaires à cette opération.

Une cuvette plate ;
Papier salé ;
Epingles.

2ᵉ OPÉRATION.

Solution d'argent. — Bain positif.

Eau distillée.	300 grammes.
Azotate d'argent.	60 —

Cette solution, faite d'avance, doit être filtrée dans la cuvette destinée à cet usage. Après y avoir préparé 12 ou 15 feuilles normales, il faut l'enrichir de

5 ou 6 grammes d'azotate d'argent qui ont été absorbés par les feuilles. Sans cette précaution, le bain irait en s'affaiblissant de plus en plus et finirait par ne plus renfermer d'argent.

Mettez dans une cuvette plate une couche du bain positif, haute de 5 à 6 millimètres; prenez la feuille salée par les deux angles opposés; choisissez l'envers (1) (c'est le côté qui offre l'aspect d'une toile), marquez-le du signe ×, faites-y une corne de 15 millimètres environ, relevez-la en équerre et repliez-la fortement sur elle-même; posez le bon côté sur le bain en abandonnant la feuille de la main gauche et l'accompagnant doucement avec la droite; laissez-la sur le bain pendant quatre ou cinq minutes; relevez-la par la corne, et piquez sur le liége le coin sec.

Si l'on enfonçait l'épingle dans le papier humide, il pourrait se produire une tache de cuivre sur la feuille, à moins que l'épingle ne fût d'argent.

Laissez sécher dans une obscurité absolue, puis

---

(1) Si l'on regarde le papier destiné au positif avant le bain de sel, il est difficile d'en reconnaître l'envers; mais, lorsqu'il a été mouillé, le grain ressort et le tissu, espèce de trame, se laisse facilement apercevoir.

mettez les feuilles dans un carton hermétiquement fermé (**1**).

(1) Ce papier ne conserve pas longtemps sa blancheur ; il ne faut guère en préparer que pour les besoins du lendemain, en été surtout ; en hiver, après huit jours même, il n'aura pris qu'une légère nuance lilas, et il sera apte à donner encore une bonne épreuve.

CHAPITRE XXI

Tirage des épreuves positives. Objets et substances nécessaires à cette opération.

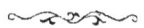

3ᵉ OPÉRATION.

Un châssis-presse à doubles glaces ;
Papier blanc ;
Carton fermé pour recevoir les épreuves.

Nettoyez avec soin par derrière la glace négative et la glace du châssis-presse des deux côtés; posez le négatif sur la glace du fond du châssis, le collodion en dessus ; couvrez-le avec le côté préparé du papier positif; ajoutez sur celui-ci quatre feuilles de papier blanc et propre; abaissez les deux volets à glace, et mettez les crochets.

Exposez le châssis aux rayons directs ou à la lumière diffuse, mais toujours perpendiculairement à la direction du rayonnement lumineux.

On ne saurait déterminer le temps nécessaire à la venue d'une belle épreuve; cela tient à la lumière et aussi au cliché qui peut être plus ou moins translucide, plus ou moins vigoureux; en été, avec un cliché ordinaire, il suffit, à peu près, de dix minutes par un beau soleil. En hiver, par un temps gris, humide, il faut une heure, deux heures, quelquefois même une journée entière. Dans tous les cas, on doit laisser venir l'image bien plus noire qu'on ne veut l'obtenir, puisqu'elle perdra beaucoup au fixage; il faut, en général, que les noirs profonds de l'épreuve commencent à prendre la teinte vert olive; on doit regarder l'épreuve de temps en temps pour s'assurer de sa *venue;* à cet effet, on ouvre un volet et l'on regarde de ce côté pendant que l'autre reste fixe; en opérant de la sorte, l'image retombe exactement sur les mêmes points de l'épreuve négative, et l'épreuve positive ne présente pas de doubles contours.

CHAPITRE XXII

Fixage des épreuves positives.

4ᵉ OPÉRATION.

Si, au sortir du châssis-presse, on laissait l'image exposée au soleil ou même à la lumière diffuse, on comprend que le chlorure d'argent libre noircirait aussitôt, et l'épreuve serait perdue. Il faut donc la fixer sans retard, ou la conserver dans un carton, à l'abri de toute lumière, jusqu'au moment du fixage.

A cet effet, plongez-la dans une bassine pleine d'eau ordinaire et laissez-la dans ce bain pendant une ou deux minutes; lorsqu'elle en est pénétrée, mettez-la dans le liquide suivant :

Bain fixateur.

(1) Eau ordinaire.   500 grammes.
Hyposulfite de soude.   70 —

Tournez et retournez plusieurs fois l'épreuve;

---

(1) Si l'on fixe l'épreuve dans le but d'obtenir un ton clair et chaud, pour faciliter le coloriage, on doit ajouter à ce bain quelques gouttes d'ammoniaque pure.

immergez-en une seconde, et même une dixième ; après une demi-heure, relevez l'épreuve et regardez-la par transparence. Si la pâte du papier est pure, si elle n'a point un aspect poivré, elle est fixée, on peut l'ôter du bain ; il vaut mieux cependant, et par excès de précaution, l'y laisser encore quelques minutes ; quand l'épreuve est fixée, il faut la rincer avec soin et la mettre dans une bassine pleine d'eau ; changez souvent cette eau, surtout si la cuvette est petite ou si plusieurs épreuves baignent ensemble. Après plusieurs heures (quinze heures suffisent), l'épreuve est fixée ; néanmoins, si l'on veut assurer à l'image une grande durée, il faut la laisser séjourner au moins vingt-quatre heures dans une assez grande masse d'eau souvent renouvelée.

L'on peut sécher l'épreuve dans du papier buvard et même devant le feu (1) ; elle est alors terminée ; si le photographe dispose d'un laminoir avec plaque d'acier ou pierre lithographique, il doit la satiner, car cela ajoute beaucoup à sa finesse et fait mieux ressortir les détails.

(1) Ce moyen peut être employé pour faire noircir l'épreuve, si elle manque de vigueur.

Notes pour le papier positif.

Du papier albuminé.

Ce papier, peu artistique pour la reproduction du portrait ou du paysage, est indispensable pour les images stéréoscopiques, pour la reproduction des objets d'art, des bronzes, des ciselures, etc., etc.

Les contours estompés, si appréciés des artistes, les tons harmonieux, obtenus par les préparations ordinaires, et qui, en rapprochant la photographie de l'*aquatinta*, donnent presque aux portraits la valeur d'une peinture, seraient un vrai contre-sens, lorsque la représentation des objets exige des lignes d'une grande pureté, d'une grande finesse et d'un dessin bien arrêté, presque dur.

La préparation albumineuse peut donc être de quelque utilité dans certains cas, mais elle est surtout indispensable pour les vues stéréoscopiques.

Plusieurs dosages réussissent également bien ; nous n'en donnerons qu'un, et nous laisserons à l'opérateur intelligent le choix d'une albumine plus ou moins forte, en nous bornant à rappeler que plus il y a d'eau dans l'albumine, moins le vernis qu'elle forme est brillant.

PHOTOGRAPHIE SUR COLLODION.

Mettez dans une capsule ou dans un grand vase profond, après en avoir ôté les germes :

Blancs d'œufs.	400 grammes.
Eau distillée.	100 —
Chlorhydrate d'ammoniaque.	30 —

Battez jusqu'à neige avec une fourchette d'argent ou de buis; lorsque la mousse se soutient, mettez à l'abri de la poussière et laissez reposer quinze ou vingt heures.

Au moment de vous en servir, décantez avec soin le liquide dans la cuvette destinée au bain de sel.

La solution albumineuse remplace le bain salé (première opération du positif). Marquez l'envers de la feuille du signe ×, et posez-la sur cette solution de la même manière que sur le bain d'argent, mais avec des précautions bien plus grandes, pour éviter les bulles; relevez-la même peu à peu, pour vous assurer qu'il n'y en a point et faites-les disparaître s'il s'en est formé.

Laissez la feuille *sur* ce bain pendant dix minutes et suspendez-la par l'angle sec, mettez un morceau de papier buvard à l'angle opposé.

Lorsque les feuilles sont sèches et avant de les soumettre à la deuxième opération (bain d'argent), mettez-les une à une entre deux feuilles de papier blanc et propre, et passez dessus un fer à repasser modérément chaud. Le papier reprend sa forme, et l'albumine coagulée devient insoluble dans l'eau.

Le chlorure d'argent se forme plus lentement sur la feuille albuminée ; si vous voulez des tons moins rouges, laissez la feuille pendant dix minutes sur un bain d'argent à vingt-cinq pour cent au moins.

NOTE

Si l'image a dépassé le ton vert-olive dans les noirs, si les demi-teintes ont disparu sous une réduction métallique trop forte, si enfin elle est trop venue, on ne pourra pas lui faire perdre le ton vert-bronze métallique dans le bain fixateur ; avant donc de la plonger dans ce bain, il faut la dépouiller de l'excès de réduction : à cet effet, mettez-la d'abord dans l'eau, et laissez-la s'en imprégner pendant une minute ; jetez l'eau et couvrez l'épreuve d'une solution de chlorure d'or acide (1) ;

(1) *Chlorure d'or acide.*

Eau distillée.	600 grammes.
Chlorure d'or.	1 —
Acide chlorhydrique.	10 —

suivez attentivement l'action du chlorure d'or : s'il est neuf, l'effet sera instantané ; sitôt que le ton bronze aura disparu, pressez-vous et lavez l'épreuve à grande eau ; plongez-la alors dans le bain fixateur et continuez les opérations comme il est dit à la page 335.

Lorsque vous dépouillez une épreuve trop venue, hâtez-vous, et ne la laissez sous l'action du chlorure d'or que tout juste le temps nécessaire, plutôt moins ; ce bain est très actif, et l'épreuve pourrait perdre de sa vigueur ; on peut aussi la traiter d'abord par le bain *vieux* (1), surtout si elle ne demande qu'à être légèrement affaiblie.

Les tons bleus ou noirs, mais un peu froids, obtenus par ce moyen, conviennent surtout à certaines reproductions de nature morte, aux ruines, aux cloîtres, aux forêts, etc. ; et le photographe pourra amener exprès ses épreuves au vert-bronze métallique, lorsqu'il aura besoin d'obtenir ces effets.

---

(1) Il ne faut pas jeter la solution qui vient de dépouiller une épreuve, ni la remettre dans le flacon qui contient le chlorure d'or *neuf*. On la conserve dans un flacon à part, et l'on s'en sert pour commencer à dépouiller une épreuve qui ne serait pas trop forte.

Quelques paysages du Midi, au contraire, les rochers, les fabriques, exigent des tons chauds, un peu rouges ; il en est de même des académies. On peut avoir facilement ces tons en fixant les épreuves à l'ammoniaque (1), ou en mêlant au bain d'hyposulfite quelques grammes d'acétate de plomb dissous. Une épreuve fixée à l'hyposulfite de soude (bain neuf) et d'un ton roux sale, peut être ramenée aussi à un ton chaud et harmonieux par une immersion plus ou moins prolongée dans un bain de chlorure d'or alcalin (page 345).

(1)   Eau ordinaire.   100 grammes.
       Ammoniaque pure.   12   —

Lorsque l'épreuve a été mouillée dans l'eau ordinaire, on la met dans ce bain ; elle rougit tout d'abord ; quelques minutes après, on la plonge dans le bain d'hyposulfite de soude, où elle achève de se fixer. Ce bain préalable a pour but encore de donner des oppositions qui pourraient manquer à l'épreuve. Après le fixage et un bain d'eau de quelques heures, cette épreuve prendra dans le bain d'or alcalin un ton noir chaud des plus puissants et des plus harmonieux.

NOTE

De la dégradation partielle de l'image, ou du moyen de ramener à des tons plus harmonieux un positif heurté, et de donner à une épreuve des effets de lumière.

L'opérateur se voit assez souvent dans la nécessité de mettre au rebut un cliché qu'il regarderait comme excellent s'il ne manquait pas d'harmonie dans son ensemble; les parties claires du modèle sont venues plus vite que les endroits moins éclairés, où les couleurs peu actives se sont trouvées en retard. Personne n'ignore quelles épreuves positives donne un cliché de cette nature, dont les parties métallisées tamisent lentement la lumière pendant que les parties translucides la laissent pénétrer sans obstacle; les lumières et les demi-teintes de l'image positive seront parfaites, pendant que les ombres seront passées au vert-bronze métallique; ce dernier ton ne disparaîtra pas au fixage.

Nous venons de voir (page 338) qu'une épreuve positive, passée à la nuance métallique, peut être ramenée à un ton convenable, et nous avons indiqué le moyen de parvenir à ce but en faisant usage du chlorure d'or acide. Voici maintenant ce qu'il faut faire pour dégrader partiellement une épreuve ou pour lui donner, selon les besoins, certaines lumières.

Malgré toutes les précautions prises, il peut arriver qu'un portrait, dont la figure est d'ailleurs parfaite, manque de détails dans les habits; qu'un paysage, complet dans ses lointains et dans ses fabriques, soit trop venu dans les masses de verdure; dans ce cas, il faut rétablir l'harmonie par le moyen suivant :

Au sortir du châssis-presse positif, mettez l'épreuve dans l'eau, lavez-la un instant, changez cette eau et n'en conservez dans la cuvette que 50 grammes environ, que vous rejetterez dans un angle en inclinant la bassine, afin de laisser l'image à découvert ; trempez dans le chlorure d'or acide (page 338) un pinceau à lavis, et passez-le rapidement sur la partie vert-bronze; ramenez de suite l'eau sur cet endroit, jetez cette eau, reprenez une quantité égale d'eau pure, et répétez cette manœuvre sur toutes les parties à dégrader, en ayant bien soin de ne pas laisser passer le chlorure d'or sur les parties claires de l'image, qu'il détruirait ; lavez immédiatement après chacune de ces opérations, qui sont, il est vrai, assez délicates, mais qui n'offrent aucune difficulté sérieuse.

On peut ainsi dégrader les cheveux, par exemple, sur un portrait, sans toucher à la figure. Un peu de pratique en apprendra plus, du reste, sur l'application de ce procédé, que tout un volume de conseils. L'opération terminée, on lave à grande eau, on met l'épreuve dans le bain d'hyposulfite et on la fixe (page 335).

C'est alors que l'opérateur pourrait croire son épreuve perdue ; elle présente en effet deux tons si opposés, qu'il faudrait la rejeter s'il n'y avait pas de remède ; voici comment ou peut lui redonner l'harmonie nécessaire :

Quand, après le fixage, elle aura séjourné dans l'eau pendant deux heures, on la mettra dans la solution de chlorure d'or alcalin, 100 gr. à peu près, en agitant la cuvette jusqu'à ce qu'elle ait atteint le ton désiré ; puis, on la remettra dans l'eau.

NOTE.

Après un quart d'heure de bain, l'épreuve, vue par transparence, offre un aspect poivré, comme si elle était recouverte de poivre en poudre ; c'est le précipité métallique dont elle se débarrasse peu à peu sous l'action du bain fixateur que l'on voit encore dans le tissu du papier; il est essentiel, pour que l'épreuve se conserve, que toute trace de chlorure d'argent ait disparu : on ne saurait fixer à l'avance après combien de temps l'épreuve sera fixée; ce temps dépend, en effet, de la quantité de chlorure d'argent déposé, de la force du bain fixateur, de celle du papier, etc. D'un autre côté, l'aspect général de l'épreuve ne fournit aucun signe extérieur auquel on puisse reconnaître que le fixage est complet.

Force est donc de regarder par transparence pour s'assurer du degré de fixation.

Quand la feuille paraît entièrement débarrassée de chlorure d'argent, laissez-la encore, pour plus de sûreté, dans le bain pendant quelques minutes.

NOTE

Nous avons dit que le bain d'hyposulfite *neuf*, ou à peu près, laissait aux épreuves un ton roux sale peu agréable : donnons le moyen de les faire passer à un ton plus harmonieux.

Préparez le bain suivant :

Dans un flacon d'un demi-litre mettez :

PREMIÈRE SOLUTION.

Eau distillée.	500 grammes.
Chlorure d'or.	1 —

Dans un flacon d'un litre mettez :

DEUXIÈME SOLUTION.

Eau distillée.	300 grammes.
Hyposulfite de soude.	4 —

Lorsque ces deux sels sont dissous, versez la première solution dans la seconde peu à peu et en agitant (1). Nous appellerons ce bain : SEL DOUBLE D'OR ET DE SOUDE; il servira à donner un ton uniforme aux épreuves dégradées partiellement (page 341) et à faire virer à un ton plus harmonieux les épreuves fixées à l'hyposulfite neuf. 100 gr. dans une cuvette plate, suffisent au virage d'une épreuve normale : mise dans ce bain, après un lavage de deux heures, elle passe successivement au ton sépia, sépia foncé rouge et violet-noir.

(1) Si l'on mettait la solution de soude dans celle d'or, on ferait un précipité d'or; l'opération serait manquée.

DU PAPIER POSITIF ET DES ÉPREUVES

CATÉCHISME

DES CHAPITRES XIX, XX, XXI ET XXII.

D. Tous les papiers, indistinctement, sont-ils également bons à être employés en photographie ?

R. On peut obtenir sur un papier quelconque une épreuve positive, mais cette épreuve participera de la nature du papier qui lui sert de support; s'il est beau, si sa pâte est blanche, fine et surtout homogène, l'image sera d'un grain fin et sans tache ; aussi les fabricants de papiers font-ils un choix provenant de leurs meilleures cuves, dans le but de livrer au commerce un papier qu'on peut considérer comme exclusivement consacré à la photographie.

D. Quels sont les papiers les plus estimés ?

R. Quelques fabricants ont eu le monopole de cette fourniture pendant les premières années de la photographie.

Malgré toutes ses qualités, le papier Saxe a l'inconvénient de donner peu de relief aux épreuves ; le papier français et, plus encore, le papier anglais, lui sont bien supérieurs sous ce rapport ; ils donnent des épreuves positives à grand relief, même avec un cliché plat. Si l'on ajoute à tout cela que le papier Saxe est d'un prix exorbitant, l'on aura deux raisons pour une d'y renoncer.

MM. Canson et Lacroix ont été, pendant un certain temps, les seuls fabricants de papier pour les photographes; depuis quatre ans, les papiers de Saxe, malgré leur prix élevé, avaient été à peu près seuls employés, et notre patriotisme ne doit pas nous empêcher de reconnaître que le papier positif Saxe était alors bien supérieur au papier français. Mais notre préférence pour le papier français nous revient en face des mauvais papiers que la *Saxe* nous a envoyés l'année dernière, et qu'elle continue de nous expédier. Il ne faut pas, non plus, faire du patriotisme à rebours.

D. Y a-t-il quelques précautions à prendre pour couper le papier, et vaut-il mieux le couper de grandeur avant ou après les préparations?

R. Il est mieux de couper le papier de la grandeur du cliché avant de commencer les opérations, à moins, toutefois, que le cliché ne soit beaucoup plus petit que la normale; dans ce cas, on le préparerait de la grandeur double ou triple du cliché à copier, mais toujours avec la plus grande propreté, ne le touchant que par les angles, et avec des mains parfaitement lavées.

D. Si le sel employé n'est pas parfaitement pur, que peut-il arriver?

R. Le sel de cuisine est assez souvent sophistiqué, et si, dans cet état, on l'emploie à la première opération, il peut laisser sur le papier une multitude de petits cristaux blancs insolubles qui adhèrent à la feuille, détériorent le cliché, s'il n'est pas verni, et se traduisent sur l'épreuve positive par autant de petites taches blanches.

D. Le temps employé au bain des feuilles, pendant la première opération, doit-il être déterminé rigoureusement?

R. Par les temps chauds, on met successivement jusqu'à dix feuilles dans le bain, et lorsque la dernière y a séjourné environ dix secondes, on peut enlever le paquet par un angle, entre deux morceaux de papier buvard et le piquer à une planche jusqu'à siccité complète ; en hiver, il faut baigner cinq feuilles, tout au plus ; le paquet de dix sécherait trop difficilement.

D. Ce papier se conserve-t-il longtemps sans altération ?

R. Après plusieurs mois de sa première préparation, il est aussi bon que le premier jour.

D. Peut-on faire la deuxième opération dans un laboratoire peu éclairé, mais qui ne serait pas complétement privé de lumière naturelle ?

R. Si l'on doit employer le papier le même jour, on peut, sans inconvénient, opérer dans un laboratoire faiblement éclairé, le papier au chlorure d'argent n'étant pas si impressionnable que celui à l'iodure ; mais si ce papier doit être gardé un ou deux jours, il est prudent de faire cette opération pendant la nuit ou dans l'obscurité absolue, et de renfermer le papier préparé, dans un carton, à l'abri de toute lumière.

D. Peut-on se servir d'une feuille qui, préparée depuis longtemps, aurait fini par contracter une couleur fauve ou légèrement violacée ?

R. Si le négatif destiné à cette feuille est heurté, cette couleur pourra peut-être donner une image positive moins crue, plus acceptable. Mais, ordinairement, cette teinte persistant, même après le fixage, nuira toujours aux lumières et au modelé.

D. Nous avons vu des feuilles positives qui, malgré une insolation assez prolongée, ne prenaient jamais le ton vert-bronze qui caractérise le métal oxydé : la feuille restait toujours d'un ton violacé ; il y avait même des lacunes ; d'où cela provenait-il ?...

R. Si une feuille de papier non salé était placée sur une solution d'argent, cette feuille, mise en contact avec un négatif, ne donnerait jamais une épreuve positive satisfaisante. Le papier, quelle que fût d'ailleurs la durée de l'exposition à la lumière, n'acquerrait pas une teinte au delà du ton violet ; et, au fixage, l'épreuve disparaîtrait. Il en serait de même si la feuille *salée* était mise sur un bain trop faible, ou si elle ne restait pas assez longtemps sur une solution relativement forte. Enfin, il y aurait des lacunes de préparation, des solutions de continuité, si l'on posait la feuille sur le bain, sans prendre les précautions indiquées.

D. Si l'épreuve est retirée trop faible du châssis, y a-t-il quelque moyen de la renforcer ?

R. Le moyen est facile et sûr, si l'épreuve n'est qu'un peu *faible* ; mais si elle l'est par trop, il faut renoncer à la fixer. Le moyen de renforcer une image positive un peu faible consiste à accélérer le séchage de la feuille par l'action d'un feu assez vif, au lieu de la laisser sécher naturellement.

D. Quel est le meilleur moyen de fixage et de virage de l'épreuve positive ?

R. Lorsqu'une épreuve est bien à *point*, voici le meilleur procédé à suivre, celui qui donne à la fois le plus de garantie pour la solidité de l'épreuve et les tons les plus harmonieux.

Mettez dans une cuvette plate :

Sel double d'or et de soude.	70 c. c. (1)
Ammoniaque pure.	2 c. c.

(1) Cette faible quantité est suffisante pour les épreuves 18 + 24. — Il serait inutile de faire le mélange dans de plus grandes proportions ; mis dans une cuvette plate de grandeur normale, il pourra servir à fixer six ou sept épreuves. Alors le mélange commence à se troubler : jetez cette solution et renouvelez-la. Du reste, quoique ce mode de fixage soit un peu dispendieux et quelque grande que puisse être, relativement, l'économie réalisée par les autres moyens, les résultats obtenus par le chlorure d'or ammoniacal sont si supérieurs, que nous n'hésitons pas à fixer toutes nos épreuves par ce procédé. Il est bien entendu que l'on doit avoir au moins six épreuves faites avant de commencer ; sans cette précaution, le virage d'une épreuve serait encore plus onéreux.

Le mélange opéré, plongez-y l'épreuve sans la laver, et agitez la cuvette pendant une ou deux minutes, puis mettez-la dans l'eau pendant encore quelques instants, rincez-la et mettez-la dans le bain d'hyposulfite de soude ; lorsqu'elle est fixée, mettez dans l'eau ; le bain de chlorure d'or ammoniacal donnera les tons les plus variés et les plus harmonieux ; un simple excès de l'un ou de l'autre liquide suffit à une modification de ton.

Excès d'ammoniaque, soit 4 c.c. pour 100 c.c. de sel d'or, ton rouge.

Excès de sel d'or, soit 100 c.c. pour 2 c.c. d'ammoniaque, ton bleu-violet, etc., etc.

Quand la solution commence à se troubler, il faut en faire une nouvelle, car elle donnerait à l'épreuve un ton jaune sale sulfuré, et pourrait même la perdre entièrement.

D. Le papier français est-il aussi impressionnable que le papier allemand ?

R. Cette question semble facile à résoudre, et plus d'un opérateur y répondrait affirmativement. Il est évident que leurs qualités devraient être égales, et leur impressionnabilité identique, s'ils contenaient la même quantité de chlorure d'argent ;

mais il résulte de nos nombreuses expériences, que les papiers de diverses provenances possèdent divers degrés d'impressionnabilité. Certains papiers sont souvent, à cet égard, aux extrémités opposées. Le papier Saxe, à préparation égale, acquiert une sensibilité plus grande que quelques autres, mais avec une déplorable uniformité de ton.

D. Les papiers anglais ont-ils une supériorité réelle sur les autres ?

R. Parmi les papiers anglais, il en est un qui a joui de la plus haute réputation, c'est le papier Watmann; mais il a été si vite épuisé, que nous croyons qu'il serait bien difficile aujourd'hui de s'en procurer une seule feuille. Il y a encore à Londres un papier qui mériterait peut-être qu'on le préférât à tous les autres, s'il ne péchait un peu par l'encollage, c'est le papier Turner. Il est d'ailleurs d'une pâte blanche, homogène, exempte de sels de zinc et de fer; il est fin, quoique peu satiné. Ce papier serait vraiment parfait, sans l'inconvénient que nous venons de signaler. Celui que nous avons employé était toujours trop ou trop peu encollé. Dans le premier cas, il prenait très difficilement le chlorure d'argent; dans le second, il perdait son encollage dans les bains d'argent, qu'il rougissait bientôt et qu'il mettait presque hors de service. Ceci est d'autant plus fâcheux, que nul autre peut-être n'est capable de donner à l'épreuve un ton plus riche et plus velouté, avec un relief remarquable. Nous avons même certains clichés qui ne donnent d'épreuves satisfaisantes que sur ce papier. — Le papier Green est encore un très bon papier anglais ; mais, comme il est de petit format, et que le fabricant a eu la délicate et ingénieuse idée d'imprimer dans la pâte, et au beau milieu de chaque feuille, son nom et son adresse en caractères gigantesques, il est impossible de l'employer pour les épreuves au-dessus de la normale.

D. Peut-on laisser longtemps, et sans inconvénient, l'épreuve dans le bain fixateur?

R. Si l'épreuve est à *point* au sortir du châssis-presse, si même elle est un peu vigoureuse, on peut impunément l'y laisser séjourner deux ou trois fois plus de temps qu'il n'est besoin ; mais un séjour prolongé serait dangereux pour l'épreuve, si elle était faible. Aussitôt que le poivré a disparu, il faut la retirer du bain, sinon l'hyposulfite enlèverait à chaque instant quelque parcelle de cette demi-teinte si favorable aux effets de ronde-bosse, de telle sorte qu'une épreuve, qui eût été tout au moins supportable, deviendrait très faible si elle n'était pas même totalement perdue. Si l'épreuve est vigoureuse, cette demi-teinte ne disparaîtra pas complétement, mais les lumières augmenteront à ses dépens et deviendront même d'une teinte jaune-verdâtre, pour arriver enfin à des tons peu harmonieux ; les noirs, de leur côté, prendront plus de vigueur encore, ce qui achèvera de donner à l'épreuve un contraste dur et tranché des plus désagréables.

D. Y a-t-il quelques précautions particulières à prendre quand l'air est chargé d'humidité, pour que le négatif, lorsqu'il n'est pas verni, ne s'altère ou ne se perde pendant un contact prolongé avec le papier positif?

R. La meilleure précaution est de faire chauffer assez fortement le cliché auprès d'un feu de braise, du côté du collodion. — Le papier, sur cette surface échauffée, perdra non seulement l'humidité dont il pourrait être imprégné, mais il sera même à l'abri de celle de l'air, durant toute l'exposition du châssis à la lumière, quelle que soit la durée de cette exposition.

D. A quel signe reconnaît-on que l'image est à point?

R. En tenant compte d'une légère dégradation de ton que l'agent fixateur fait toujours subir à l'épreuve positive, on peut être sûr de l'amener à point ; on sait quelle était la couleur du modèle ; si donc, par négligence ou par une cause quelconque, on a laissé dépasser le ton de l'épreuve, nous avons vu qu'au moyen du chlorure d'or acide on peut facilement la ramener au ton voulu.

D. Est-ce que la seule propriété du chlorure d'or acide est de dégrader l'épreuve ?

R. Outre cette propriété, qui pourrait devenir tout à fait destructive si l'on ne surveillait attentivement l'épreuve en voie de dégradation, il a aussi celle de donner un ton noir très fin et tirant même sur le vert. Or, comme ce ton est fort peu harmonieux, il est indispensable, alors qu'il se produit, de baigner cette épreuve dans le chlorure d'or ammoniacal pour en réchauffer la couleur, mais après l'avoir lavée soigneusement.

D. Vous avez dit qu'il fallait regarder l'épreuve par transparence pour s'assurer si le chlorure d'argent, resté libre, était complétement dissous par l'hyposulfite de soude ; mais si l'on oubliait cette recommandation, et qu'il restât quelques traces de chlorure dans la pâte du papier, ne pourrait-on les

PHOTOGRAPHIE SUR COLLODION.

faire disparaître en remettant, plus tard, la feuille dans le bain fixateur?

R. Si l'on s'apercevait assez tôt d'un fixage incomplet, c'est-à-dire après une ou deux minutes d'immersion dans l'eau, de la présence dans la pâte du papier de ce que nous avons appelé du *poivré*, il serait temps encore de remettre l'épreuve dans le bain d'hyposulfite ; mais, quelques minutes plus tard, le poivré persisterait, et l'épreuve serait totalement perdue.

D. Qu'entend-on par *ficelles*, en termes d'atelier, et par rapport au sujet qui nous occupe?

R. Les *ficelles* sont des petits moyens ingénieux qu'on emploie au besoin pour arriver à des résultats satisfaisants, avec des matériaux incomplets. — L'emploi du chlorure d'or acide, pour dégrader une partie de l'image trop venue, est justement un de ces moyens-là.

D. Si le cliché, au lieu d'être heurté, est trop également éclairé, n'y a-t-il pas un moyen, une *ficelle*, pour remédier à cet inconvénient?

R. Si le cliché est d'une grande uniformité de ton, si les deux côtés de la figure sont également éclairés, le positif sera sans valeur. — Un petit carton de la grandeur de la joue à préserver, attaché à un fil de fer et promené sur cette joue pendant que le positif est en voie de formation, arrêtera l'action lumineuse ; cette partie préservée restera plus claire que l'autre et donnera à l'image le relief qui lui manquait.

D. Les différents bains virateurs, indiqués précédemment, sont-ils toujours et infailliblement efficaces pour obtenir le ton voulu, ou du moins un ton suffisamment harmonieux ?

R. Si mauvais que soit le papier, qu'elle qu'en soit la provenance, qu'il soit français, anglais ou allemand, l'épreuve prendra *toujours* un ton harmonieux dans les sels d'or, alcalins, acides ou ammoniacaux, *si* le papier est assez *salé* et s'il est resté assez de temps sur le bain d'argent, c'est-à-dire si, sur une quantité suffisante de chlorure d'argent, une quantité plus grande encore d'azotate d'argent est venue se déposer. Nous avons dit, il y a déjà plusieurs années, contrairement à tout ce qui avait été écrit jusqu'alors, que, pour obtenir des épreuves remarquables, aptes à retenir les sels d'or et à prendre, sous leur influence, des teintes aussi brillantes que durables, la feuille devait rester au moins cinq minutes sur le bain d'argent.

A l'exception du papier Turner et du papier albuminé, qui doivent, en raison de leur force, séjourner plus longtemps, tous les papiers suffisamment salés doivent, en cinq minutes, et sur un bain de 15 à 20 pour cent, se charger d'une assez grande quantité d'azotate pour que l'épreuve puisse acquérir, dans les bains de virage et de fixage, un ton, une dorure, une profondeur qui la rendent presque stéréoscopique, et qui contribuent en même temps à la rendre inaltérable.

D. Quel est le meilleur des modes de lavages?

R. Le meilleur serait celui qui permettrait de déposer les épreuves dans une caisse trouée et de les exposer ainsi au courant d'une rivière; mais ce moyen n'est pas à la portée de tous les opérateurs, et, à cet égard, chacun doit s'ingénier à tirer le meilleur parti des moyens qu'il aura à sa disposition. Celui-ci se tirera d'affaire avec une auge au-dessous d'un robinet de pompe; celui-là emploiera une grande ou plusieurs cuvettes, etc., etc. Mais tous auront à se préoccuper de ce principe, que plus l'épreuve aura été lavée et plus elle résistera aux diverses influences atmosphériques, et plus elle sera inaltérable.

D. Si, par suite de la différence que présente l'épreuve vue dans l'eau, et l'épreuve séchée, ou par tout autre motif, l'opérateur a fait une épreuve trop blanche ou l'a tenue trop noire, n'y a-t-il pas un moyen d'y remédier?

R. Lorsqu'une épreuve est trop faible, il faut, après l'avoir essorée dans du papier buvard, la faire sécher rapidement devant un feu de braise, qui lui donnera un beau ton rouge très vigoureux.

Dans le cas contraire, on peut la soumettre à deux ou trois lavages à l'eau bouillante ; elle s'affaiblira graduellement. Mais si le ton était par trop vigoureux, on devrait la mouiller d'abord ; puis, la dégrader avec le chlorure d'or acide, la laver encore, et enfin la remettre dans une eau ammoniacale de 30 pour cent environ, pour lui enlever le ton verdâtre produit par le bain de chlorure d'or; après quoi, il faudrait la soumettre à de nouveaux lavages à l'eau, etc. Mais tous ces moyens ne valent pas une épreuve *tirée à point*.

CHAPITRE XXIII

DES ÉPREUVES POSITIVES

Obtenues par un procédé négatif.

Moyen de tirage très rapide, même pendant l'hiver, lorsque le temps ne permet pas d'exposer longtemps le châssis-presse, de crainte d'altérer le cliché.

Sérum de lait.

Manière de l'obtenir.

Dans un vase, et sur un feu couvert de cendres, mettez un litre de lait. Lorsque le lait commence à monter, versez dessus 10 c. c. d'acide acétique. Cet acide précipitera instantanément le caséum; filtrez à travers un linge; lorsque ce liquide sera refroidi, faites l'opération suivante :

Dans une capsule profonde, mettez un blanc d'œuf, versez peu à peu le liquide et battez, sans interruption, pendant quelques instants ; remettez sur le feu ; aux premiers bouillonnements l'albumine entraînera toutes les substances en suspension, et le liquide sera clarifié.

Ce litre de lait produira environ 250 grammes de liquide.

1re OPÉRATION.

Sur cette préparation, posez la feuille de papier du bon côté et laissez-la s'imprégner pendant quelques minutes ; puis suspendez-la et laissez-la sécher. Ce papier, étant à l'abri de la poussière, conservera sa propriété pendant plus d'un mois.

2e OPÉRATION.

Faites un bain ainsi composé :

Azotate d'argent.	3 à 5 grammes.
Eau distillée.	100 —

Lorsque la solution est faite, ajoutez :

Acide acétique.	3 c. c.

Posez sur ce bain une feuille ayant subi la première opération; trois à quatre minutes suffisent à la formation de la couche sensible; suspendez-la alors, et laissez-la sécher à l'abri de toute lumière.

Pour faire l'épreuve positive, il suffit de mettre cette feuille en contact immédiat avec le négatif, et cela de la même manière que pour une feuille préparée au chlorure d'argent. Seulement, au lieu de quelques heures d'exposition qu'aurait exigées la feuille au chlorure, celle qui est préparée à l'iodure d'argent ne demande pas plus de une à deux minutes; ce temps suffit aux rayons actiniques pour décomposer la couche sensible; et, si faible, si peu apparente que soit l'image, elle se complétera aux premières réactions chimiques de l'agent continuateur.

Après cette courte exposition, vous pouvez rentrer dans le laboratoire et procéder au développement de l'image.

MOYEN.

Vous avez fait dissoudre d'avance de l'acide gallique; filtrez cette solution saturée; mettez-en quelques grammes sur une glace de niveau et placez-y la feuille impressionnée, l'image en dessous; ne laissez pas de bulles, l'image ne tardera pas à se montrer dans tout son développement. Quand elle sera complète, lavez-la à quatre ou cinq eaux.

On pourra donner à cette image un ton plus harmonieux, en la plongeant dans un bain de chlorure de platine ainsi composé :

Chlorure de platine.	1 gramme.
Eau.	2,000 —

Lorsque le ton désiré a été obtenu, lavez l'image et mettez-la dans un bain d'hyposulfite de soude à 6 pour cent, pendant une demi-heure à peu près ; lavez et terminez les opérations comme pour la feuille au chlorure d'argent. Pendant les températures défavorables de l'automne et de l'hiver, alors précisément que les demandes se succèdent rapidement, nous employons volontiers ce moyen de tirage, qui est très expéditif et qui donne d'excellents résultats, pour les tons et pour la durée des images.

Ce procédé, qui est une modification du procédé de M. Sutton, nous a été communiqué par M. Schlumberger, amateur habile, qui a su en tirer de véritables chefs-d'œuvre.

Il est bien entendu que toutes les opérations que nous venons de décrire doivent être faites à la clarté d'une lampe, excepté la première, qui, seule, peut être faite en pleine lumière.

Médaillons ronds, carrés ou ovales, dégradés.

Dans une feuille de carton léger, de la grandeur du châssis-presse, découpez un ovale convenable au sujet. Après avoir mis le négatif en contact avec le papier positif, posez cet ovale sur la glace du châssis; placez-vous perpendiculairement au rayonnement lumineux et maintenez le châssis et le carton de même avec vos deux mains; alors faites glisser le carton du haut en bas, dans le sens du grand axe de l'ovale, par un mouvement de va-et-vient, plus ou moins allongé, mais toujours régulier, et continuez ce mouvement jusqu'à complète formation de l'image; le soleil est nécessaire. A la lumière diffuse, avec un cliché vigoureux, l'opération serait longue et fatigante. Ce moyen est applicable à tous les systèmes: fonds blancs, gris, draperies, etc... Le carton peut être ovale, carré, rond, etc. Toutefois, l'image n'est vraiment belle que lorsqu'elle est sur fond blanc et en forme de médaillon, c'est-à-dire à mi-corps; un peu de retouche ne gâte rien à la chose, et le dessin en est mieux *apprécié*.

VERNIS ROSE.

CHAPITRE XXIV

Depuis plus de deux ans nous expérimentons constamment sur les vernis de différentes couleurs, pour venir en aide à l'opérateur, qui, malgré tous ses soins, ne parvient pas toujours, dans les diverses opérations, à fixer les tons qu'il poursuit, et qui lui sont indispensables pour la vente de ses produits.

On obtient assez communément des résultats médiocres, dus ou à un tirage incomplet, ou à un mauvais fixage ; il arrive que l'épreuve étant heurtée, blafarde ou d'un ton cru, on voudrait la réchauffer, en ajoutant au blanc une couleur harmonieuse qui pût ne pas nuire à l'intensité des noirs. Nous croyons être agréable à nos lecteurs en leur recommandant à ce sujet le vernis rose. Ce vernis doit presque toujours être modifié avec du vernis orange et de l'alcool. Voici le moyen de l'employer :

Mettez dans une capsule plate en porcelaine :

Vernis rose.	100 c. c.	En proportionnant les doses
Vernis orange.	1 c. c.	à la carnation plus ou
Alcool.	25 c. c.	moins bistrée du modèle.

Posez l'épreuve sèche sur ce vernis de la même manière que le papier sur le bain d'argent ; retirez-la immédiatement, suspendez-la par un angle, elle séchera en quatre ou cinq minutes, et si le ton n'est ni trop rose, ni trop jaune, ce que la pratique vous indiquera, l'épreuve prendra un ton chaud de la plus grande beauté. C'est surtout dans le cas d'une épreuve trop venue, d'un ton verdâtre, et dégradée par le chlorure d'or acide, que l'opérateur pourra apprécier tous les avantages de ce vernis. Grâce à lui, cette épreuve, montée, satinée, encaustiquée, ne laissera rien à désirer, et sera même incontestablement mieux fixée que toute autre.

CHAPITRE XXV

Emarger, monter, satiner l'épreuve.

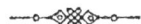

Les épreuves qui sont livrées sans passe-partout, doivent être émargées et collées sur carton bristol. — Lorsque l'on a un grand nombre d'épreuves à faire, il est bon d'avoir des calibres en glace de deux ou trois grandeurs, une équerre en glace et une grande feuille de verre double dépoli, sur laquelle on coupe l'épreuve, et en général tout le papier photographique. — Pour bien coller une épreuve, on se servira de colle d'amidon, fraîchement faite, ou, ce qui vaut peut-être mieux encore, de colle de gomme dissoute à froid ; on couchera l'épreuve sur une feuille de papier buvard, puis on passera sur l'envers, avec une *éponge fine*, et non pas avec un pinceau, le moins de colle possible ; après quoi, on la placera sur un carton bristol, on la couvrira d'une feuille de même nature et on la soumettra ainsi au cylindre, à une faible pression, de la presse à satiner. Après le retour, on enlèvera le bristol de dessus, on retournera l'épreuve, on la couchera sur la pierre ou sur l'acier couverte du bristol protecteur, et l'on satinera par une pression plus forte du cylindre (1). Plus on rapprochera les deux cylindres, plus le satinage sera complet. L'épreuve aura alors un lustre que l'encaustique viendra perfectionner.

(1) Le cylindre glaceur de M. Poirier, rue du Faubourg-Saint-Martin, 122, a atteint son plus haut degré de perfection : mécanisme simple, égalité de pression, satinage parfait; l'habile mécanicien a tout prévu, et dans notre pensée, comme dans celle de tous ceux qui le possèdent, c'est le meuble indispensable de l'atelier, l'unique moyen de donner à l'épreuve la finesse et la profondeur qui caractérisent l'image bien réussie.

CHAPITRE XXVI

ENCAUSTIQUE LUSTRÉE

de Clausel et Belloc.

L'épreuve positive vue dans l'eau a une bien belle apparence, et chacun a eu certainement le désir de lui conserver ce lustre humide qui lui donne tant d'éclat ; mais, en séchant, la transparence et la vigueur disparaissent, et avec elles les détails, les finesses et tout le charme de la couleur.

L'on a employé avec quelque succès les vernis et le laminoir ; et, il faut bien le reconnaître, l'épreuve, vernie ou satinée, acquiert beaucoup plus d'éclat ; mais le vernis couvre l'épreuve d'une couche luisante, épaisse, pouvant jaunir avec le temps et faisant miroiter l'image d'une façon désagréable.

Le laminoir est préférable au vernis, et cependant

il donne un aspect dur à l'épreuve, en écrasant trop le grain du papier; de plus, le laminoir est une lourde machine, et le portraitiste voyageur a dû y renoncer.

L'encaustique lustrée rend aux épreuves ce brillant si doux, si harmonieux, qu'elles ont perdu en séchant, et leur donne, en outre, une durée indéfinie sans altération.

Six années d'expérience nous ont appris que, même au contact de centaines d'autres épreuves enfermées dans un carton, les épreuves *encaustiquées* n'ont contracté aucune tache, pendant que les autres ont été maculées en plusieurs endroits ou ont sensiblement perdu.

Comment en serait-il autrement! l'encaustique est un composé d'essence de lavande, d'essence de girofle et de cire vierge, tous éléments de conservation et de réduction. C'est encore à M. Humbert de Molard que nous devons l'addition d'essence de girofle, essence qui était la base de son encaustique à lui, car nous nous rappelons qu'il l'employait déjà en 1848.

FORMULE.

Dans un vase de terre vernissé, mettez :

Cire vierge. . . . . 100 grammes.

Lorsque la cire est fondue, retirez le vase du feu et ajoutez à ce liquide :

 Essence de lavande.   100 c. c.
 Essence de girofle.   25 c. c. (1).

Laissez précipiter les quelques impuretés qui sont en suspension, quelques secondes suffisent.

Prenez avec une cuiller le liquide supérieur et mettez en pot bien fermé ; abandonnez le dépôt.

Prenez avec un doigt un peu d'encaustique et étendez-la sur l'image, de manière à ce qu'il n'y en ait que juste pour couvrir le papier ; mettez-en également partout et égalisez la couche en frottant avec le doigt.

Procédez à un premier frottage avec un tampon de laine (étoffe mérinos, par exemple). Frottez de nouveau, en long et en large ; achevez de polir avec un tampon nouveau, en le manœuvrant assez vite pour obtenir un joli brillant ; si des peluches sont restées adhérentes au papier, frottez un peu plus fort, elles seront enlevées sous l'effet du frottage.

(1) Si un pot d'encaustique, par suite d'un usage trop prolongé, a perdu de sa qualité, c'est-à-dire si la pâte est trop consistante, s'il était par trop difficile de l'étendre avec le doigt, si, par tout autre motif, l'usage en devenait difficile, soit que la pâte fût trop ou trop peu compacte, on pourrait remettre le tout sur le fourneau et ajouter ou de la cire, ou de la lavande.

Moyen de réunir en groupe, sur une feuille positive, plusieurs personnages provenant de divers clichés.

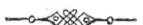

Il est toujours très difficile d'obtenir un groupe, surtout lorsqu'on veut reproduire les personnes d'une grandeur plaque normale, car il faut, pour cela, non seulement faire usage d'un objectif de monstrueuse dimension, mais encore avoir affaire à des poseurs-modèles. Il suffit, en effet, qu'une seule des personnes composant ce groupe ne se maintienne pas dans la plus complète immobilité, pour que le cliché tout entier soit perdu; l'on pourrait ainsi le recommencer indéfiniment, tantôt par la faute de celui-ci des personnages, tantôt par la faute de celui-là. Cette difficulté disparaît si, après avoir fait poser séparément chaque personne dans l'attitude qu'elle doit avoir dans l'ensemble du groupe, et en avoir obtenu un cliché, on peut réunir ces divers clichés sur un seul tableau. Or, voici le procédé à l'aide duquel cette réunion peut s'opérer : Les clichés partiels étant obtenus, on noircira chacun de ces clichés, du côté du collodion, avec de l'encre de Chine très épaisse, en silhouettant l'image avec soin. Tous les clichés étant ainsi préparés, on tirera de chacun une épreuve, à moitié venue seulement; puis, on découpera cette image positive, bien entendu sans la fixer, et de manière à en faire une silhouette qui s'adapte parfaitement à celle du cliché. Ces silhouettes conservées noirciront, et pourront servir indéfiniment. Tirez alors, de chaque cliché, une nouvelle épreuve, que vous fixerez, et qu'ensuite vous découperez quand elle sera sèche. Alors, vous la collerez sur un carton, en lui donnant la position qu'elle doit occuper dans l'ensemble du groupe. Ce carton, une fois composé de tous vos personnages, devra vous servir de maquette et de guide lorsque vous constituerez votre groupe sur une seule feuille de papier positif. Pour obtenir ce dernier résultat, prenez une feuille de grandeur convenable, soit de 30 cent. de hauteur sur 45 cent. de longueur pour un groupe de cinq ou six personnes. Disposez votre châssis (1) dans un la-

---

(1) Les volets de ce châssis doivent s'ouvrir parallèlement au sens de sa longueur, pendant que le châssis ordinaire les porte dans le sens contraire.

boratoire éclairé par une lumière artificielle ; posez d'abord, sur le fond du châssis, le cliché du personnage qui doit occuper le premier plan dans la composition de votre tableau ; cette place devra vous être exactement indiquée par votre maquette. Placez au-dessous du cliché, et tout autour, du papier noir (celui qu'on obtient par le chlorure d'argent est le meilleur), que vous pourrez prendre parmi les mauvaises feuilles positives. Placez-le de telle sorte qu'il ne nuise point à l'impression du cliché. Posez ensuite le papier positif sur le cliché, couvrez-le de quatre feuilles de papier buvard, et exposez-le à la lumière. Aussitôt que l'image est venue, enlevez la feuille positive, et couvrez l'image avec sa silhouette en la fixant avec de la colle à bouche, à la base seulement. Procédez à la pose du second personnage et de la même manière, en ayant soin de le mettre dans la position qu'il devra occuper dans le plan général ; posez successivement tous les autres avec les mêmes soins que pour le premier, et en mettant toujours du papier noir entre eux, partout où la lumière pourrait pénétrer. Le succès de cette opération dépend surtout du soin qu'on aura mis à faire venir à point chacune des épreuves particlles ; c'est la condition essentielle de l'unité de ton qui doit régner dans votre tableau.

Peut-être, en fin de compte, vos personnages se découperont-ils assez sèchement sur un fond blanc, mais vous pouvez modifier cet effet et obtenir une teinte plus ou moins dégradée en couvrant votre positif (1) d'une forte glace, en exposant le tout à la lumière, et en promenant un tampon de linge sur la partie que vous voulez rendre plus claire et estompée ; ou bien, vous pouvez encore avoir préparé d'avance un cliché de la grandeur de votre groupe, et pris avec soin avec l'objectif simple. — Ce cliché, représentant un intérieur ou une campagne, pourra servir de fond à votre groupe. — Mettez-le dans le châssis-presse — et couvrez-le du positif portant tous ces *caches*. Exposez de nouveau à la lumière, — le groupe se détachera plus convenablement sur un fond moins cru.

---

(1) Cette opération doit être faite lorsque les silhouettes noires couvrent les personnages et les protégent, — ne laissant à découvert que le fond à teinter.

DES PAYSAGES

Moyen d'adapter un ciel nuageux au paysage.

Lorsque l'on opère avec l'objectif simple, le négatif est forcément incomplet ; les terrains, les arbres, les fabriques viennent parfaitement, pendant que le ciel, toujours brillant, quelle que soit sa nature, devient une couche métallique non interrompue, qui donne naturellement au positif cet aspect dur et blafard que vous savez. Un paysage, un monument, dont les arêtes vives se silhouettent sèchement sur un fond blanc, est une œuvre qui laisse à désirer : l'œil ne s'accoutume pas volontiers à cette crudité de dessin ; il veut que les tons se fondent graduellement avec celui de l'atmosphère.

Le photographe paysagiste ne semble prendre aucun soin de cette exigence ; la plupart, pour ne pas dire tous, par négligence ou par impuissance, se bornent à reproduire des paysages détachés sur un fond mat de papier gris ou blanc ; combien, pourtant, l'effet serait-il plus saisissant, si, comme dans la nature, les derniers plans du paysage venaient s'estomper sous un ciel bien harmonisé !

Depuis plusieurs années, nous employons, pour obtenir ce résultat, un procédé que nous croyons utile de faire connaître à nos lecteurs. Par une belle soirée de printemps, il n'est pas rare de voir des ciels nuageux du plus merveilleux effet. Saisissez ces moments favorables, véritable heure du berger, du paysagiste photographe, et faites plusieurs clichés non éclairés, du même côté. Prenez, pour cela, l'objectif à paysage muni d'un petit diaphragme, et opérez en une seconde, et même en une moindre durée. Une pose plus longue vous donnerait un ciel noir. Quand vous avez réussi cinq ou six clichés différents, vous pouvez adapter les ciels que vous avez obtenus à une quantité innombrable de paysages et de points de vue, en distribuer la lumière et les tons à votre fantaisie et selon vos goûts. Prenez soin, seulement, d'employer le cliché-nuage éclairé du même côté que le cliché de votre paysage. Tout ce que nous venons de dire du paysage, en général, est également applicable à la reproduction des monuments.

La pratique de ce procédé peut se réduire aux prescriptions suivantes : Placez dans le châssis-presse (1) le cliché de votre ciel, et cachez, avec du papier noir, toute la partie qui est réservée au paysage. Exposez le tout au soleil, et, pendant son action, passez un gros linge sur la solution de continuité, de manière qu'en estompant, cette ligne de démarcation devienne à peu près insaisissable (elle disparaîtra au fixage).

Lorsque les nuages sont au point voulu pour s'harmoniser avec le paysage, ôtez-en le cliché, que vous remplacerez par celui du paysage, et que vous couvrirez alors de la feuille portant les nuages. Cela fait, remettez encore le tout au soleil, sans plus vous inquiéter de savoir si quelques arbres ou quelques points plus élevés de vos monuments viendront se détacher naturellement sur ces nuages. Soyez convaincu qu'alors tout s'harmonisera de soi-même, et dans une teinte générale du plus bel effet.

La seule précaution que vous ayez à prendre, c'est que, lorsqu'il s'agit d'un monument et même d'un paysage, la partie du cliché qui représente le ciel soit parfaitement noire, afin de protéger le nuage qui existe déjà sur la feuille de papier positif.

(1) Le châssis-presse doit être bien plus grand que pour la grandeur du cliché employé, puisque deux clichés viendront successivement y prendre place.

ÉLÉMENTS DE CHIMIE

APPLIQUÉE A LA PHOTOGRAPHIE.

Les chimistes divisent les corps en *corps simples* et en *corps composés*. Les corps composés sont ceux dont on peut extraire plusieurs substances, différant entre elles par leurs propriétés et différant aussi de la substance primitive.

Tel est le chlorure de sodium (sel de cuisine) (*corps composé*), qui peut être décomposé en chlore et en sodium (*corps simples*), tandis que le chlore et le sodium ne peuvent être séparés en d'autres principes.

Les corps se présentent à nous sous trois états différents : l'*état solide*, l'*état liquide* et l'*état gazeux*; presque tous peuvent être obtenus sous ces trois états.

L'eau, par exemple, qui est liquide (*eau*) à la température ordinaire, se réduit à l'état solide (*glace*) par les grands froids, pendant qu'à une haute température elle passe à l'état de gaz (*vapeur*).

On distingue, parmi les corps composés, des *acides*, des *bases* et des *sels*.

On comprend, sous la dénomination générale d'*acides*, les corps qui rougissent la teinture bleue de tournesol, ou qui se combinent avec d'autres corps de nature *basique* bien constatée.

On appelle *bases* les corps qui ramènent au bleu le tournesol rougi, ou qui peuvent se combiner avec des *acides*.

Les *sels* résultent de la *combinaison* des *acides* avec des *bases*.

Des sels peuvent aussi prendre naissance lors de la *combinaison* de deux corps simples. L'*or* et le *chlore* produisent, en se combinant, du *chlorure d'or* (sel).

Deux ou plusieurs corps réunis ensemble, mais gardant chacun ses propriétés primitives, constituent un *mélange*.

Les corps, dont la réunion détruit, altère ou change les propriétés, constituent, en s'associant, de véritables *combinaisons*.

On peut considérer principalement commes *bases* salifiables tous les alcalis, les terres, les oxydes, etc.

L'*acide* hyposulfureux combiné avec la soude (*base*) donnera naissance à l'hyposulfite de soude (*sel*).

Lorsque deux sels se combinent entre eux et forment des composés plus complexes, l'on donne à ces composés le nom de *sels doubles*.

Ainsi, le chlorure d'or combiné avec l'hyposulfite de soude, pour former la solution employée au fixage des épreuves sur doublé d'argent, peut prendre le nom de *sel double d'or et de soude*.

Les dissolvants employés en photographie sont principalement l'*eau*, l'*alcool*, l'*éther*. Ces dissolvants ont plus ou moins d'action sur les corps, et ils n'exercent pas tous une action identique sur la même substance. Leur activité dépend beaucoup de leur degré de température. Certains sels sont insolubles dans l'éther ou l'alcool anhydre, tandis que l'eau en dissout une proportion considérable: tel est l'iodure de potassium.

L'iode, au contraire, fort peu soluble dans l'eau, se dissout parfaitement dans l'alcool.

Un liquide *anhydre* ou *absolu* est celui qui ne contient pas d'eau: celui qui en contient, mais en petite quantité (un seul *équivalent*), est dit *monohydraté*; enfin, on donne le nom de *hydraté* à un corps qui contient beaucoup d'eau. On appelle *anhydre* la chaux vive, tandis que le lait de chaux, ou la chaux éteinte, prend le nom de *chaux hydratée*.

Les expressions : alcool à 32°, à 36°, à 40°, etc., indiquent diverses espèces d'alcool hydraté, étudiées à l'aide du *pèse-liqueur de Cartier*, dont le 0° correspond à l'eau pure, et le 44° à l'alcool absolu.

On dit qu'un sel est *hygrométrique*, lorsqu'il s'empare facilement de l'humidité de l'air : tel est le chlorure de sodium. Le chlorure d'or est un sel *déliquescent* par excellence, car il ne peut être exposé au contact de l'air humide sans qu'il absorbe assez d'eau pour se transformer en liquide.

Le mot *efflorescent* est diamétralement opposé au mot *déliquescent*, et sert à désigner un sel dont les cristaux exposés à l'air perdent de l'eau au lieu d'en prendre, de telle sorte qu'au bout d'un certain temps ils se divisent et tombent en poussière.

Une dissolution est dite aqueuse, alcoolique, éthérée, suivant la nature du corps liquide employé pour l'obtenir.

Un liquide est *concentré*, lorsqu'il contient une grande quantité de sel.

Il est *saturé*, lorsqu'il ne peut plus dissoudre de ce même sel, et qu'il en reste un léger dépôt au fond du vase.

Nous avons dit que les dissolvants avaient un pouvoir plus ou moins énergique sur certains corps ; il en résulte que tous ne dissolvent pas les mêmes quantités de ces corps. Nous devons ajouter que, pour changer un liquide en saturation complète, il faut un certain temps, qui varie suivant la température et l'énergie du corps dissolvant (1).

La *dissolution*, la *saturation* et la *concentration* des corps sont presque, dans tous les cas, nécessaires pour obtenir la *cristallisation*.

Lorsqu'un corps passe lentement de l'état liquide ou gazeux à l'état solide, il est souvent susceptible de prendre des formes régulières qui reçoivent le nom de *cristaux*.

Les mots *dissolution*, *solution*, désignent l'état d'un

---

(1) L'iodure de potassium étant un sel insoluble dans l'alcool anhydre, il faudra, pour obtenir la solution alcoolique saturée d'iodure de potassium, employer l'alcool à 36° et prendre la précaution de porphyriser l'iodure dans un mortier de verre ou de porcelaine ; il faut surtout faire cette saturation à froid et au moins quelques heures avant de s'en servir.

corps solide tenu à l'état liquide au moyen d'un *dissolvant*.

Décanter, c'est l'action de séparer un liquide du dépôt formé au fond du vase, en versant le liquide avec précaution ou en le soutirant au moyen d'une pipette. Ce petit instrument est surtout indispensable pour puiser le chlorure d'or destiné au fixage des plaques daguerriennes, et le séparer ainsi d'un petit dépôt pulvérulent qui ne manquerait pas de *piquer* les épreuves. On ne peut filtrer cette solution, ainsi que bien d'autres, qui laisseraient leur sel dans le filtre. Dans bien des cas, au contraire, il vaut beaucoup mieux filtrer. Le collodion doit être filtré avec soin.

Il faut que le filtre soit pointu et entièrement enfoncé dans l'entonnoir. On doit le faire avec du papier blanc et propre (papier Berzélius) (1).

On appelle *précipité* la matière insoluble qui tombe au fond du vase dans lequel on fait réagir l'une sur l'autre des matières en dissolution. Le chlorure de sodium *précipite* une solution d'argent et donne naissance à du chlorure d'argent.

---

(1) Ce papier étant d'un prix trop élevé pour les usages ordinaires de la photographie, on peut le remplacer par les filtres gris ronds du commerce.

La *réduction métallique* est le passage des combinaisons métalliques à l'état de métaux par voie de *décomposition*.

Le mot *décomposition* indique l'action par laquelle un composé est réduit en ses éléments.

Le *chlorure d'argent*, exposé à la lumière, se *décompose* ; le *chlore* s'en va, l'*argent* reste sous la forme d'une poudre métallique noirâtre.

Nous voyons par là que la lumière peut décomposer certains corps. La photographie n'a d'autre base que cette propriété des rayons lumineux.

Les oxydes d'argent et d'or, frappés par la lumière, abandonnent l'oxygène ; il en est de même de la plupart des sels de ces deux métaux qui se réduisent en présence de l'agent lumineux.

La réduction des composés d'or et d'argent marche bien plus vite en présence de l'eau et des matières organiques.

Nous nous sommes contenté de donner sommairement la définition de quelques termes de chimie pratique ; nous allons continuer maintenant par un examen rapide des substances employées en photographie : il est impossible, il serait même inutile, d'aborder ici cette étude d'une façon complète ; elle exigerait des développements incompatibles avec les bornes d'un traité élémentaire.

Dans tout ce qui va suivre, nous nous sommes borné à décrire quelques propriétés spécifiques des substances employées en photographie, sans nous imposer d'autre règle que celle d'initier l'opérateur aux préparations nécessaires à son art, et de lui rendre faciles les manipulations auxquelles nous avons dû et nous devons toujours des succès certains et non interrompus.

Pour éviter une rédaction trop savante, nous nous sommes souvent répété; l'habitude de professer nous a fait apprécier tous les avantages de ce mode d'exposition : un élève ne se fâchera jamais d'une redite.

Nous osons assurer les plus grands succès à celui qui pratiquera rigoureusement nos principes, et nous offrons nos soins à ceux qui ne pourraient pas complétement réussir par ces moyens, bien persuadé qu'au bout de vingt-quatre heures ils seront passés maîtres.

Un laboratoire de chimie est joint à notre établissement, et un préparateur habile y fait un cours rapide, mais complet, de chimie expérimentale appliquée à la photographie. L'élève, en suivant ce cours, apprendra à préparer le coton-poudre, le collodion, le nitrate d'argent, etc., de manière à n'avoir plus besoin du secours de personne pour la fabrication des substances indispensables à l'exercice de la photographie.

Eau.

La première combinaison de l'hydrogène avec l'oxygène (le *protoxide d'hydrogène*) n'est autre chose que l'eau.

L'eau pure est sans saveur ni odeur, elle est incolore; mais, sous une grande épaisseur, elle prend une nuance verdâtre très prononcée, et devient même complétement opaque. Nous avons vu qu'elle pouvait passer par les trois états : *gazeux*, *liquide* et *solide*; le zéro du thermomètre centigrade marque la température à laquelle l'eau passe de l'état solide à l'état liquide; le 100° indique la température à laquelle l'eau passe de l'état liquide à l'état gazeux, sous la pression moyenne de l'atmosphère.

L'eau la plus limpide, celle des rivières et des sources, n'est pas chimiquement pure; on peut aisément s'en assurer en la faisant évaporer dans une capsule; on trouvera toujours un résidu.

L'eau de pluie est de l'eau à peu près pure, et si l'on a soin de la recueillir sur un linge propre, elle peut remplacer l'eau distillée employée comme dissolvant dans les opérations chimiques. Mais il n'est pas toujours facile de recueillir de grandes quantités d'eau de pluie. En Espagne, en Italie, en Orient, il pleut bien moins souvent que chez nous, et l'eau distillée qu'on y vend n'a pas toujours les qualités de son nom ; il en est souvent de même en province, où le photographe ne peut, même à des prix exorbitants, se procurer de l'eau chimiquement pure.

Il serait peut-être bon que, dans ces circonstances, l'opérateur fût muni d'un petit alambic, et qu'il distillât lui-même son eau. Un petit alambic est peu encombrant ; rien n'est si facile que de distiller de l'eau, et, quant à l'économie, elle serait immense. Nous ne parlons pas des résultats qui seraient assurément des meilleurs.

L'alambic se compose d'une chaudière sur laquelle est adapté un couvercle en forme de cloche, terminé par un tuyau recourbé qui communique avec un serpentin ; le serpentin est enfermé dans une cuve cylindrique, que l'on doit maintenir toujours pleine d'eau fraîche. L'extrémité du serpentin débouche, en dehors de la cuve, dans un récipient. Rien de plus simple que de chauffer la chaudière, de la maintenir pleine d'eau, ainsi que la cuve, et de recevoir dans un vase l'eau distillée. Du reste, on ne saurait jamais trop le répéter, l'eau distillée est indispensable pour toutes les solutions, excepté pour celles d'hyposulfite de soude et d'or.

On peut reconnaître la pureté de l'eau distillée à son odeur d'abord, qui doit être nulle, si l'eau ne contient pas de substances étrangères, à sa transparence et à son action sur les dissolutions de nitrate d'argent et de chlorure de barium. Si ces deux sels, versés séparément dans deux échantillons de l'eau à essayer, déterminent un trouble, des nuages blancs ou des précipités, il faudra rejeter cette eau-là comme impropre aux opérations photographiques.

Alcool.

Esprit-de-vin.

L'alcool est le liquide qui se forme pendant la fermentation du vin et des liqueurs sucrées en général. On l'obtient en distillant du vin, de la bière, du sirop de betterave, etc., etc.

En appliquant convenablement les procédés de distillation, on obtient des produits plus ou moins riches en alcool. Enfin, en mettant l'alcool en contact avec des substances qui ont une grande affinité pour l'eau, la chaux vive, par exemple, et le soumettant de nouveau à la distillation, on obtient un alcool anhydre ou absolu.

Le *pèse-esprits de Cartier* ou *alcoolomètre* de Gay-Lussac sert à déterminer le degré de pureté ou d'hydratation des alcools du commerce.

Nous avons recommandé de faire dissoudre l'iodure de potassium dans l'alcool à 36°, parce que plus l'alcool est faible, plus il peut dissoudre d'iodure et introduire d'eau dans le collodion. La liqueur génératrice est d'autant plus active, qu'elle est plus iodurée, mais aussi y a-t-il plus à craindre de voir l'image pâteuse accuser imparfaitement les détails dans les ombres, ou bien de voir la couche de collodion se marbrer, ou même l'iodure d'argent se dissoudre dans le bain d'argent après s'être formé dans la pâte du collodion. Il est de la plus grande importance de n'employer que de l'alcool de vin : les alcools de fécule contiennent de l'acide malique ou sorbique et aussi des huiles empyreumatiques.

Éther sulfurique.

L'éther sulfurique est un liquide très fluide, incolore, d'une odeur vive et agréable, d'une saveur âcre et brûlante. On l'obtient en traitant l'alcool anhydre par de l'acide sulfurique concentré.

L'éther est très inflammable, il s'évapore rapidement à l'air, et peut, à cause de cette grande volatilité, produire, dans un endroit clos, des mélanges d'air et de vapeur éthérée, inflammables et détonnants.

L'éther agit vivement sur l'économie animale et produit quelquefois une espèce d'ivresse accompagnée d'insensibilité.

On a utilisé cette propriété curieuse de la vapeur d'éther pour procurer l'insensibilité aux personnes qui doivent être soumises à des opérations chirurgicales.

Plusieurs photographes ont pensé, quelques-uns même ont écrit, que l'action de collodionner les glaces était éminemment nuisible. Nous pouvons rassurer ceux qui se livrent à ce genre d'opérations, et leur dire que, depuis six ans, nous nous saturons de ces vapeurs sans en avoir jamais ressenti le moindre dérangement.

L'éther à 56°, sans addition d'alcool, doit dissoudre deux ou quatre pour cent de coton-poudre bien préparé ; s'il n'en est point ainsi, c'est que le coton est mal préparé ; dans ce cas, il faut additionner l'éther de quelques grammes d'alcool ; le résultat que l'on obtient par ce mélange d'éther et de coton azotique constitue le collodion normal ou chimique.

Acide azotique.

Acide nitrique.

Plus communément connu sous le nom *d'acide nitrique*, à cause du sel de nitre dont on l'extrait, l'acide azotique résulte de la combinaison de l'oxygène avec l'azote.

On le prépare en chauffant de l'azotate de potasse (*nitre ou salpêtre*) avec de l'acide sulfurique concentré. L'acide azotique étant un acide plus volatil que l'acide sulfurique, celui-ci le chasse de sa combinaison, et on le voit passer à la distillation. Mélangé avec l'acide chlorhydrique, il constitue l'eau régale.

L'acide azotique dissout facilement l'argent ; aussi, dilué avec un volume égal d'eau, sert-il avec succès au lavage des glaces, pour enlever de leur surface toute réduction métallique. Nous recommandons aussi l'usage de l'eau acidulée avec l'acide azotique pour le lavage des cuvettes ; mais cet acide doit être exclu du bain d'hyposulfite de soude, avec lequel on avait suggéré de le mélanger en très petites doses, afin d'obtenir des tons plus noirs et plus harmonieux dans le fixage des épreuves positives.

Acide chlorhydrique.

Le chlore et l'hydrogène ne s'unissent qu'en une seule proportion; le résultat de cette combinaison est l'acide chlorhydrique.

On prépare le gaz acide chlorhydrique en traitant le chlorure de sodium par l'acide sulfurique concentré.

Cet acide, à l'état de pureté, est un liquide blanc, caustique, d'une odeur piquante très forte. Exposé à l'air, il répand des vapeurs blanches abondantes qui sont dues à la combinaison de l'acide avec la vapeur d'eau répandue dans l'air. Celui qu'on trouve dans le commerce est presque toujours impur; il est coloré en jaune par un peu de perchlorure de fer.

L'acide chlorhydrique précipite en flocons blancs les solutions des sels d'argent; ce précipité est du chlorure d'argent; ajouté, même à faible dose, dans le bain d'hyposulfite de soude, pour fixer les épreuves positives, il les dégrade vite et détruit les demi-teintes ; son action se continue longtemps encore, après que les épreuves ont été retirées de ce bain ; son emploi compromet la durée de l'image.

Nous ne l'employons qu'à dose très faible, avant le fixage, et, combiné avec le chlorure d'or, encore, son action doit-elle être très rapide.

Nous avons dit que les couleurs les plus brillantes de la lumière se traduisaient en photographie par du noir ; que le rouge, l'orangé, le jaune, étaient inactifs sur les substances sensibles. Il n'est peut-être pas sans intérêt de faire remarquer ce qui se passe lors de l'exposition à la lumière d'un mélange d'hydrogène et de chlore. Ces deux gaz, qui, associés à volumes égaux, constituent le gaz acide chlorhydrique, ne paraissent pas avoir d'action l'un sur l'autre quand on les mêle dans l'obscurité, mais, à la lumière diffuse, ils se combinent assez vite, et, à la lumière directe et vive, la combinaison est tellement instantanée, qu'elle s'annonce par une détonation.

Si ce mélange d'hydrogène et de chlore est porté successivement dans les diverses parties du spectre solaire obtenu par le prisme, on s'aperçoit que les rayons placés au delà de la zone rouge sont inactifs, tandis que ceux de la zone violette déterminent la combinaison des deux gaz. Dans toute position intermédiaire, la rapidité de la réaction est d'autant plus grande, que le mélange se trouve plus près du violet et plus loin du rouge.

Ceci nous prouve que la lumière colorée détermine, soit la combinaison du chlore avec un corps, soit sa séparation d'avec d'autres substances, suivant la place qu'elle occupe dans le spectre solaire et suivant la nature des corps mis en présence.

Eau régale.

On appelle ainsi un mélange d'acide chlorhydrique et d'acide azotique. Les alchimistes lui donnèrent ce nom, parce que ce mélange jouit de la propriété de dissoudre l'or, qu'ils regardaient comme le roi des métaux.

L'eau régale, faite avec deux volumes d'acide azotique et trois volumes d'acide chlorhydrique, sert à dissoudre l'or pur, et donne, après évaporation à siccité, un sel déliquescent qui n'est autre chose que le chlorure d'or.

Acide sulfurique.

Huile de vitriol.

L'acide sulfurique concentré est un des acides les plus énergiques que l'on connaisse. On l'emploie pour attaquer le nitre et en dégager l'acide azotique, quand on veut obtenir du coton fulminant. Il n'est pas hors de propos de recommander ici quelques précautions à prendre lorsqu'on fait du coton-poudre. Les vapeurs nitreuses qui s'exhalent pendant l'opération sont très délétères; il faut donc, pour faire le coton poudre, se placer dans un local bien aéré ou à l'air libre. Quelques gouttes d'eau qui viendraient à tomber sur l'acide sulfurique concentré pourraient le projeter hors du vase et blesser l'opérateur.

Azotate d'argent.

Nitrate d'argent.

L'argent se dissout facilement dans l'acide nitrique ou azotique ; si l'on évapore la liqueur, l'azotate d'argent cristallise, anhydre, sous forme de lamelles incolores et brillantes.

Le nitrate d'argent retient souvent beaucoup trop d'acide azotique nuisible au plus haut degré à la formation des images négatives ; l'azotate d'argent fondu serait peut-être préférable ; mais, outre qu'il peut être aisément sophistiqué, il est souvent d'une telle nature, que les bains neufs, faits avec cet azotate, donnent de très mauvaises épreuves, si bien qu'on se trouve obligé de lui restituer l'acide azotique qui lui manque. Il est donc plus prudent d'employer le nitrate cristallisé, et rendu *presque* neutre par des cristallisations successives. Le nitrate d'argent fondu en lingots, est connu sous le nom de *pierre infernale*, il sert, en chirurgie, comme cautérisateur.

Le nitrate d'argent est très soluble dans l'eau. Le sel commun, le sel ammoniac, l'acide chlorhydrique et presque tous les composés chlorés, précipitent sa solution et donnent du chlorure d'argent insoluble. Cette propriété a été mise à profit pour la préparation des papiers positifs.

Le chlorure d'argent est extrêmement sensible à l'action de la lumière, et passe à l'état métallique après une courte exposition aux rayons du soleil. Il est à peu près insoluble dans l'eau. L'acide chlorhydrique, l'alcali volatile, le cyanure de potassium, l'hyposulfite de soude, ont la propriété de le dissoudre.

Chlorure d'or.

En dissolvant de l'or pur dans l'eau régale, on obtient une dissolution jaune qui, abandonnée à une évaporation lente, dépose des cristaux orangés d'une combinaison de sesqui-chlorure d'or et d'acide chlorhydrique. Cette solution, entièrement évaporée, perd son excès d'acide, et il reste une masse cristallisée déliquescente qui se dissout facilement dans l'alcool et l'éther.

De tous les perfectionnements apportés au daguerréotype depuis sa naissance, le plus important, sans contredit, est l'application du chlorure d'or au fixage des épreuves, application que l'on doit à M. Fizeau.

On a cherché depuis à détrôner cette substance en lui substituant ce que l'on a appelé le *sel d'or*. Il n'est pas un opérateur, aujourd'hui, qui ne sache à quoi s'en tenir sur cette prétendue amélioration, et qui ne rende au chlorure d'or la préférence qu'il lui avait momentanément retirée.

Le chlorure d'or, acidulé par de l'acide chlorhydrique employé avant le fixage des positifs, et la solution de chlorure d'or et d'hyposulfite de soude (chlorure d'or basique) employée après le fixage, sont indispensables pour obtenir de beaux tons et des épreuves bien fixées. Ce même chlorure d'or basique, combiné à l'ammoniaque, donne un ton admirable aux épreuves.

Chlorure d'or liquide pour fixer les images daguerriennes.

Dans un flacon d'un demi-litre mettez :

1re SOLUTION.

Eau distillée.	500 grammes.
Chlorure d'or cristallisé.	1 —

Dans un flacon d'un litre mettez :

2e SOLUTION.

Eau distillée.	500 grammes.
Hyposulfite de soude.	4 —

Lorsque les deux sels seront dissous, versez la première solution dans la deuxième, peu à peu, et en agitant le mélange. Cette solution, qu'on doit appeler *sel double d'or et de soude*, peut être employée quelques heures après sa préparation. Si le mélange était fait en versant la deuxième solution dans la première, l'or serait précipité par l'hyposulfite, et l'opération serait complétement manquée.

Iode.

L'iode est solide à la température ordinaire ; il affecte la forme de paillettes d'un gris de fer foncé et d'un bel éclat métallique.

L'iode a une odeur pénétrante, désagréable ; ses vapeurs provoquent le larmoiement.

Il fut découvert en 1812 par Courtois.

On extrait l'iode des eaux-mères des salines, et aussi de l'iodure de sodium.

L'iode produit des vapeurs d'un violet très foncé ; leur emploi, en photographie, date de l'époque où Daguerre obtint ses premières épreuves. C'est l'iode qui est encore aujourd'hui le seul corps générateur de l'image photographique.

Il forme, avec le cyanure de potassium, une combinaison excellente pour enlever les taches de nitrate d'argent.

Brôme.

Le brôme est un corps simple, liquide à la température ordinaire; sa couleur est d'un rouge brun très foncé : il a une odeur particulière très désagréable, et agit, même à l'état de vapeur, comme poison sur l'économie animale, en attaquant les organes de la respiration.

Il a été découvert en 1826 par M. Balard. On peut l'extraire du bromure de sodium.

Il a de grands rapports avec l'iode et le chlore. Le bromure d'argent est décomposé par la lumière. Le brôme accélère l'impression des plaques daguerriennes préalablement iodées.

Chlorure de sodium.

Sel de cuisine.

Le sadium, corps simple, ne forme avec le chlore, autre corps simple, qu'une seule combinaison : c'est le chlorure de sodium, sel ordinaire de cuisine, qui prend aussi les noms de *sel marin* et de *sel gemme*, à cause de sa double origine; l'eau de la mer en contient en effet une quantité énorme, et on le trouve aussi au sein de la terre en masse considérable, à l'instar des pierres précieuses ou gemmes naturelles.

Dans les temps humides, il enlève de l'eau à l'atmosphère, et se mouille, étant très hygrométrique, propriété que n'a pas, à un si haut degré, le chlorhydrate d'ammoniaque, ce qui doit, en hiver surtout, faire donner la préférence à ce dernier sel pour la préparation des papiers positifs.

Le chlorure de sodium, ainsi que tous les chlorures, a la propriété de précipiter en flocons blancs la solution aqueuse de nitrate d'argent.

Il est généralement employé en photographie pour le bain salé; il n'a cependant sur les autres chlorures qu'un seul avantage, celui d'être toujours et en tout lieu sous la main de l'opérateur photographe.

Sel.

Dans la langue scientifique, le mot *sel* a un sens étendu: il désigne les composés dans lesquels entrent un ou deux acides à une ou plusieurs bases. Selon Berzélius, est *sel* tout composé dont les éléments, quel que soit leur nombre, neutralisent réciproquement et complétement leurs propriétés électro-chimiques. Un *sel* qui contient deux bases est appelé *sel double* ; un sel où la base et l'acide se neutralisent exactement, *sel neutre* ; un sel où la base est en excès, *sous sel ;* un sel où l'acide est en excès, *sur sel*, etc. ; la nomenclature chimique a ramené à des dénominations uniformes et précises tous les sels produits naturellement ou dans les laboratoires.

Chlorhydrate d'ammoniaque.

Sel ammoniac.

Le chlorhydrate d'ammoniaque est un sel qui résulte de la combinaison de l'acide chlorhydrique et de l'ammoniaque. Les gaz chlorhytique et ammoniac se combinent directement et volume à volume pour donner naissance à un composé solide.

L'on obtient la même combinaison en mêlant ensemble les dissolutions aqueuses des deux gaz ; le sel cristallise quand on évapore le liquide.

Ce sel a la propriété de précipiter le nitrate d'argent à l'état de chlorure, et doit être préféré au chlorure de sodium, beaucoup plus hygrométrique et presque toujours impur.

Le sel ammoniac donne aussi aux positifs un ton noir préférable.

Craie.

On nomme ainsi, dans les arts, des substances pierreuses blanches, tendres, employées comme crayons. On distingue deux espèces de matières crétacées : l'une, que l'on voit partout entre les mains des professeurs qui ont des signes ou des chiffres à tracer sur un tableau noir; l'autre, qui sert aux tailleurs pour marquer des lignes sur les étoffes. Dans les classifications minéralogiques, ces substances ne sauraient être rapprochées, et la géologie les sépare encore davantage, en indiquant pour chacune d'elles une origine et un mode de formation qui n'ont rien de commun.

La première de ces substances est un carbonate de chaux terreux plus ou moins impur.

Après l'avoir pulvérisé, on en sépare le sable au moyen d'un lavage, et la craie ainsi lévigée prend dans le commerce le nom assez impropre de *blanc d'Espagne*. Meudon possède des fabriques spéciales de ce blanc, auquel on a aussi donné le nom de *blanc de Meudon*.

La craie des tailleurs d'habits est connue sous le nom vulgaire de *craie de Briançon*, parce qu'elle vient des environs de cette ville. Cette substance est un *talc steatite*. Réduite en poudre, cette craie prend le nom vulgaire de *poudre de savon* ; les marchands de gants et les bottiers en font usage pour faciliter l'entrée de la main et du pied dans les gants et les chaussures.

C'est la première de ces deux espèces de craie qui sert en photographie pour le décapage des glaces. Un second lavage est indispensable pour la débarrasser du sable terreux qu'elle conserve encore, et qui raierait infailliblement les glaces.

Chaux.

Cette substance, connue de tout temps, était regardée comme un corps simple : les belles expériences de Davy, sur les acides métalliques, apprirent que la chaux était formée de deux corps simples, à savoir : d'un métal appelé *calcium* et d'oxygène.

La chaux est donc un protoxyde de calcium ; elle est blanche, caustique, d'une saveur urineuse ; elle verdit le sirop de violettes, qu'elle finit par jaunir ; elle brunit la couleur jaune du curcuma.

Exposée à l'air, à la température ordinaire, la chaux lui prend l'humidité et l'acide carbonique que l'atmosphère contient toujours ; elle se gonfle, tombe en poussière et devient un carbonate de chaux hydratée.

C'est à cet état qu'on la prend pour la brômer.

Le procédé le plus simple, pour brômer la chaux, consiste à remplir presque, de chaux hydratée, un flacon à large ouverture, et à introduire, avec les plus grandes précautions, quelques grammes de brôme pur. On bouche alors le flacon et on l'agite, en ajoutant peu à peu du brôme jusqu'à ce que l'on ait obtenu la teinte convenable. On peut passer ainsi graduellement d'une belle couleur rouge cinabre au rouge de sang le plus foncé. Si la chaux restait d'un jaune terne, si le flacon se remplissait de vapeurs de brôme, ce serait un indice de la trop grande sécheresse de la chaux ; il faudrait alors l'humecter légèrement.

Rouge brun d'Angleterre.

Peroxyde de fer.

L'on obtient cette substance en calcinant la couperose verte (sulfate de fer) à une température très élevée. Si la coupe-rose employée est bien pure, et si la calcination a été poussée assez loin, le solide est du peroxyde de fer pur.

Pour le peroxyde de fer destiné aux usages photographiques, il faut que la calcination ait été poussée jusqu'à sa dernière limite. Plus cette calcination aura été lente et longtemps prolongée, plus le fer sera complétement oxydé, et mieux vaudra le rouge. Dans le cas d'une mauvaise fabrication, la poudre, au bout de quelque temps, perd sa douceur, devient rugueuse et finit par rayer le métal.

Cire vierge.

Tout le monde connaît cette substance et sait à peu près qu'elle se trouve dans les ruches d'abeilles, où elle constitue la matière des alvéoles. Lorsque le miel en est extrait, on fond le résidu dans l'eau bouillante, et le produit de cette fusion est de la cire jaune plus ou moins belle.

La cire brute est connue dans le commerce sous le nom de *cire jaune*.

La cire qu'on appelle *vierge* est blanche ; elle est le résultat de la purification et du blanchiment de la cire jaune.

La cire blanche sert à fabriquer des bougies, des cierges, des figures, des fleurs, des fruits, des pièces anatomiques; elle sert aussi comme excipient des couleurs dans la peinture à l'encaustique; elle forme la base d'un grand nombre de préparations pharmaceutiques, etc.; enfin, elle constitue l'élément principal de notre pâte encaustique pour lustrer les épreuves et les conserver.

Élémi.

Cette substance doit être classée parmi les résines, malgré le nom de *gomme élémi* qu'on lui donne dans le commerce.

Il existe deux espèces d'élémi : l'une, produit de l'*amyris zeylonica* de Linné et de la famille des Térébinthacées de Jussieu ; l'autre, qui découle, à l'aide d'incisions profondes, de l'*amyris elemifera* de Linné, appartenant aussi à la famille des Térébinthacées.

Quoique à peu près identiques sous le rapport de la composition, ces deux gommes élémi n'ont pas pour nous la même valeur. Nous donnons la préférence à la première, qui nous vient de Ceylan sous forme de gâteaux arrondis recouverts de feuilles de roseau. Son odeur est vive, aromatique, suave; sa saveur est chaude, âcre et amère.

Le vernis composé avec l'élémi et l'essence de lavande, puis mélangé avec la cire fondue, fait partie de l'encaustique que nous fabriquons.

Huile volatile de térébenthine.

Les huiles volatiles sont des produits organiques à peu près insolubles dans l'eau, très solubles dans l'alcool et dans l'éther.

Les huiles volatiles diffèrent beaucoup les unes des autres par leur consistance, leur densité et leur couleur, en un mot, par leurs propriétés physiques. Ainsi, l'essence de girofle est plus lourde que l'eau, jaune et d'une consistance onctueuse; celle de lavande est plus légère que l'eau, blanche et fluide; celle de térébenthine pèse 0,874, est très fluide et complétement incolore.

La térébenthine des landes de Bordeaux contient environ le quart de son poids d'une huile volatile très employée dans les arts et connue dans le commerce sous le nom d'*essence*. On l'obtient en distillant la térébenthine avec de l'eau. Cette huile est très fluide, d'une odeur pénétrante, d'une saveur forte, mais sans âcreté ni amertume; elle est soluble dans l'alcool, ne se combine pas avec les alcalis, mais se combine très rapidement avec l'iode et le brôme.

Ce produit rectifié est le liquide qui convient le mieux au décapage des plaques d'argent. S'il est pur, une goutte de cette essence tombée sur du papier blanc doit s'évaporer sans laisser aucune trace.

Noir de fumée.

Ce noir se prépare en faisant brûler la térébenthine, le galipot ou d'autres produits résineux du pin, dans un four dont la cheminée aboutit à une chambre n'ayant qu'une seule ouverture fermée par un cône en toile.

Le plus beau noir de fumée se fabrique à Paris; pour l'obtenir d'une grande pureté, on doit le traiter par l'alcool ou, mieux encore, le calciner dans un vase fermé.

Ce noir, mêlé à volumes égaux, avec du rouge d'Angleterre et employé en petite quantité pour le polissage des plaques, leur donne une finesse de bruni que l'on ne saurait obtenir par aucune autre substance.

Huile de lavande.

L'huile de lavande est extraite d'une plante de la famille des labiées; elle peut être le produit de l'expression ou de la distillation. Il y a plusieurs qualités de lavande, et l'on en connaît principalement deux qui donnent deux huiles distinctes : l'huile d'aspic et l'huile de lavande.

L'huile de lavande est une des quatre substances que l'on emploie à la fabrication de l'encaustique lustrée de Clausel et Belloc.

La belle essence de lavande est d'une couleur jaune, assez fluide, plus légère que l'eau, d'une odeur forte et pénétrante; on la falsifie assez souvent en l'additionnant d'essence de térébenthine rectifiée.

Huile de girofle.

Cette huile nous vient de Ceylan, où on la fabrique en quantités considérables; elle est plus pesante que l'eau et jouit de la propriété fort remarquable de réduire avec facilité les sels d'argent; c'est, par conséquent, à titre de substance conservatrice qu'elle entre dans la composition de l'encaustique lustrée.

Tripoli.

Substance sèche, friable, rude au toucher, jaunâtre ou rougeâtre, d'une structure fissile, quoique lâche et poreuse, d'une cassure schistoïde en lames plates d'aspect terreux.

Le tripoli ne fait point pâte avec l'eau; ce qui le distingue des argiles feuilletées ; il ne s'y délaie même pas ; il est fusible au chalumeau.

On fabrique du tripoli artificiel; il va sans dire qu'il ne vaut rien pour le polissage des plaques.

Iodure de potassium.

On obtient ce sel en dissolvant de l'iode dans une solution concentrée de potasse, jusqu'à ce que la liqueur se colore par un excès d'iode. En évaporant à siccité la dissolution et en calcinant le résidu dans un creuset de platine, on a l'iodure de potassium pur ; il ne reste plus qu'à le redissoudre dans l'eau et à le faire cristalliser.

Si l'on verse une solution d'iodure de potassium dans une dissolution d'azotate d'argent, il se forme un précipité blanc-jaunâtre d'iodure d'argent. Nous savons que l'iodure et le chlorure d'argent ont la propriété de noircir, même à la lumière diffuse. Cette propriété a été mise à profit par les photographes, qui en ont fait la base de leur art. Ainsi, soit que l'on opère sur albumine ou sur collodion, c'est toujours le même agent chimique, l'iodure associé à l'azotate d'argent, qui forme la couche sensible où vient se peindre l'image négative.

L'iodure d'argent est insoluble dans l'eau, mais le cyanure de potassium, l'hyposulfite de soude et l'iodure de potassium le dissolvent facilement.

L'iode et le potassium forment trois combinaisons bien définies, savoir :

1° L'iodure de potassium, composé d'un équivalent d'iode et d'un équivalent de potassium ;

2° Le bi-iodure, composé d'un équivalent de potassium pour deux d'iode ;

3° Le tri-iodure, composé d'un équivalent de potassium et de trois équivalents d'iode.

L'iodure de potassium pur, *iodure potassique, hydriodate de potasse*, est blanc, sa saveur est âcre, il cristallise en cubes, il est déliquescent, très soluble dans l'eau (100 parties d'eau à $+18°$ en dissolvant 143 parties) ; il se dissout aussi dans l'alcool en diverses proportions, suivant que ce dernier contient plus ou moins d'eau. L'alcool de vin à 36°, le seul que nous puissions employer pour préparer la liqueur génératrice, dissout 4 grammes 80 centigrammes d'iodure de potassium pour 100.

L'iodure de potassium du commerce est souvent impur, souvent même adultéré, et nous pensons que les photographes doivent à la mauvaise qualité de ce sel une bonne partie de leurs insuccès. L'iodure de potassium est le résultat du traitement en grand des soudes de varechs ; aussi n'est-il guère possible d'en obtenir un produit aussi pur que celui qu'obtient le chimiste dans son laboratoire (1).

Un procédé excellent pour rendre l'iodure de potassium parfaitement pur et propre à composer la liqueur génératrice destinée au collodion, consiste à faire dissoudre ce sel dans de l'alcool de vin à 36°, à filtrer la liqueur, à la distiller et à la faire cristalliser de nouveau.

---

(1) Nous faisons nous-même notre iodure et nous employons la quantité voulue d'iode pour fabriquer ce produit, de telle sorte que nous en obtenons toujours de très bons résultats; trop faible en iode ou trop suriodé, l'iodure ne convient nullement à la liqueur génératrice.

PHOTOGRAPHIE SUR COLLODION.

Iodhydrate ou hydriodate d'ammoniaque.

Iodure d'ammonium.

L'on prépare ce sel en mettant deux parties d'iode avec dix parties d'eau distillée dans un ballon de verre, et en ajoutant peu à peu une partie de limaille de fer.

Lorsque la combinaison s'est effectuée, on précipite le fer par une solution de carbonate d'ammoniaque, on filtre le liquide et on le fait cristalliser.

L'iodure d'ammoniaque est un sel peu fixe, et nous n'en conseillons guère l'emploi, à moins qu'il ne soit combiné avec l'iodure de potassium et le bromure de cadmium.

Acide acétique cristallisable.

Vinaigre radical.

L'acide acétique est doué d'une odeur acide spéciale, forte et piquante, mais qui n'est pas désagréable ; sa saveur est âcre et brûlante ; il est toujours combiné avec l'eau ; l'acide anhydre s'obtient avec beaucoup de difficulté. Selon Berzélius, l'acide acétique le plus concentré se compose de 85,11 d'acide et de 14,89 d'eau; mais cette faible quantité d'eau ne nuit en rien à son action.

L'acide acétique est cristallisable à $+ 16°$; il entre en fusion à cette température. Sa vapeur prend feu au contact de la flamme. Étendu de huit fois son poids d'eau, il peut remplacer le vinaigre employé à nos usages ordinaires.

Le vinaigre n'est qu'une dissolution étendue d'acide acétique, qui contient en outre les principes non fermentescibles des liqueurs alcooliques qui lui ont donné naissance. Si l'on se propose d'en retirer de l'acide acétique pur, il faut avoir recours à la formation préalable d'acétates et à la décomposition de ces sels par l'acide sulfurique, etc., etc. On le prépare le plus ordinairement avec l'acide pyroligneux (*vinaigre de bois*), et on l'amène à un grand degré de concentration par le refroidissement et les cristallisations successives.

L'important n'est pas ici de savoir par quel procédé l'acide acétique est amené à son maximum de concentration, il importe même peu qu'il soit très concentré; mais ce qui est indispensable, c'est qu'il soit parfaitement pur. Nous avons eu, cette année, des acides sophistiqués mêlés avec de l'acide chlorhydrique. Il est impossible d'en rien obtenir.

Plus d'un opérateur a échoué par suite de l'emploi de ce produit.

On acidule aussi avec de l'acide acétique la solution de sulfate de fer, lorsqu'elle est employée comme agent révélateur.

Acide gallique.

On extrait l'acide gallique, par la macération dans l'eau, des noix de galle concassées, dont le tannin se trouve ainsi transformé en acide gallique, soluble dans l'alcool, qui le sépare des autres substances auxquelles il se trouvait associé. La noix de galle n'est pas un fruit, c'est une excroissance qui se forme sur les feuilles et les branches du chêne, et qui provient de la piqûre d'un insecte, au moment où il y dépose ses œufs. Cette noix est de la grosseur d'une noisette, et nous vient en grande quantité d'Alep, qui en fait un commerce considérable.

L'acide gallique se présente sous l'aspect de houppes soyeuses blanches; il est employé en photographie comme agent révélateur; seul et en solution aqueuse saturée, il développe parfaitement l'image négative obtenue sur papier humide.

La même solution s'emploie comme agent préparateur sur albumine ; on fait paraître l'image avec une solution faible de nitrate d'argent, ou par un mélange d'acide gallique et de nitrate d'argent, aiguisé par quelques gouttes d'acide acétique (procédé Taupenot et collodion sec).

Acide pyrogallique.

Cet acide est le résultat de l'action de la chaleur sur l'acide gallique ; il est en petites houppes soyeuses blanches, d'un éclat vitreux.

C'est à M. Regnault, de l'Institut, que nous devons l'emploi de cet acide dans la photographie, qui en retire les plus grands avantages : il est d'une énergie remarquable comme agent révélateur, d'un emploi facile et d'un prix peu élevé.

Hyposulfite de soude.

Depuis la découverte de la photographie, ce sel a pris une grande importance ; il est, en effet, employé, à peu près exclusivement, pour dissoudre les iodures et les chlorures d'argent impressionnables et restés inaltérés après leur exposition à lumière. Quoiqu'il ne soit pas le seul agent chimique qui jouisse de cette propriété dissolvante, il n'en a pas moins prévalu sur tous les autres, et il faut avouer qu'il a mérité cette préférence.

L'action de l'hyposulfite de soude sur l'épreuve positive se fait sentir visiblement dès le premier quart d'heure; si l'on regarde le papier par transparence, on le voit alors piqueté de noir, à cause d'un précipité métallique disparaissant à mesure que l'action dissolvante se prolonge; il faut bien attendre, avant de retirer l'épreuve du bain, que ce *poivré* ait entièrement disparu. L'épreuve n'est réellement fixée qu'à ce moment.

On doit employer ce bain sans mélange d'acides, sans mélange d'argent, dans son état simple; les bains neufs sont les meilleurs, ils peuvent fixer une vingtaine d'épreuves. L'hyposulfite de soude enlève le chlorure d'argent libre, et quelques chimistes prétendent qu'il change en sulfure d'argent le chlorure qui a été décomposé par la lumière.

Employé à l'état de saturation, il enlève complétement l'iodure d'argent des négatifs sur collodion et les laisse avec leur belle apparence; employé en solution faible, au contraire, il paraît fixer l'iodure sans l'enlever, et permet quelquefois de conserver des clichés qui, à cause de la grande transparence des ombres, auraient donné des positifs durs et privés de demi-teintes.

On prépare l'hyposulfite de soude en dissolvant du soufre dans une dissolution chaude et concentrée de sulfite de soude, jusqu'à ce que celle-ci en soit saturée; abandonnée à l'évaporation, la liqueur laisse déposer l'hyposulfite de soude sous la forme de gros cristaux transparents.

Cyanure de potassium.

Le mot *cyanure* indique un composé de cyanogène et d'un corps simple. Le cyanogène se compose de carbone et d'azote. On distingue les cyanures en cyanures métalliques et en cyanures alcalins; on les spécifie ensuite par le nom du corps qui les constitue, et l'on dit : cyanure d'argent, cyanure d'ammoniaque, cyanure de potassium, etc., etc,

Il y a aussi des cyanures doubles qui résultent de la combinaison de deux cyanures simples.

Pour donner plus d'éclat à un positif par réflexion, pour lui ôter cette teinte grise qui nuit tant à ce genre de photographie, on peut terminer l'épreuve en la traitant par le cyanure de potassium et d'argent.

On prépare ordinairement le cyanure de potassium en décomposant par la chaleur rouge le cyanure double de potassium et de fer, communément appelé *prussiade de potasse*. Le cyanure de potassium est blanc, il attire fortement l'humidité de l'air et possède, au plus haut degré, la propriété de dissoudre l'iodure et le chlorure d'argent.

Quelques opérateurs l'emploient en solution faible pour fixer les négatifs sur collodion; son action, toujours trop énergique, ne le rend guère propre à cet usage. Nous ne lui reconnaissons qu'un emploi utile, celui où il vient en aide pour faire disparaître une épreuve positive et constater la retouche.

Combiné avec l'iode, il forme un excellent *spécifique* pour enlever les taches des sels d'argent; encore son action toxique bien connue ferait-elle désirer qu'on lui substituât la substance moins dangereuse que nous avons indiquée.

Ammoniaque liquide ou Alcali volatil.

L'ammoniaque est un gaz incolore, transparent,

d'une saveur caustique, d'une odeur forte et pénétrante qui provoque le larmoiement.

L'ammoniaque jouit de propriétés alcalines. Elle est formée par la combinaison de l'hydrogène et de l'azote; et comme elle affecte, à l'état anhydre, la forme gazeuse, on lui a donné le nom d'*alcali volatil*.

L'ammoniaque dissout parfaitement le chlorure d'argent et pourrait servir à fixer les épreuves positives auxquelles elle donne un ton rouge qui n'est pas sans mérite; mais son action, qui dissout l'encollage, ne permet pas de laisser le papier dans ce bain jusqu'à dissolution complète du chlorure libre : il vaut mieux baigner l'épreuve dans l'eau ammoniacale et continuer le fixage dans le bain d'hyposulfite; ces épreuves, après le fixage, prennent dans le bain d'or alcalin un ton noir, chaud et profond des plus harmonieux, et nous pouvons ajouter que l'ammoniure d'or qui recouvre l'épreuve la rend inaltérable.

Azotate de potasse.

Nitre ou salpêtre.

L'azotate de potasse porte vulgairement dans le commerce le nom de *nitre* ou de *salpêtre*, et se rencontre tout formé dans la nature. On peut le fabriquer artificiellement, en combinant l'acide azotique avec la potasse.

L'azotate de potasse est un corps oxydant très énergique. La poudre à canon n'est qu'un mélange intime de salpêtre, de charbon et de soufre.

L'acide sulfurique et l'azotate de potasse mélangés, agissant pendant quelques minutes sur du coton ou du papier, leur donnent une grande énergie balistique (*coton-poudre-pyroxyle*) ; la découverte de ce fait appartient à M. Schœnbein, de Bâle. Le collodion n'est autre chose que le coton-poudre dissous dans l'éther.

Sulfate de protoxyde de fer.

Couperose verte ou vitriol vert.

On le prépare en dissolvant du fer métallique dans de l'acide sulfurique étendu. Il cristallise en gros cristaux, d'un vert bleuâtre, analogue à la couleur du béril. Ce sel s'altère facilement au contact de l'air, et donne du sulfate basique de peroxyde de fer, qui ne peut plus agir sur les sels d'argent.

Depuis l'emploi du collodion, des débats assez vifs,

se sont élevés au sujet de deux agents révélateurs, sulfate de fer et acide pyrogallique.

Nous croyons qu'il n'est plus permis aujourd'hui d'hésiter, l'acide pyrogallique doit être préféré, et pour plusieurs raisons : avec cet acide, jamais de taches ; l'épreuve est toujours amenée au point voulu ; c'est un agent bien plus énergique, et l'on peut, par des combinaisons, modifier son action à volonté. Depuis que l'on emploie le collodion en photographie, nous n'avons jamais manqué une seule épreuve par l'acide pyrogallique, et nous avons cependant produit des milliers de clichés.

Jamais avec le sulfate de fer nous n'avons pu obtenir une épreuve complète et satisfaisante. Toutefois, il peut être employé pour les positifs directs, et dans les cas où l'on aurait à reproduire des couleurs diamétralement opposées, par exemple, une barbe rouge et un visage très blanc ; nous avons donné le moyen de l'employer (page 312).

QUELQUES
ÉLÉMENTS D'OPTIQUE
APPLIQUÉE A LA PHOTOGRAPHIE.

L'agent principal dans les opérations de la photographie étant la lumière, et l'appareil fondamental qu'elle emploie étant un appareil optique, il est nécessaire que le photographe acquière une idée assez nette des propriétés de ce merveilleux agent et des phénomènes auxquels il donne naissance suivant les différentes conditions dans lesquelles on le fait agir, suivant les instruments par lesquels on le met en action, etc...

Nous n'entendons pas écrire ici un traité d'optique, nous ne voulons pas même passer en revue les différentes propriétés de la lumière. Ce que nous allons dire sera, avant tout, une instruction relative à l'emploi de la *chambre noire*, que le photographe doit connaître, non seulement par pratique, mais un peu aussi par voie de théorie. Entrons donc en matière, sans autre préambule, et disons quelques mots des propriétés de la lumière en général, nous réservant le soin de traiter plus tard ce sujet *in extenso*, et de donner une définition complète de l'agent lumineux, que nous nous contenterons d'étudier, maintenant, dans ses effets photographiques.

La lumière peut avoir deux origines : ou elle appartient au corps lui-même que l'on considère, ou bien celui-ci l'emprunte à d'autres corps. Dans le premier cas, le corps d'où elle émane s'appelle *lumineux*; dans le second, on le nomme *corps éclairé*.

Nous ne possédons qu'un organe, l'œil, pour juger de la lumière; aussi, quand cet organe est malade, jugeons-nous très imparfaitement des impressions lumineuses. Quoique tous les yeux ne soient pas constitués absolument de même, il est facile de constater que la grande majorité des hommes donne les mêmes noms aux mêmes accidents visuels. Ainsi les rayons blancs sont blancs pour le plus grand nombre, les rouges sont rouges, les verts, verts, etc., etc. Nous pouvons donc, sans crainte d'erreur, affirmer, par exemple, avec la majorité, que la lumière qui nous vient d'un nuage bien éclairé et assez élevé au-dessus de l'horizon, est blanche, que la lumière réfléchie par la neige est blanche, etc., etc.

Eh bien, si cette lumière blanche rencontre certains corps sur son passage, elle peut les traverser ou en être renvoyée. Lorsqu'un corps se laisse traverser par la lumière, on le nomme *transparent*; s'il la force à rebrousser chemin, on l'appelle *opaque*. Toutefois, les corps transparents, même les plus purs, réfléchissent une certaine quantité de lumière ; mais cette quantité est si faible, par rapport à celle qui les traverse, qu'on peut la négliger dans presque tous les cas de la pratique. Les corps opaques ne sont pas non plus d'une opacité absolue. Nous ne dirons rien ici de la lumière renvoyée ou réfléchie, elle n'intéresse guère le photographe que sous le point de vue de l'éclairement du modèle, et nous avons déjà traité cette question dans la première partie de notre livre.

Arrêtons-nous un peu sur les propriétés de la lumière transmise. La lumière *blanche* qui passe à travers les corps transparents reste blanche, ou se colore suivant la forme du corps qui lui livre passage et suivant la forme de ce corps. Tout le monde sait qu'une couche d'eau, pas trop épaisse, laisse passer la lumière sans la colorer; une masse d'eau de 2 ou 3 mètres de profondeur donne au contraire de la lumière verte; le diamant, le cristal de roche, n'altèrent pas la blancheur des rayons lumineux; l'émeraude les teint en vert, le rubis en rouge, le saphir en bleu, l'améthyste en violet, la topaze en jaune, etc.

Mais, indépendamment de la nature propre du corps transparent, nous avons dit que sa forme aussi contribuait à la coloration de la lumière. Si l'on regarde en effet un nuage blanc à travers un prisme ou bâton triangulaire en cristal, on s'aperçoit que les couleurs les plus vives ont pris la place de la blancheur, et cependant le cristal n'avait par lui-même aucune coloration sensible. Cela tient à l'action de la forme du corps transparent sur les rayons de lumière. Une plaque du même cristal, polie à faces parallèles, n'aurait pas altéré la blancheur du nuage. Le phénomène par lequel un verre prismatique tire les couleurs de la lumière blanche s'appelle *dispersion*; il nous prouve que le *blanc* est le résultat du mélange de toutes les couleurs que le prisme sépare. Si l'on fait entrer dans une chambre bien noire un rayon de lumière blanche par un trou pratiqué dans un volet, et si l'on met un prisme de verre sur le trajet de ce rayon, on voit se produire deux effets parfaitement distincts : 1° Le rayon, au lieu de marcher en droite ligne suivant la direction qu'il avait d'abord, se brise et se replie derrière le prisme, soit vers le haut, soit vers le bas, suivant que l'arête formée par les deux faces traversées par la lumière est en bas ou en haut ; 2° au lieu d'avoir sur le mur opposé au trou son image déplacée, comme nous venons de le dire, mais blanche, on y voit paraître une longue bande, colorée des plus vives nuances, disposées dans l'ordre suivant : rouge, orangé, jaune, vert, bleu, violet ; le rouge d'un côté et le violet de l'autre étant fondus dans l'obscurité. Le déplacement du rayon est dû à la *réfraction* ; les couleurs proviennent de la *dispersion* opérée par le *prisme*. Or, si l'on veut faire attention à la forme d'une *lentille* à bords tranchants et à centre renflé, on s'apercevra qu'elle n'est, en définitive, qu'un assemblage d'une infinité de prismes à faces, courbes, disposés tout autour d'un centre ; elle doit donc présenter les mêmes phénomènes que les prismes. En effet, une lentille infléchit les rayons qui la traversent, et donnent un anneau teinté de couleurs magnifiques, d'autant plus étendues et plus vives, que la lentille est plus bombée à son milieu.

Si l'on place un point lumineux devant une lentille convexe, et que l'on promène un verre dépoli derrière la lentille, on finit par trouver le plus souvent un endroit appelé *foyer*, où l'image du point lumineux se peint nettement sur la face dépolie du verre. En deçà et au delà du foyer, il y a bien encore une image du point, mais confuse et bavochée. Si le point est blanc et la lentille une lentille ordinaire, on ne trouve plus d'image parfaitement nette du point rayonnant ; celle que l'on obtient étant toujours entourée d'auréoles ou de cercles colorés. Si le point était violet, d'une couleur violette pure, on trouverait son image plus près de la lentille que si le point était rouge. Pour des points orangés, jaunes, verts et bleus, leurs *foyers* seraient entre ceux du rouge et du violet. Il résulte de là que le point blanc étant composé de toutes ces couleurs donne des images nettes, situées à des distances différentes, derrière la lentille, et correspondant chacune à une des nuances infinies comprises entre le violet et le rouge ; mais comme une seule de ces images est nette à la fois, et que toutes cependant se peignent ensemble, il en résulte que leur mélange est toujours diffus et frangé.

On peut faire disparaître ces franges par un artifice que l'on a désigné sous le nom d'*achromatisation* (1) des lentilles, et qui consiste essentiellement dans l'emploi de deux ou de plusieurs substances différentes à la confection des verres lenticulaires. Une lentille *achromatisée* n'a qu'un seul foyer pour toutes les couleurs, et les images qu'elle donne ne présentent plus de bavures ni d'auréoles colorées.

Ce que nous venons de dire d'un point est également applicable aux corps dont la surface n'est qu'un assemblage de points engendrant ou réfléchissant de la lumière. On trouvera donc les images des objets extérieurs derrière une lentille, et ces images seront irisées dans le cas d'une lentille ordinaire, et nettes si la lentille a été rendue *achromatique*.

Pour une même lentille, la position de l'image ou du foyer varie avec l'éloignement de l'objet qui lui

---

(1) L'achromatisation est un moyen de corriger les effets de la dispersion des rayons lumineux ; on achromatise en faisant passer la lumière à travers des corps de forces dispersives différentes. Dollond obtint ce résultat en formant des lentilles de deux prismes de verre superposés, l'un en *crown-glass* et l'autre en *flint glass*, dont les pouvoirs dispersifs étaient différents. Ces objectifs, formés de *flint* et de *crown*, reçurent de Bevis le nom d'*achromatiques*.

donne naissance. Si l'objet est tout près de la lentille, on ne trouve plus d'image ; mais en l'éloignant peu à peu, il arrive un moment où cette image commence à paraître. Seulement, elle est alors à une distance presque infinie derrière la lentille. Peu à peu, au fur et à mesure que l'objet s'éloigne, l'image se rapproche, d'abord très vite, puis avec une extrême lenteur, jusqu'à ce que l'objet, étant assez éloigné, son image ne change plus de place d'une manière sensible, quoiqu'on vienne à l'éloigner davantage. Cet endroit, où l'image paraît s'arrêter derrière la lentille, où les rayons du soleil, par exemple, vont former un petit disque ardent lumineux, s'appelle le *foyer principal*, et quand on dit dans le commerce : lentille ou objectif de six pouces, d'un pied, de trois décimètres, etc., etc., de foyer, on entend parler d'une lentille qui donne une image nette des objets très éloignés, à six pouces, à un pied, à trois décimètres derrière sa surface postérieure.

La grandeur des images diminue pour une même lentille, à mesure que l'objet s'éloigne, et continue de diminuer lors même que le foyer ne paraît plus changer de place ; mais alors la diminution est extrêmement peu sensible.

D'après ce que nous venons de dire, on comprendra aisément que l'image d'un corps en relief ne peut jamais être complétement nette à un seul foyer, car les diverses parties d'un corps se trouvent nécessairement à des distances différentes. Il n'y aura donc de netteté absolue que pour les images des objets situés sur un seul plan, ou qui, étant sur des plans différents, se trouvent placés fort loin de l'endroit occupé par la lentille. On peut, toutefois, parer à cet inconvénient, du moins en partie, en couvrant les bords de la lentille par des anneaux en carton noirci, que l'on appelle des *diaphragmes*. Plus l'anneau est large et la partie centrale et découverte de la lentille est petite, et plus les images qu'elle donne sont nettes et bien définies ; mais elles sont aussi de moins en moins éclairées, en sorte que l'avantage qui résulte de l'emploi du diaphragme disparaît lorsqu'on veut obtenir des impressions rapides, des portraits, par exemple, qui exigent des flots de lumière très intense.

Il y a en outre un défaut assez grave attaché aux objectifs combinés ou objectifs pour portraits, même *achromatiques*, et que la science n'a pas encore réussi à faire disparaître entièrement. Ce défaut est bien connu des photographes sous le nom de *foyer chimique*. Nous avons dit, en commençant, qu'un prisme donne une image oblongue et vivement colorée d'un trou ou d'une fente livrant passage aux rayons lumineux. Cette image aux vives couleurs s'appelle *le spectre solaire*, ou simplement *le spectre*. Lorsqu'on met du chlorure d'argent à l'endroit où le spectre se dessine avec beaucoup de netteté, on voit, au bout d'un certain temps, que le chlorure a été décomposé bien plus à fond aux endroits moins lumineux qu'à ceux qui nous paraissaient éblouissants. Ainsi le rouge n'aura pas laissé de traces, l'orangé ni le jaune non plus, le vert aura marqué à peine, le bleu se sera fait sentir davantage, et le violet paraîtra avoir agi avec beaucoup d'énergie ; mais ce qu'il y a de plus curieux, c'est que l'on trouvera une bande noire très marquée sur le chlorure d'argent là où la lumière n'était plus sensible pour nous, au delà du violet, dans l'obscurité qui paraissait absolue à notre œil. Le maximum d'action photogénique paraît donc être au milieu du violet ; mais si l'on remplace le chlorure d'argent par une autre substance sensible, on n'obtient plus tout à fait les mêmes résultats. Ce *maximum* se déplace, et peut même se porter de l'autre côté du spectre. Il faut donc conclure de ce que nous venons d'exposer qu'il y a, la plupart du temps, lumière photogénique là où nous n'en voyons point, et qu'il n'y en a souvent pas là où il nous semble qu'il s'en trouve davantage. Ceci nous ramène à la question de l'*achromatisme*. Nous disions alors que le but de l'achromatisation c'était de réunir en un seul les foyers des rayons rouges..... violets, séparés par les lentilles ordinaires ; mais s'il y avait des rayons invisibles au delà du violet, dont l'opticien achromatiseur n'eût pas tenu compte, il en résulterait que la lentille, très achromatique pour un œil ordinaire, ne le serait plus du tout pour un organe pouvant apercevoir les rayons invisibles négligés par le constructeur de la lentille. — Or, c'est ce qui arrive précisément tous les jours dans la photographie. Les plaques, les papiers ou les collodions sensibles représentent ces yeux anormaux dont nous venons de parler : un objectif, irréprochable pour l'œil de l'homme, n'est plus achromatique pour les sels d'argent ; il donne des images frangées là où elles nous semblaient fort nettes sur le verre dépoli, et il faut chercher par des tâtonnements l'endroit convenable où la substance sensible doit être placée pour que l'image s'y imprime avec toute la netteté désirable. Cet endroit, trouvé, à peu près, pour un objet situé à une certaine distance, n'est plus le même lorsque l'objet vient à changer de place ; il serait presque impossible de corriger, par des graduations pratiquées sur le *tube objectif*, les erreurs de *foyer* provenant de ces différences. Ajoutons à cela que l'*achromatisation* peut porter le foyer chimique tantôt au delà, tantôt en deçà du foyer optique ou visuel. C'est un défaut capital, et quoique certains opticiens prétendent pouvoir le détruire en réunissant les deux foyers, nous n'en croyons pas moins que le problème de la coïncidence des deux foyers n'est pas encore résolu ; ce qui le prouve, du reste, c'est que tous les objectifs allemands qui, d'ailleurs, sont horriblement chers, sont entachés de ce défaut, et que les 9/10 des objectifs français ne valent guère mieux sur ce point. Nous savons, par expérience, qu'on trouve à peine un bon objectif sur une douzaine de toute provenance, et qu'on a grand'peine à mettre la main sur une lentille, nous ne disons pas parfaite, mais seulement acceptable. Nous recommandons aux photographes l'emploi de l'objectif à foyer unique, de préférence à tout autre, car on sera d'autant plus sûr d'obtenir de bons résultats, qu'on laissera beaucoup moins de place à l'arbitraire dans la position de la lentille relativement au corps à impressionner.

Terminons ce petit chapitre d'optique par quelques mots sur la chambre obscure. D'après ce qui vient d'être dit, il est facile de se faire une idée du jeu de la lentille, qui, sous le nom d'*objectif*, occupe la paroi antérieure de la boîte en bois nommée *chambre noire*. L'objectif est enchâssé dans un tube qui glisse dans un autre, et peut être enfoncé ou retiré au moyen d'une crémaillère et d'un bouton molleté, afin de mettre la lentille à la distance convenable du fond de la boîte où l'image doit se peindre. Ce fond ou paroi, faisant face à la lentille, est occupé d'abord par une glace dépolie, plus tard, par la plaque, le papier ou le verre sensibles, contenus dans des châssis glissant à frottement doux entre deux coulisses verticales pratiquées dans l'épaisseur de la boîte. Afin de bien mettre au foyer, on place la chambre noire sur son pied, on braque l'objectif sur l'objet que l'on veut reproduire; puis, s'abritant sous un drap noir jeté sur la boîte et couvrant la tête et le dos de l'opérateur, on cherche à amener à sa plus grande netteté l'image sur le verre dépoli, en déplaçant d'abord le fond de la boîte, qui est mobile, et terminant la mise au foyer à l'aide du bouton à crémaillère, qui permet de mouvoir lentement l'objectif dans sa gaîne. Une fois que l'image paraît bien nette, il ne reste plus qu'à retirer le verre dépoli, boucher avec un obturateur l'ouverture de l'objectif, placer le châssis et opérer comme nous avons dit dans la première partie de cet ouvrage.

FIN.

TABLEAU

SUBSTANCES CHIMIQUES EMPLOYÉES

ARCHÉROTYPIE.

SUBSTANCES PURES.	LEUR EMPLOI ET LEURS PROPRIÉTÉS.	PA
Coton. . . . . Azotate de potasse. . . . . Acide sulfurique.	Coton soluble	2
Coton soluble. . . . . . . Éther à 56°.	Collodion normal.	2
Alcool de vin à 36° . . . . Iodure de potassium. . . .	Liqueur génératrice.	2
Iodure de potassium. . . . Iodure d'ammonium. . . . Bromure de cadmium . . . Alcool de vin à 36°	Idem.	2
Iodure de cadmium.	Idem.	2
Collodion normal . . . . . Éther à 56°. . . . . . . Liqueur génératrice.	Collodion photographique	23
Azotate d'argent. . . . . . Eau distillée	Bain sensibilisateur	2
Acide acétique.	Idem pour collodion sec. .	2
Acide pyrogallique . . . . Acide acétique	Agent révélateur.	2
Acide gallique	Idem pour collodion sec. .	2
Solution saturée d'hyposulfite de soude.	Désiodant fixateur	2
Eau ordinaire	Pour débarrasser l'épreuve de l'hyposulfite de soude.	2
Miel, eau, etc.	Hydromellite pour conserver humide la couche de collodion ioduré. . . .	2

YNOPTIQUE

ANS LE PROCÉDÉ D'ARCHER.

Compendium des quatre Branches de la Photographie, par A. BELLOC.

PAPIERS POSITIFS.

STANCES PURES.	LEUR EMPLOI ET LEURS PROPRIÉTÉS.	PAGES
tillée . . . . re de sodium. . . .	Feuille salée . . . . -	326
tillée . . . . ine	Papier salé albuminé	336
d'argent. . . . . stillée	Bain d'argent destiné à produire le chlorure d'argent	329
lfite de soude. . . .	Dissolvant du chlorure d'argent non modifié	334
niaque pure en solution use	Dissolvant du chlorure d'argent non impressionné.	340
re d'or. . . . . hlorhydrique. . . .	Bain d'or acide pour affaiblir l'épreuve et lui donner un ton noir froid, emploi avant l'hyposulfite.	338
re d'or. . . . . . . lfite	Bain d'or alcalin, ou sel double d'or et de soude.	345
or alcalin. . . . . . niaque.	Faire virer l'épreuve avant le fixage à l'hyposulfite.	351
linaire.	Lavages, bains	334
. . . . de girofle. . . . . de lavande	Encaustique lustrée de Belloc, rehausser le ton de l'épreuve positive, lui assurer une durée indéfinie	371

TABLE DES MATIÈRES.

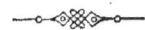

	Pages.
Préface.	1
Annales de la Photographie.	11

DAGUERRÉOTYPIE.

Introduction.	45
Des plaques.	47

Considérations générales.

Du polissage de la plaque.	50
De la sensibilisation de la plaque.	55
De l'impression de l'image dans la chambre noire.	66
De la formation de l'image dans la boîte à mercure.	69
Du lavage et du fixage de l'image.	73
Du coloriage des épreuves.	76

Manuel opératoire.

	Pages.
Polir la plaque.	78
Ioder la plaque.	81
Brômer la plaque.	85
Exposition de la plaque dans la chambre noire.	87
Formation de l'image dans la boîte à mercure.	92
Fixation de l'image daguerrienne.	96
Résumé des opérations.	99
Tableau synoptique de la Daguerréotypie.	104
Objets et substances nécessaires à cette branche.	105

TALBOTYPIE.

Introduction. 107

Manuel opératoire.

Iodurer le papier.	113
Sensibiliser le papier.	115
Impression de la couche sensible dans la chambre noire.	118
Faire apparaître l'image.	118
Fixer l'épreuve négative.	121

Papier sec.

Cirer le papier.	123
Encoller, iodurer le papier.	125
Sensibiliser la feuille iodurée.	127 et 129
Exposition dans la chambre noire.	131

TABLE DES MATIÈRES. 445

	Pages.
Développer l'image.	131
Fixer l'épreuve négative.	133
Tableau synoptique de la talbotypie.	135
Objets et substances nécessaires à cette branche.	136

NIEPÇOTYPIE.

Introduction.	137
Considérations générales.	139
Décaper la glace.	147
Préparation de l'albumine.	148
Albuminer la glace.	150
Sensibiliser la glace.	152
Exposition dans la chambre noire.	158
Développer l'image.	160
Fixer l'image négative.	162
Tableau synoptique de la Niepçotypie.	163
Objets et substances nécessaires à cette branche.	164

ARCHÉROTYPIE.

Introduction.	165
Des objectifs.	173
De la chambre noire.	181
Des cuvettes.	187
Du laboratoire.	190
De la disposition de l'atelier de pose.	195
Des couleurs et des habillements.	199
Des reproductions.	203
Du moyen d'agrandir les reproductions.	205
Du stéréoscope.	208

TABLE DES MATIÈRES.

Pages.

Du coton azotique. 216
Manière d'obtenir le coton soluble 218
Du collodion normal 221
Du collodion sec. 226
Du collodion photogénique. 231
Liqueurs génératrices. . . . . 232 et 243

NÉGATIFS SUR COLLODION.

Manuel opératoire.

Décaper, polir la glace 245
Collodionner la glace 248
Exposition dans la chambre noire 253
Prescriptions. 256
Développer l'image 258
Fixer l'épreuve négative 263

PHOTOGRAPHIE MONUMENTALE.

Moyen de conserver la sensibilité à la couche de collodion. 268
Procédé Taupenot. 271
Notes pour les négatifs 275
Des images positives directes 280
Transport sur papier albuminé de l'image négative. . . 287
Des positifs par transparence sur verres de couleur . . . 292
Catéchisme sur le coton soluble et le collodion normal . 297
Catéchisme sur le collodion photogénique. 301
Catéchisme sur le nettoyage de la glace et sur les opérations suivantes 303

TABLE DES MATIÈRES.

Pages.

Catéchisme de l'appréciation du cliché et des collodions. 307
Catéchisme relatif au désiodage, aux taches, etc., du cliché 319

Du papier positif et des épreuves.

Considérations générales 323
Préparation du papier salé 326
Papier chloruré 329
Tirage des épreuves positives 332
Fixage des épreuves positives 334
Notes sur le papier positif 336
Chlorure d'or acide 338
De la dégradation partielle de l'image par le chlorure d'or. 341
Note pour le fixage 343
Note pour le chlorure d'or alcalin 345
Catéchisme sur les papiers photographiques salés, chlorurés, etc. 346
Épreuves positives obtenues par un procédé négatif. . . 361
Médaillons ronds, carrés, ovales ; manière de les obtenir sur fond dégradé. 365
Vernis rose 367
Émarger, monter, satiner l'épreuve 369
Encaustique lustrée 371
Moyen de faire les groupes 374
Moyen d'adapter des ciels aux paysages. 378
Éléments de chimie. 381
Éléments d'optique 427

FIN DE LA TABLE.

MAISON DE COMMISSION

A^{te} BELLOC

PROFESSEUR,

16, rue de Lancry, à Paris.

ESSAI PRÉALABLE, GARANTIE RÉELLE.

CATALOGUE

DES

Appareils, Produits chimiques, Objectifs, &c.,

POUR LES QUATRE BRANCHES DE LA PHOTOGRAPHIE,

LABORATOIRES D'ESSAI,

Leçons gratuites aux Clients.

Renseignements par correspondance et autres.

PRIX-COURANT

DES PLAQUES AU TITRE GARANTI,

Payable comptant, escompte 20 p. 100.

TITRE 20ᵐᵉ.

	f.	c.
Plaques entièr., la d°	60	»
1/2	55	»
1/3	24	»
1/4	15	»
1/6	10	»
1/9	8	»

TITRE 40ᵐᵉ.

	f.	c.
Plaques entièr., la d°	42	»
1/2	24	»
1/3	16	»
1/4	10	80
1/6	7	20
1/9	4	80

TITRE 30ᵐᵉ.

	f.	c.
Plaques entièr., la d°	45	»
1/2	30	»
1/3	20	»
1/4	12	»
1/6	8	»
1/9	6	»

TITRE 60ᵐᵉ.

	f.	c.
Plaques entièr., la d°	36	»
1/2	21	»
1/3	14	»
1/4	9	»
1/6	6	»
1/9	3	50

Plaques pour stéréoscopes de toutes dimensions.

PLAQUES ARGENTÉES

Par les procédés électro-chimiques de la maison
Ch. Christofle et Compagnie.

	fr.	c.
Plaques entières, la douzaine	42	»
Id. 1/2	22	80
Id. 1/3	16	80
Id. 1/4	10	80
Id. 1/6	7	50
Id. 1/9	5	50

En établissant notre Catalogue (1), prix-courant des principaux articles employés en photographie, nous ne nous sommes pas engagé dans la route suivie par la plupart des marchands qui, multipliant à l'infini les colonnes et les chiffres, se perdent eux-mêmes dans un détail superflu de produits inutiles ou tout au moins fort douteux; cause souvent répétée d'erreurs et de mécomptes.

Notre but et notre devise ayant toujours été :— simplifier, — nous croyons être sur la route du progrès en élaguant l'arbre trop touffu de la fourniture des substances diverses employées en photographie, en le réduisant à sa plus simple expression.

Toutefois, comme nous n'avons nulle prétention à une réforme générale, nous prévenons ceux qui voudront bien nous accorder leur confiance, que nous remplirons toujours leurs commissions quelles qu'elles puissent être, et toujours au plus bas prix des grandes fabriques. — Nous exigerons seulement une précision mathématique pour les grandeurs ou des explications convenables, afin de prévenir toute erreur.

(1) Pour quelques-uns des produits chimiques indiqués, ainsi que pour les glaces, etc., les prix sont variables. Du reste, prix-courant ne veut pas dire prix fixe, ainsi que quelques personnes pourraient le croire.

Objectifs pour portraits.

1/4	44 mill.	20 »
1/2 . . . . . . - . . .	63 »	50 »
Plaque normale	81 »	120 »
» » supérieur (1)		160 »
Objects dits 4 p. . . . . , ...		300 »
» » sup.		400 »

Les objectifs au-dessus sont rarement bons ; on ne saurait guère les vendre à garantie. — On en trouve dans les prix de 500, 600 et 700 fr., suivant leur diamètre.

Pour faire avec les objectifs ci-dessus des objectifs à reproduction ou de paysage, il suffit de démonter le barillet de devant, portant le ménisque, et de le visser dans une monture à diaphragmes du prix de 7 fr., 9 fr., 12 fr., 15 fr., 20 fr., que l'on joint ordinairement à l'envoi de l'objectif double, à moins d'avis contraire.

Appareils. — Chambres noires. — Chambre 1/2 pour stéréoscopes avec châssis à chariot et châssis pour glace

1/2	34 »
1/4	20 »
1/2 . . . . , ...	25 »
Normale	35 »

21 + 27 à soufflet carré.
Châssis avec cadres intérieurs, portant glaces de 18 + 24, 12 + 18, avec rideau mobile appliqué sans coulisse . . . . 80 »

---

(1) Il est extrêmement difficile de trouver un objectif parfait. — On ne comprend pas comment ils pourraient être cotés aux mêmes prix. La différence du prix vient de la différence des verres et du poli, en un mot, de la plus ou moins grande perfection des lentilles.

PRIX-COURANT.

Cette même grandeur dans les formes ordinaires, sans soufflet, etc..	60 »
Pour 27 + 35, à soufflet, comme la précédente .	135 »
Forme ordinaire, 27, 35.	80 »
Les grandeurs au-dessus, de gré à gré (1).	
Porte-appareils. — Pieds d'atelier en chêne,	
pour 1/4	15 »
pour 1/2	18 »
pour plaque normale	25 »
pour plaque 21, 27. Beau modèle en chêne à pédale et à crémaillère. — Vis à bascule, etc. .	32 »
Pied porte-appareil en fer.	200 »
Pieds brisés, pour la campagne, pour 1/4. . . .	10 »
» » pour 1/2 . . .	15 »
Pour normale et 21 + 27.	20 »
Appui-tête en bois, se fixant au siége	6 »
Indépendant, plate-forme en bois, à genouillère.	12 »
» avec plate-forme en fonte.	18 »
Boîtes à glaces (2) pour stéréoscopes, 25 rainures.	2 25
» 1/4 24 rainures. . . . . » . .	2 25
» 1/2 » . . . . » . .	2 50
Normale. . . . . . , ... » . .	3 5
Pour 21 + 27.	5 00
Pour 27, 35.	6 50
Boîte polisseuse, contenant : 2 tampons en peau de daim, 1 pinceau à épousseter les glaces, 1 crochet en argent, les compartiments pour le linge, 1 boîte-tamis pour la craie lévigée.	8 »

---

(1) Il est impossible de se baser sur un prix-courant pour faire une demande de certains objets. — Il faut s'en rapporter un peu à l'expéditionnaire. — On comprend que la chambre peut être avec ou sans crémaillère, carrée, etc.

(2) Ces boîtes peuvent être avec ou sans poignée en cuivre ou en fer, etc. — Leur prix peut donc subir une plus-value.

PRIX-COURANT.

Tampon en peau de daim, préparée. N° 1.	» 75
» » » » N° 2.	» 75
Boîte-tamis pour la craie..	75
Crochet en argent.	2 50
1 Pinceau à épousseter	1 50

Nous ne donnons pas de prix-courant pour les planchettes à polir. Toutes celles qui sont dans le commerce sont si incommodes, que nous préférons de beaucoup tenir la glace par un angle, entre l'index, le médius et le pouce, en la pressant contre la poitrine.

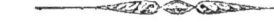

Châssis-presse pour positifs.

Nous donnons, comme de raison, la préférence au châssis-presse de notre invention, désormais dans le domaine public, et qui, quoique un peu plus cher que les autres, nous paraît tellement supérieur, que nous n'hésitons pas à ne donner que le prix de celui-ci :

Stéréoscope. . . . . , . . .	10 »
1/2.	12 »
Normale. , ...	15 »
21-27.	23 »
27-35	32 »
Cuvettes en gutta-percha, plates pour 1/4. . . .	2 »
Idem pour 1/2. . . .	3 »
Idem normale.	4 »
Idem 21-27.	6 »
Idem 27-35	10 »
Profondes pour bain d'argent négatif avec rebord, pour 1/2. . . . : . . . . , ...	6 »
Normales.	8 »
21-27	10 »
27-35	15 »

Nous ne donnerons pas des prix pour des grandeurs au delà. On comprend si bien aujourd'hui le peu de valeur des phothographies au-dessus de 27 + 35, que les opérateurs se bornent à cette dimension. — Cependant, nous le répétons, nous expédierons les grandeurs et les qualités demandées.

Doigtiers en caoutchouc. . . . . » 25 pièce
Gants. . . . . . . (la paire) . . . . 10 » —

Nous engageons nos clients à ne pas s'en servir. A tout prendre, il vaudrait encore mieux se servir d'une forte paire de gants de peau, mais aucun de ces moyens ne vaut rien; on est fort maladroit avec des gants, et ceux en caoutchouc sont impossibles. — Nous n'admettons les doigtiers que dans le cas d'un mal survenu à un doigt, d'une écorchure, etc., et pour le garantir des acides, etc.

Les quatre entonnoirs en gutta-percha. . . . . . 5 »
Vase à bec à verser l'acide pyrogallique, en gutta-percha, grandeur normale . . . . 2 »
Glaces minces pour négatifs (1), stéréoscopes 1/4. » 80
1/2. . . . . » 90
Normale. 1 50
21 + 27. 2 »
27 + 35. 4 »
Verres dépolis pour chambre noire normale . . 1 50
Pour 21 + 27. . . . . 2 »
Entonnoirs en verre, le jeu complet pour l'usage de la photographie. 1 50
Pour eau, verre, gradué. . . 125 gr. . . . . . 3 »
Pour collodion. . . . . 60 gr. 2 50
Pour acide. . . . . 15 gr. . . . . . 2 »
Mortier et son pilon. 2 50
Loupe de 60 à 80. . . . . 7 »

(1) Prix très variable.

PRIX-COURANT.

Verre à bec pour verser l'acide pyrogallique, en cristal...................	1 50
Papier pour positifs, français, la main......	3 »
Idem extra-fin (1)................	3 50
Allemand (Saxe) (2), grand format.......	5 »
Idem...... petit format.........	3 50
Anglais.....................	6 »
Filtres ronds........ 33.........	1 25
Idem............. 45........	2 50
Papier Joseph pour essuyer les verres, cuvettes, etc., la rame................	7 »
Papier buvard..................	13 »
Plus fort....................	15 »
Papier albuminé non salé pour transport du négatif, mon procédé, la main..........	10 »
Salé, albumine entière..............	10 »
Encaustique lustrée, la boîte...........	2 50

(1) Nous prévenons les clients que nous aurons à leur disposition du papier salé et sensible, sans qu'il soit besoin de le commander d'avance, nos travaux nous obligeant d'en préparer tous les jours pour notre propre consommation. Papier sensible 18 + 24, la feuille............. » 60

(2) Il y a quelques années, le papier Saxe était d'une pureté, d'une homogénéité de pâte fort remarquable : sa fabrication avait atteint son apogée ; depuis lors, la pâte moins homogène, s'est trouvée souvent tachée par des parcelles de zinc, de fer ou de cuivre, et nous savons tous combien il a été mauvais cette année ; nous avons dû chercher ailleurs, et nos expériences comparatives nous ont appris : que, si le papier allemand était un peu supérieur en finesse au papier français, celui-ci, du moins, donnait plus de relief aux épreuves ; à ce point qu'un cliché fort médiocre, plat, sans lumière aucune, pouvait, avec du papier français, donner un positif parfait de relief et d'harmonie. — Aussi, donnerons-nous la préférence au papier français qui fournit aussi des tons plus riches et qui coûte moitié moins.

PRIX-COURANT.

Pinceau pour dégrader partiellement l'épreuve positive, pour le chlorure d'or acide. . . . . . 1 »

Produits chimiques.

Coton soluble, le kil.	75	»
Collodion dense, le kil.	12	»
Ether, le kil.	7	»
Alcool de vin 36°, le litre.	5	»
Iodure de potassium (1), le kil.	100	»
Iodure d'ammoniaque »	100	»
Iodure de cadmium »	100	»
Bromure de cadmium »	100	»
Bromure de potassium »	100	»
Acide pyrogallique »	200	»
Acide acétique cristallisé »	12	»
Azotate d'argent fondu »	180	»
» cristallisé »	170	»
Chorure d'or, le gramme.	2	50
» de platine, »	1	»
Liqueur génératrice à l'iodure de potassium pour sensibiliser 80 c.c. de collodion.	»	50
Collodion prêt à être sensibilisé, les 80 gr. . .	1	»
Liqueur génératrice au bromure de cadmium pour sensibiliser 100 gr. de collodion. . . .	»	50
Hyposultite de soude, le kil.	1	50
Cyanure de potassium pur.	12	»
Potasse caustique.	6	»
Chlorure de sodium pur.	2	»

(1) Quoique nous ayions éliminé de ce catalogue les autres iodures, et que nous n'admettions que les iodures de nos formules, nous expédierons les iodures et bromures demandés.

Chlorhydrate d'ammoniaque, le kil.	4	»
Ammoniaque ordinaire . . . »	1	»
» pure . . . . . »	3	»
Essence de lavande . . . . . »	12	»
Cire vierge. . . . . »	7	»
Craie lévigée . . . . »	4	»
Acide azotique ordinaire . . . »	1	50
» pur . . . . »	4	»
Acide chlorhydrique ordinaire. »	»	50
» pur. . . »	3	50
Acide sulfurique ordinaire . . »	»	50
» pur. . . . . »	3	50
Iode sublimé . . . . »	50	»
Brôme. . . . . »	45	»
Acide gallique . . . . . . »	46	»
Azotate de potasse. . . . . »	3	»
Sulfate de protoxyde de fer . . . »	1	50
Vernis blanc pour négatif, le litre.	16	»
» rose pour positifs, papier.	16	»
» noir pour positifs, verre.	12	»
Balance à bascule, la seule commode pour nos produits, de 15 à 25 fr. la pièce, avec la série de poids de la fraction du gramme à 50 gram.	15	»
Bristol. Bulle en trois, très fort, très beau, sans boutons, le cent	36	»
Coupé en quatre, il donne une grandeur pour l'épreuve normale avec belle marge.		

Passe-Partout.

Nous n'emploierons pas la nomenclature ordinaire, elle est trop longue.

Le passe-partout blanc beau bristol uni ou chagriné pour normale. . . . . 15 »

PRIX-COURANT.

Supérieur en verre et carton............	18 »
21 + 27.................	24 »
»	36 »

Et toujours dans les proportions croissantes suivant la finesse et la grandeur du verre et du carton employés.

Cadres en plastique chêne ou bois de couleur, grandeur normale, ovales ou coins ronds, propres à contenir le passe-partout, la douzaine.	30 »
» » plus beaux.	34 »

Toujours en raison de la grandeur, le prix du cadre augmente ou diminue.

Grandeur normale, ovales ou coins ronds pouvant recevoir le passe-partout ; dorés et ornements, la douzaine............	60 »
Ovales ronds, polis au tour et vernis ; —noirs ou en couleur, pour tenir le passe-partout ; grandeur normale ; la douzaine	46 »
Baguettes carrées, coins ronds, polies et vernies.	44 »

Pour 1/6, 1/4, 1/3, 1/2, les prix sont de 7, 9, 12, 15 fr. la douzaine.

Cadres médaillons, écaille blonde ou brune, p. 1/6, la pièce..............	2 »
p. 1/4 »	3 »
p. 1/2 »	4 50
Normale.................	6 »
Ecrins, cadres en acier, peau maroquin, la douzaine, p. 1/6.... 39 jumeaux....	48 »
p. 1/4.... 50 »	60 »
p. 1/3.... 70 »	80 »
p. 1/2.... 90 »	100 »
Cadres en cuivre doré ou argenté, peau maroquin, 1/6.... 55 jumeaux	65 »
1/4.... 60 »	70 »
1/3.... 80 »	90 »
1/2.... 108 »	120 »

Les formes les plus nouvelles et les plus variées, les métaux les plus riches, peuvent concourir à une augmentation de prix. — On pourra s'en rapporter à nous pour le choix et le soin apporté aux intérêts de nos clients.

Vues stéréoscopiques sur verre, de 2 fr. à 4 fr. pièce, par les meilleurs opérateurs; très belles, mais variables de prix à cause du sujet.

Sur papier en noir, de 4 à 12 fr. la douzaine.

Sujets, scènes animées et en noir, de 5 à 15 fr. la douzaine.

Les mêmes en couleur, très belles épreuves, parfaitement coloriées, de 15 à 24 fr. la douzaine.

Pour montres :

Portraits sans retouche, la pièce.	10	»
Portraits retouchés à l'huile.	30	»
Portraits retouchés à l'aquarelle.	20	»
Clichés spécimen (demander homme ou femme).	10	»

Sur commande, on exécutera les portraits, les reproductions, etc. — On enverra les clichés, les positifs, etc., etc.

www.ingramcontent.com/pod-product-compliance
Lightning Source LLC
Chambersburg PA
CBHW050150230526

45470CB00001B/33